清　張廷玉等撰

明史

第一七册

卷一九〇至卷二〇一（傳）

中華書局

明史卷一百九十

列傳第七十八

楊廷和　梁儲　蔣冕　毛紀　石珤兄玠

楊廷和，字介夫，新都人。父春，湖廣提學僉事。廷和年十二舉於鄉。成化十四年，年十九，先其父成進士。改庶吉士，告歸娶，還朝授檢討。廷和為人美風姿，性沉靜詳審，為文簡暢有法。好考究掌故、民瘼、邊事及一切法家言，鬱然負公輔望。

弘治二年進修撰。憲宗實錄成，以預纂修進侍讀。改左春坊左中允，侍皇太子講讀。修會典成，超拜左春坊大學士，充日講官。正德二年由詹事入東閣，專典誥敕。以講筵指斥佞幸，忤劉瑾，傳旨改南京吏部左侍郎。五月遷南京戶部尚書。又三月召還，進兼文淵閣大學士，參預機務。明年加少保兼太子太保。瑾摘會典小誤，奪廷和與大學士李東陽等俸二級。尋以成孝宗實錄功還之。明年加光祿大夫、柱國，遷改吏部尚書、武英殿大學士。

時瑾橫益甚，而焦芳、張綵爲中外媾。廷和與東陽委曲其間，小有劑救而已。安化王寘鐇反，以誅瑾爲名。廷和等草赦詔，請擢邊將仇鉞，以離賊黨。鉞果執寘鐇。會張永發瑾罪，瑾伏誅，廷和等乃復論功進少傅兼太子太傅、謹身殿大學士，予一子中書舍人。

流賊劉六、劉七、齊彥名反，楊一淸薦馬中錫討之。廷和言：「中錫，文士也，不任此。」時業已行，果不能平賊。廷和請逮中錫下獄，以陸完代之，而斬故受賕縱賊者參將桑玉。已，又用學士陳霽言，調諸邊兵討河南賊趙鐩等，而薦彭澤爲總制。賊平論功，錄廷和一子錦衣衞千戶。辭，特加少師、太子太師、華蓋殿大學士。東陽致政，廷和遂爲首輔。

張永旣去瑾而驕，捕得男子臂龍文者以爲功，援故太監劉永誠例，覬封侯。廷和言「永誠從子聚自以戰功封伯耳，且非永誠身受之也」，乃止。彭澤將西討鄢本恕，問計廷和。廷和曰：「以君才，賊不足平，所戒者班師早耳。」澤後破誅本恕等卽班師，而餘黨復蝟起不可制。澤旣發復留，乃歎曰：「楊公先見，吾不及也。」

乾淸宮災，廷和請帝避殿，下詔罪己，求直言。因與其僚上疏，勸帝早朝晏罷，躬九廟祭祀，崇兩宮孝養，勤日講。復面奏開言路，達下情，還邊兵，革宮市，罷皇店，出西僧，省工作，減織造，凡十餘條，皆切至。帝不省。尋以父卒乞奔喪，不許。三請乃許，遣中官護行。旋復起之，三疏辭，始許。閣臣之得終父母喪者，自廷和始也。

服甫闋，卽召至。帝方獵宣府，使使賜廷和羊酒、銀幣。廷和疏謝，因請迴鑾，不報。復與大學士蔣冕馳至居庸，欲身出塞請。帝令谷大用扼關門，乃歸。帝命迴鑾日羣臣各製旗帳迎，廷和曰：「此里俗以施之親舊耳。天子至尊，不敢瀆獻。」帝再使諭意，執不從，乃已。

當廷和柄政，帝恒不視朝，恣游大同、宣府、延綏間，多失政。廷和未嘗不諫，俱不聽。廷和亦不能執奏。以是邑邑不自得，數移疾乞骸骨，帝亦不聽。中官谷大用、魏彬、張雄，義子錢寧、江彬輩，恣橫甚。廷和雖不爲下，然亦不能有所裁禁，以是得稍自安。

御史蕭淮發寧王宸濠反謀，錢寧輩猶庇之，詆淮離間。廷和請如宣宗諭趙王故事，遣貴戚大臣賫敕往諭，收其護衞屯田。於是命中官賴義、駙馬都尉崔元等往，未至而宸濠反。帝欲帥師親征，廷和等力阻之。帝乃自稱總督軍務、威武大將軍、總兵官、後軍都督府、太師、鎭國公朱壽，統各京邊將士南討。而安邊伯許泰爲威武副將軍、〔一〕左都督劉暉爲平賊將軍前驅，鎭守、撫、按悉聽節制。命廷和與大學士毛紀居守。以乾淸、坤寧二宮工成，推恩錄一子錦衣衞副千戶，辭。時廷和當草大將軍征南敕諭，謝弗肯，帝心恚。會推南京吏部尙書劉春理東閣誥敕，以廷和私其鄉人，切責之。廷和謝罪，乞罷，不許。少師梁儲等請與俱罷，復不許。廷和方引疾不入，帝遂傳旨行之。時十四年八月也。

帝既南，兩更歲朔。廷和頗以鎭靜持重，爲中外所推服。凡請迴鑾者數十疏，皆不復省。帝歸，駐蹕通州。廷和等舉故事，請帝還大內御殿受俘，然後正宸濠等誅，而帝已不豫。趣召廷和等至通州受事，即行在執宸濠等僇之，駕乃旋。

明年正月，帝郊祀，嘔血輿疾歸，逾月益篤。時帝無嗣。司禮中官魏彬等至閣言，國醫力竭矣，請捐萬金購之草澤。廷和心知所謂，不應，而微以倫序之說風之，彬等唯唯。三月十四日丙寅，谷大用、張永至閣，言帝崩於豹房，以皇太后命，移殯大內，且議所當立。廷和舉皇明祖訓示之曰：「兄終弟及，誰能瀆焉。興獻王長子，憲宗之孫，孝宗之從子，大行皇帝之從弟，序當立。」梁儲、蔣冕、毛紀咸贊之，乃令中官入啓皇太后，廷和等候左順門下。頃之，中官奉遺詔及太后懿旨，宣諭羣臣，一如廷和請，事乃定。

廷和遂以遺詔令太監張永、武定侯郭勛、安邊伯許泰、尙書王憲選各營兵，分布皇城四門、京城九門及南北要害，廠衛御史以其屬扞掫。傳遺命罷威武營團練諸軍，各邊兵入衞者俱重賚散歸鎭，革皇店及軍門辦事官校悉還衞，哈密、土魯番、佛郎機諸貢使皆給賞遣還國，豹房番僧及少林僧、敎坊樂人、南京快馬船、諸非常例者，一切罷遣。又以遺詔釋南京逮繫囚，放遣四方進獻女子，停京師不急工務，收宣府行宮金寶歸諸內庫。中外大悅。

時平虜伯江彬擁重兵在肘腋間，知天下惡之，心不自安。其黨都督僉事李琮尤狠黠，勸彬乘間以其家衆反，不勝則北走塞外。彬猶豫未決。於是廷和謀以皇太后旨捕誅彬，遂與同官蔣冕、毛紀及司禮中官溫祥四人謀。張永伺知其意，亦密爲備。司禮魏彬者，故與彬有連。廷和以其弱可脅也，因題大行銘旌，與彬、祥及他中官張銳、陳嚴等爲詳言江彬反狀，以危語怵之。彬心動，惟銳力言江彬無罪，廷和面折之。冕曰：「今日必了此，乃臨。」嚴亦從旁贊決，因俾祥、彬等入白皇太后。良久未報，廷和、冕益自危。頃之，嚴至曰：「彬已擒矣。」彬既誅，中外相慶。

廷和總朝政幾四十日，與世子始入京師卽帝位。廷和草上登極詔書，文書房官忽至閣中，言欲去詔中不便者數事。廷和曰：「往者事齟齬，動稱上意。今亦新天子意耶？吾儕賀登極後，當面奏上，問誰欲削詔草者。」冕、紀亦相繼發危言，其人語塞。已而詔下，正德中蠹政釐抉且盡。所裁汰錦衣諸衞、內監局旗校工役爲數十四萬八千七百，減漕糧百五十三萬二千餘石，其中貴、義子、傳陞、乞陞一切恩倖得官者大半皆斥去。中外稱新天子聖人，且頌廷和功。而諸失職之徒銜廷和次骨，廷和入朝有挾白刃伺輿旁者。事聞，詔以營卒百人衞出入。帝御經筵，廷和知經筵事。修武宗實錄，充總裁。廷和先已加特進，一品滿九載，兼支大學士俸，賜敕旌諭。至是加左柱國。帝召對者三，慰勞備至。廷和益欲有所發攄，引用正人，布列在位。

給事、御史交章論王瓊罪狀，下詔獄。瓊迫，疏訐廷和以自解。法司當瓊奸黨律論死，瓊力自辨，得減戍邊。或疑法司承廷和指者。會石珤自禮部尚書掌詹事府，改吏部，廷和復奏改之掌詹事司誥敕。人或謂廷和太專。然廷和以帝雖沖年，性英敏，自信可輔太平，事事有所持諍。錢寧、江彬雖伏誅，而張銳、張忠、于經、許泰等獄久不決。廷和等言：「不誅此曹，則國法不正，公道不明，九廟之靈不安，萬姓之心不服，禍亂之機未息，太平之治未臻。」帝乃籍沒其貲產。廷和復疏請敬天戒，法祖訓，隆孝道，保聖躬，務民義，勤學問，慎命令，明賞罰，專委任，納諫諍，親善人，節財用。語多剴切，皆優詔報可。及議「大禮」，廷和持論益不撓，卒以是忤帝意。

先是，武宗崩，廷和草遺詔。言皇考孝宗敬皇帝親弟興獻王長子某，倫序當立。遵奉祖訓兄終弟及之文，告於宗廟，請於慈壽皇太后，迎嗣皇帝位。既令禮官上禮儀狀，請由東安門入居文華殿。翼日，百官三上箋勸進，俟令旨俞允，擇日即位。其箋文皆循皇子嗣位故事。世宗覽禮部狀，謂：「遺詔以吾嗣皇帝位，非爲皇子也。」及至京，止城外。廷和固請如禮部所具儀，世宗不聽。乃御行殿受箋，由大明門直入，告大行几筵，日中即帝位。詔草言「奉皇兄遺詔入奉宗祧」，帝遲回久之，始報可。越三日，遣官往迎帝母興獻妃。未幾，命禮官議興獻王主祀稱號。廷和檢漢定陶王、宋濮王事授尚書毛澄曰：「是足爲據，宜尊孝宗曰皇考，稱獻王爲皇叔考興國大王，母妃爲皇叔母興國太妃，自稱姪皇帝名，別立益王次子崇仁王爲興王，奉獻王祀。有異議者卽奸邪，當斬。」進士張璁與侍郎王瓚言，帝入繼大統，非爲人後。瓚微言之，廷和恐其撓議，改瓚官南京。

五月，澄會廷臣議上，如廷和言。帝不悅。然每召廷和從容賜茶慰諭，欲有所更定，廷和卒不肯順帝指。乃下廷臣再議。廷和偕蔣冕、毛紀奏言：「前代入繼之君，追崇所生者，皆不合典禮。惟宋儒程頤濮議最得義理之正，可爲萬世法。至興獻王祀，雖崇仁王主之，他日皇嗣繁衍，仍以第二子爲興獻王後，而改封崇仁王爲親王，則天理人情，兩全無失。」帝益不悅，命博考典禮，務求至當。廷和、冕、紀復言：「三代以前，聖莫如舜，未聞追崇其所生父瞽瞍也。三代以後，賢莫如漢光武，未聞追崇其所生父南頓君也。惟皇上取法二君，則聖德無累，聖孝有光矣。」澄等亦再三執奏。帝留中不下。

七月，張璁上疏謂當繼統，不繼嗣。帝遣司禮太監持示廷和，言此議遵祖訓，據古禮，宜從。廷和曰「秀才安知國家事體」，復持入。無何，帝御文華殿召廷和、冕、紀，授以手敕，令尊父母爲帝后。廷和退而上奏曰：「禮謂爲所後者爲父母，而以其所生者爲伯叔父母，蓋不惟降其服而又異其名也。臣不敢阿諛順旨。」仍封還手詔。羣臣亦皆執前議。帝不聽。

迨九月，母妃至京，帝自定儀由中門入，謁見太廟，復申諭欲加稱興獻帝、后爲皇。廷和言：「漢宣帝繼孝昭後，謚史皇孫、王夫人曰悼考、悼后，光武上繼元帝，鉅鹿、南頓君以上立廟章陵，皆未嘗追尊。今若加皇字，與孝廟、慈壽並〔二〕，是忘所後而重本生，任私恩而棄大義，臣等不得辭其責。」因自請斥罷。廷臣諍者百餘人。帝不得已，乃以嘉靖元年詔稱孝宗爲皇考，慈壽皇太后爲聖母，〔三〕興獻帝、后爲本生父母，不稱皇。

當是時，廷和先後封還御批者四，執奏幾三十疏，帝常忽忽有所恨。左右因乘間言廷和恣無人臣禮。言官史道、曹嘉遂交劾廷和。帝爲薄謫道、嘉以安廷和，然意內移矣。尋論定策功，封廷和、冕、紀伯爵，歲祿千石，廷和固辭。改廕錦衣衞指揮使，復辭。帝以賞太輕，加廕四品京職世襲，復辭。會滿四考，超拜太傅，復四辭而止。特賜敕旌異，錫宴於禮部，九卿皆與焉。

帝頗事齋醮。廷和力言不可，引梁武、宋徽爲喻，優旨報納。江左比歲不登，中官請遣官督織造。工部及給事、御史言之，皆不聽，趣內閣撰敕。廷和等不奉命，因極言民困財竭，請毋遣。帝趣愈急，且戒毋瀆擾執拗。廷和力爭，言：「臣等與舉朝大臣、言官言之不聽，顧二三邪佞之言是聽，陛下能獨與二三邪佞共治祖宗天下哉？且陛下以織造爲累朝舊例，不知洪武以來何嘗有之，創自成化、弘治耳。憲宗、孝宗愛民節財美政非一，陛下不取法，獨法其不美者，何也？即位一詔，中官之倖路紬塞殆盡，天下方傳誦聖德，今忽有此，何以取信？」因請究擬旨者何人，疑有假御批以行其私者。帝爲謝不審，俾戒所遣官毋縱肆而已，不能止也。

廷和先累疏乞休，其後請益力。又以持考獻帝議不合，疏語露不平。三年正月，帝聽之去。〔四〕責以因辭歸咎，非大臣道。然猶賜璽書，給輿廩郵護如例，申前廕子錦衣衞指揮使之命。給事、御史請留廷和，皆不報。廷和去，始議稱孝宗爲皇伯考。於是，廷和子修撰愼率羣臣伏闕哭爭，杖謫雲南。既而王邦奇誣訐廷和及其次子兵部主事惇、壻修撰金承勛、鄉人侍讀葉桂章與彭澤弟沖交關請屬，俱逮下詔獄。鞫治無狀，乃得解。

七年，明倫大典成，詔定議禮諸臣罪。言廷和謬主濮議，自詭門生天子、定策國老，法當僇市，姑削職爲民。明年六月卒，年七十一。居久之，帝問大學士李時太倉所積幾何，時對曰：「可支數年。由陛下初年詔書裁革冗員所致。」帝慨然曰：「此楊廷和功，不可沒也。」隆慶初，復官，贈太保，謚文忠。

初，廷和入閣，東陽謂曰：「吾於文翰，頗有一日之長，若經濟事須歸介夫。」及武宗之終，卒安社稷者，廷和力也，人以東陽爲知言。

弟廷儀，兵部右侍郎。子愼、惇，孫有仁，皆進士。愼自有傳。

梁儲，字叔厚，廣東順德人。受業陳獻章。舉成化十四年會試第一，選庶吉士，授編修，尋兼司經局校書。弘治四年進侍講。改洗馬，侍武宗於東宮。册封安南，却其餽。久之，擢翰林學士，同修會典，遷少詹事，拜吏部右侍郎。正德初，改左，進尚書，專典誥敕，掌詹事府。劉瑾摘會典小疵，儲坐降右侍郎。孝宗實錄成，復尚書，尋加太子少保，調南京吏部。瑾誅，以吏部尚書兼文淵閣大學士，入參機務。屢加少傅、太子太傅，進建極殿。

十年，楊廷和遭喪去，儲爲首輔。進少師、太子太師、華蓋殿大學士。時方建乾清、坤寧宮，又營太素殿、天鵝房、船塢，儲偕同官靳貴、楊一清切諫。明年春，以國本未定，請擇宗室賢者居京師，備儲貳之選，皆不報。其秋，一清罷，蔣冕代之。至明年，貴亦罷，毛紀入閣。

帝好微行，嘗出西安門，經宿返。儲等諫，不聽，然猶慮外廷知。是春，從近倖言召百官至左順門，明告以郊祀畢幸南海子觀獵。儲等暨廷臣諫，皆不納。八月朔，微服從數十騎幸昌平。次日，儲、冕、紀始覺，追至沙河不及，連疏請回鑾，越十有三日乃旋。儲等以國無儲副，而帝盤游不息，中外危疑，力申建儲之請，亦不報。九月，帝馳出居庸關，幸宣府，命谷大用守關，無縱廷臣出。〔五〕遂由宣府抵大同，遇寇於應州，幾殆。儲等憂懼，請回鑾益急。章十餘上，帝不爲動，歲除竟駐宣府。

當是時，帝失德彌甚。羣小竊權，濁亂朝政，人情惶惶。儲懼不克任，以廷和服闋，屢請召之。廷和還朝，儲遂讓而處其下。鳳陽守備中官丘德及鎮守延綏、寧夏、大同、宣府諸中官皆乞更敕書兼理民事，帝許之。儲等極言不可，弗聽。

十三年七月，帝從江彬言，將偏游塞上。託言邊關多警，命總督軍務、威武大將軍、總兵官朱壽統六師往征，令內閣草敕。閣臣不可，帝復集百官左順門面諭。廷和、冕在告，儲、紀泣諫，衆亦泣，帝意不可回。已而紀亦引疾，儲獨廷爭累日，帝竟不聽。踰月，帝以大將軍壽肅清邊境，令加封鎮國公。儲、紀上言：「公雖貴，人臣耳。陛下承祖宗業，爲天下君，奈何謬自貶損。旣封國公，則將授以誥劵，追封三代，祖宗在天之靈亦肯如陛下貶損否？況鐵劵必有免死之文，陛下壽福無疆，何甘自菲薄，蒙此不祥之辭。名旣不正，言自不順。臣等斷不敢阿意苟從，取他日戮身亡家之禍也。」不報。帝遂歷宣府、大同，直抵延綏。儲等疏數十上，悉置不省。

秦王請關中閒田爲牧地，江彬、錢寧、張忠等皆爲之請。帝排羣議許之，命閣臣草制。

廷和、冕引疾，帝怒甚。儲度不可爭，乃上制草曰：「太祖高皇帝著令，茲土不畀藩封。非吝也，念其土廣饒，藩封得之，多蓄士馬，富而且驕，奸人誘爲不軌，不利宗社。王今得地，宜益謹。毋收聚奸人，毋多蓄士馬，毋聽狂人謀不軌，震及邊方，危我社稷，是時雖欲保親親不可得已。」帝駭曰：「若是其可虞！」事遂寢。明年，帝將南巡。言官伏闕諫，儲、冕、紀亦以爲言。會諸曹多諫者，乃止。

寧王宸濠反，帝南征，儲、冕扈從。在道聞賊滅，連疏請駕旋。抵揚州，帝議南京行郊禮。儲、冕計此議行，則回鑾益無日，極陳不可，疏三上始得請。帝以宸濠械將至，問處置之宜。儲等請如宣宗征高煦故事，罪人旣得，卽日班師。又因郊期改卜，四方災異、邊警，乞還乘輿。疏八九上，帝殊無還意。是秋，行在有物若豕首墮帝前，色碧，又進御婦人室中，若懸人首狀，人情益驚。儲、冕危言諫，帝頗心動。而羣小猶欲導帝游浙西，泛江、漢。儲、冕益懼，手疏跪泣行宮門外，歷未至酉。帝遣人取疏入，諭之起。叩頭言：「未奉俞旨，不敢起也。」帝不得已，許不日還京，乃叩頭出。

帝崩，楊廷和等定策迎興世子。故事，當以內閣一人與中貴勳戚偕禮官往。廷和欲留蔣冕自助，而慮儲老或憚行，乃佯惜儲憊老，阻其行。儲奮曰：「事孰有大於此者，敢以憊辭！」遂與定國公徐光祚等迎世子安陸邸。旣卽位，給事中張九敍等劾儲結納權奸，持祿固寵。儲三疏求去，命賜敕馳傳，遣行人護行，歲給廩隸如制。卒，子鈞奏請贈諡。吏部侍郎桂萼等言，儲立身輔政，有干公議，因錄上兩京言官彈章。帝念先朝舊臣，特贈太師，諡文康。

先是，儲子次攄爲錦衣百戶。居家與富人楊端爭民田，端殺田主，次攄遂滅端家二百餘人。事發，武宗以儲故，僅發邊衞立功。後還職，累冒功至廣東都指揮僉事。

蔣冕，字敬之，全州人。兄昪，南京戶部尙書，以謹厚稱。冕舉成化二十三年進士，選庶吉士，授編修。弘治十三年，太子出閣，兼司經局校書。正德中，累官吏部左侍郎，改掌詹事府，典誥敕，進禮部尙書，仍掌府事。冕淸謹有器識，雅負時望。十一年命兼文淵閣大學士，預機務。明年改武英殿，加太子太傅。近倖冒邊功，大行陞賞，冕及梁儲亦廕錦衣世千戶。兩人力辭，乃改文廕。

帝之以威武大將軍行邊也，冕時病在告，疏諫曰：「陛下自損威重，下同臣子，倘所過諸王以大將軍禮見，陛下何辭責之？曩睿皇帝北征，六軍官屬近三十萬，猶且陷於土木。今宿衞單弱，經行邊徼，寧不寒心？請治左右引導者罪。」不報。十四年扈帝南征還，加少傅兼太子太傅、戶部尚書、謹身殿大學士。帝崩，與楊廷和協誅江彬。世宗卽位，議定策功，加伯爵，固辭。改廕錦衣世指揮，又辭。乃廕五品文職，仍進一階。御史張鵬疏評大臣賢否，請罷冕。御史趙永亨詆石珤不可掌銓衡。冕、珤遂求去。朝議不平，諸給事、御史皆言其不可去。帝乃命鴻臚諭留，再下優詔，始起視事。嘉靖三年遣官織造江南，命冕草敕。冕以江南被災，具疏請止，帝不從，敕亦久不進。帝責其違慢，冕引罪而止。

「大禮」議起，冕固執爲人後之說，與廷和等力爭之。帝始而婉諭，繼以譙讓，冕執議不回。及廷和罷政，冕當國，帝愈欲尊崇所生。逐禮部尚書汪俊以怵冕，而用席書代之，且召張璁、桂萼。物情甚沸，冕乃抗疏極諫曰：「陛下嗣承丕基，固因倫序素定。然非聖母昭聖皇太后懿旨，與武宗皇帝遺詔，則將無所受命。今旣受命於武宗，自當爲武宗之後。特兄弟之名不容紊，故但兄武宗，考孝宗，母昭聖，而於孝廟、武廟皆稱嗣皇帝，稱臣，稱御名，以示繼統承祀之義。今乃欲爲本生父母立廟奉先殿側，臣雖至愚，斷斷知其不可。自古人君嗣位謂之承祧踐阼，皆指宗祀而言。禮爲人後者惟大宗，以大宗尊之統也，亦主宗廟祭祀而言。自漢至今，未有爲本生父母立廟大內者。漢宣帝爲叔祖昭帝後，止立所生父廟於葬所。光武中興，本非承統平帝，而止立四親廟於章陵。宋英宗父濮安懿王，亦止卽園立廟。

陛下先年有旨，立廟安陸，與前代適同，得其當矣。豈可旣奉大宗之祀，又兼奉小宗之祀。夫情旣重於所生，義必不專於所後，將孝、武二廟之靈安所托乎！竊恐獻帝之靈亦將不能安，雖聖心亦自不能安也。邇者復允汪俊之去，趣張璁、桂萼之來，人心益駭。是日廷議建廟，天本晴明，忽變陰晦，至暮風雷大作。天意如此，陛下可不思變計哉？」因力求去。帝得疏不悅，猶以大臣故，優詔答之。未幾，復請罷建廟之議，且乞休，疏中再以天變爲言。帝益不悅，遂令馳傳歸，給月廩、歲夫如制。

冕當正德之季，主昏政亂，持正不撓，有匡弼功。世宗初，朝政雖新，而上下扞格彌甚，冕守之不移。代廷和爲首輔僅兩閱月，卒齟齬以去，論者謂有古大臣風。明倫大典成，落職閒住，久之卒。隆慶初復官，謚文定。

毛紀，字維之，掖縣人。成化末，舉鄉試第一，登進士，選庶吉士。弘治初，授檢討，進修撰，充經筵講官，簡侍東宮講讀。會典成，遷侍讀。〔六〕武宗立，改左諭德，坐會典小誤，降侍讀。孝宗實錄成，擢侍講學士，爲講官。

正德五年進學士，遷戶部右侍郎。十年由吏部左侍郎拜禮部尙書。烏思藏入貢，其使言有活佛能前知禍福。帝遣中官劉允迎之，攜錦衣官百三十，衞卒及私僕隸數千人，芻糧、舟車費以百萬計。紀等上言：「自京師至烏思藏二萬餘里，公私煩費，不可勝言。且自四川雅州出境，過長河西行數月而後至。無有郵驛、村市。一切資費，取辦四川。四川連歲用兵，流賊甫平，蠻寇復起。困竭之餘，重加此累，恐生意外變。」疏再上，內閣梁儲、靳貴、楊一清皆切諫，不報。郊祀畢，請勤朝講，又以儲嗣未建，乞早定大計，亦不聽。尋改理誥敕，掌詹事府。十二年兼東閣大學士入預機務。其秋加太子太保，改文淵閣。帝南征，紀佐楊廷和居守。駕旋，晉少保、戶部尚書、武英殿大學士。世宗卽位，錄定策功，加伯爵，再疏辭免。

嘉靖初，帝欲追尊興獻帝，閣臣執奏，忤旨。三年，廷和、冕相繼去國，紀爲首輔，復執如初。帝欲去本生之稱，紀與石珤合疏爭之。帝召見平臺，委曲諭意，紀終不從。朝臣伏闕哭爭者，俱逮繫，紀具疏乞原。帝怒，傳旨責紀要結朋奸，背君報私。紀乃上言曰：「曩蒙聖諭，國家政事商確可否，然後施行。此誠內閣職業也，臣愚不能仰副明命。邇者大禮之議，平臺召對，司禮傳諭，不知其幾似乎商確矣，而皆斷自聖心，不蒙允納，何可否之有。至於笞罰廷臣，動至數百，乃祖宗來所未有者，亦皆出自中旨，臣等不得與聞。宣召徒勤，扞格如故。慰留雖切，詰責隨加。臣雖有體國之心，不能自盡。宋司馬光告神宗曰：『陛下所以用臣，蓋察其狂直，庶有補於國家，若徒以祿位榮之而不取其言，是以官私非其人也。臣以祿位自榮，而不能救正，是徒盜竊名器以私其身也。』臣於陛下，敢舉以爲告。夫要結朋奸，背君報私，正臣平日所痛憤而深疾者。有一於此，罪何止罷黜。今陛下以之疑臣，尚可一日靦顏朝宁間哉。乞賜骸骨歸鄉里，以全終始。尤望陛下法祖典學，任賢納諫，審是非，辨忠邪，以養和平之福。」帝銜紀亢直，允其去，馳驛給夫廩如故事。

紀有學識，居官廉靜簡重。與廷和、冕正色立朝，並爲縉紳所倚賴。其代冕亦僅三月。後明倫大典成，追論奪官。久之，廷和、冕皆淪喪，紀以恩詔敍復，帝亦且忘之。二十一年，年八十，撫按以聞。詔遣官存問，再賜夫廩。又三年卒。贈太保，謚文簡。子渠，進士，太僕卿。

石珤，字邦彥，藁城人。父玉，山東按察使。〔七〕珤與兄玠同舉成化末年進士，改庶吉士，授檢討，數謝病居家。

孝宗末，始進修撰。正德改元，擢南京侍讀學士。歷兩京祭酒，遷南京吏部右侍郎。召改禮部，進左侍郎。武宗始遊宣府，珤上疏力諫，不報。改掌翰林院事。廷臣諫南巡，禍將不測，琯疏救之。十六年拜禮部尚書，掌詹事府。

世宗立，代王瓊爲吏部尚書。自羣小竊柄，銓政混濁。琯剛方，謝請託，諸犯淸議者多見黜，時望大孚，而內閣楊廷和有所不悅。甫二月，復改掌詹事府，典誥敕。嘉靖元年遣祀闕里及東嶽。事竣還家，屢乞致仕。言官以琯望重，交章請留，乃起赴官。三年五月詔以吏部尚書兼文淵閣大學士入參機務。

帝欲以奉先殿側別建一室祀獻帝，琯抗疏言其非禮。及廷臣伏闕泣爭，琯與毛紀助之。無何，「大禮」議定，紀去位。琯復諫曰：「『大禮』一事已奉宸斷，無可言矣。但臣反覆思之，終有不安於心者。心所不安而不以言，言恐觸忤而不敢盡，則陛下將焉用臣，臣亦何以仰報君父哉。夫孝宗皇帝與昭聖皇太后，乃陛下骨肉至親也。今使疏賤讒佞小人輒行離間，但知希合取寵，不復爲陛下體察。茲孟冬時享在邇，陛下登獻對越，如親見之，寧不少動於中乎？夫事亡如事存。陛下承列聖之統，以總百神，臨萬方，焉得不加愼重，顧聽細人之說，干不易之典哉。」帝得奏不悅，戒勿復言。

明年建世廟於太廟東，帝欲從何淵言，毀神宮監，伐林木，以通輦道。給事中韓楷，御史楊秦、葉忠等交諫，忤旨奪俸。給事中衞道繼言之，貶秩調外。琯復抗章，極言不可，弗聽。及世廟成，帝欲奉章聖皇太后謁見，張璁、桂萼力主之。禮官劉龍等爭不得，諸輔臣以爲言，帝不報，趣具儀。珤乃上疏曰：「陛下欲奉皇太后謁見世廟，臣竊以爲從令固孝，而孝有大於從令者。臣誠不敢阿諛以誤君上。竊惟祖宗家法，后妃已入宮，未有無故復出者。且太廟尊嚴，非時享祫祭，雖天子亦不輕入，況后妃乎？璁輩所引廟見之禮，今奉先殿是也。聖祖神宗行之百五十年，已爲定制，中間納后納妃不知凡幾，未有敢議及者，何至今日忽倡此議？彼容悅佞臣豈有忠愛之實，而陛下乃欲聽之乎？且陰陽有定位，不可侵越。陛下爲天地百神之主，致母后無故出入太廟街門，是坤行乾事，陰侵陽位，不可之大者也。臣豈不知君命當承，第恐上累聖德，是以不敢順旨曲從，以成君父之過，負覆載之德也。」奏入，帝大慍。

珤爲人清介端亮，孜孜奉國。數以力行王道，清心省事，辨忠邪，敦寬大，毋急近效爲帝言。帝見爲迂濶，弗善也。議「大禮」時，帝欲援以自助，而珤據禮爭，持論堅確，失帝意，璁、蕚輩亦不悅。璁、蕚朝夕謀輔政，攻擊費宏無虛日，以珤行高，不能有所加。至明年春，奸人王邦奇訐楊廷和，誣珤及宏爲奸黨，兩人遂乞歸。帝許宏馳驛，而責珤歸怨朝廷，失大臣誼，一切恩典皆不予。歸裝襆被車一輛而已。都人歎異，謂自來宰臣去國，無若珤者。自珤及楊廷和、蔣冕、毛紀以强諫罷政，迄嘉靖季，密勿大臣無進逆耳之言者矣。珤加官，自太子太保至少保。七年冬卒，謚文隱。隆慶初，改謚文介。

玠，字邦秀。弘治中，由汜水知縣召爲御史。出覈大同軍儲，按甘肅及陝西，所條上邊務，悉中機宜，爲都御史戴珊所委寄。嘗因災異，劾南京刑部尚書翟瑄以下二十七人。

正德中，累官右副都御史，巡撫大同，召拜兵部右侍郎。海西部長數犯邊，泰寧三衞與別部相攻，久缺貢市，遣玠以左侍郎兼僉都御史往遼東巡視。出關撫諭，皆受約束。帝大喜，璽書嘉勞，召還。左都御史陸完遷，廷推代者，三上悉不用，最後推玠，乃以爲右都御史掌院事。御史李隱劾玠貪緣，不報。

十年拜戶部尚書。中官史大鎭雲南，請獨領銀場務。杜甫鎭湖廣，請借鹽船稅銀爲進貢資。劉德守涼州，請帶食茶六百引。玠皆執不可。西僧闡教王請船三百艘販載食鹽，〔八〕玠極言其害。帝初出居庸，玠切諫。及在宣府，需銀百萬兩，玠持不可。帝弗從，乃進其半。王瓊欲以哈密事害彭澤，玠獨廷譽之。奸民欲牟鹽利者，賄朱寧爲請，〔九〕玠不可，連章執奏。廷臣諫南巡跪闕下，諸大臣莫敢言，玠獨論救。羣小激帝怒，嚴旨責令自陳，遂引疾去。賜敕馳傳給廩隸如故事。家居二年卒，贈太子少傅。

玠有操行，居官亦持正。其爲都御史時，胡世寧論寧王，玠與李士實請罪世寧，以是爲人所譏。

贊曰：武宗之季，君德日荒，嬖倖盤結左右。廷和爲相，雖無能改於其德，然流賊熾而無土崩之虞，宗藩叛而無瓦解之患者，固賴廟堂有經濟之遠略也。至其誅大奸，決大策，扶危定傾，功在社稷，卽周勃、韓琦殆無以過。儲雖蒙物議，而大節無玷。蔣冕、毛紀、石珤，清忠鯁亮，皆卓然有古大臣風。自時厥後，政府日以權勢相傾。或脂韋淟涊，持祿自固。求如諸人，豈可多得哉。

校勘記

〔一〕而安邊伯許泰爲威武副將軍　許泰，本書卷一六武宗紀、卷一〇八外戚恩澤侯表及武宗實錄卷一九七正德十六年三月庚申條均作「朱泰」。許泰原姓許，武宗賜姓朱，見本書卷三〇七江彬傳附許泰傳。

〔二〕與孝廟慈壽並　原作「與慈壽考廟並」。世宗實錄卷九正德十六年十二月戊戌條作「而與孝廟慈壽並焉」。「孝」「考」形近而譌，「孝廟」又與「慈壽」倒置。據實錄改。

〔三〕慈壽皇太后爲聖母　慈壽，原作「慈聖」，據上文及本書卷一七世宗紀、卷一一四孝宗張皇后傳，世宗實錄卷一〇嘉靖元年正月庚午條改。

〔四〕三年正月帝聽之去　本書卷一一〇宰輔年表作「二月致仕」。世宗實錄卷三六繫此事於三年二月丙午。

〔五〕九月帝馳出居庸關至無縱廷臣出　本書卷一六武宗紀及武宗實錄卷一五一均繫此事於八月辛未。

〔六〕遷侍讀　世宗實錄卷三〇〇嘉靖二十四年六月丁酉條作「晉侍講」。

〔七〕父玉山東按察使　明史考證擴逸卷一五曰：「按珤父玉曾任山西按察使。其兄玠以正德四年擢是職，相去僅二十年，人以爲世美。見列卿記。此作『山東』誤。」

〔八〕請船三百艘販載食鹽　三百艘，本書卷三三一護教王傳及武宗實錄卷一六四正德十三年七月丙午條均作「三十艘」。

〔九〕賄朱寧爲請　朱寧，本書三〇七錢寧傳作「錢寧」，武宗賜姓朱。

明史卷一百九十一

列傳第七十九

毛澄　汪俊弟偉　吳一鵬　朱希周　何孟春　豐熙子坊

徐文華　薛蕙胡侍　王祿　侯廷訓

毛澄，字憲清，崑山人。舉弘治六年進士第一。授修撰。預修會典成，進右諭德，直講東宮。武宗爲太子，以澄進講明晰稱之帝。帝大喜。方秋夜置宴，卽徹以賜。武宗立，進左庶子，直經筵。以母憂歸。正德四年，劉瑾摘會典小疵貶諸纂修者秩，以澄爲侍讀。服闋還朝，進侍講學士。再進學士，掌院事，歷禮部侍郎。〔一〕

十二年六月拜尙書。〔二〕其年八月朔，帝微行。澄率侍郎王瓚、顧清等疏請還宮。既又出居庸，幸宣府，久留不返。澄等頻疏諫，悉不報。明年正月，駕旋，命百官戎服郊迎。澄等請用常服，不許。七月，帝自稱威武大將軍朱壽，統六師巡邊。遂幸宣府，抵大同，歷山西至榆林。澄等屢疏馳諫。至十二月，復偕廷臣上疏曰：「去歲正月以來，鑾輿數駕，不遑寧居。今茲之行，又已半歲。宗廟、社稷享祀之禮並係攝行，萬壽、正旦、冬至朝賀之儀悉從簡略。臘朔省牲，闕而不行，逾二年矣。歲律將周，郊禋已卜。皇祖之訓曰：『凡祀天地，精誠則感格，怠慢則禍生。』今六龍遐騁，旋軫無日。萬一冰雪阻違，道途梗塞，元正上日不及躬執玉帛於上帝前，陛下何以自安。且邊地荒寒，隆冬尤甚。臣等處重城，食厚祿，仰思聖體勞頓，根本空虛，遙望清塵，憂心如醉。伏祈趣駕速還，躬親祼享，宗社臣民幸甚。」不報。

十四年二月，駕甫還京，卽諭禮部：「總督軍務威武大將軍、總兵官、太師、鎮國公朱壽遣往兩畿，瞻東嶽，奉安聖像，祈福安民。」澄等駭愕，復偕廷臣上言：「陛下以天地之子，承祖宗之業，九州四海但知陛下有皇帝之號。今曰『總督軍務、威武大將軍、太師、鎮國公』者，臣等莫知所指。夫出此旨者，陛下也。加此號者，陛下也。不知受此號者何人。如以皇儲未建，欲遍告名山大川，用祈默相，則遣使走幣，足將敬矣。何必躬奉神像，獻寶香，如佛、老所爲哉。」因歷陳五不可。亦不報。

宸濠反江西，帝南征示威武，駐蹕留都者踰歲。澄屢請回鑾。及駕返通州，用江彬言，將卽賜宸濠死。澄據漢庶人故事，請還京告郊廟，獻俘行戮。不從。中官王堂鎭浙江，請建生祠，西番闡化王使者乞額外賜茶九萬斤，澄皆力爭。不聽。王瓊欲陷彭澤，澄獨白其無罪。

武宗崩，澄偕大學士梁儲、壽寧侯張鶴齡、駙馬崔元、太監韋霦等迎世宗於安陸。既至，將謁見，有議用天子禮者。澄曰：「今卽如此，後何以加？豈勸進、辭讓之禮，當遂廢乎？」

世宗踐阼甫六日，有旨議興獻王主祀及尊稱。五月七日戊午，澄大會文武羣臣，上議曰：「考漢成帝立定陶王爲皇太子，立楚孝王孫景爲定陶王奉共王祀。共王者，皇太子本生父也。時大司空師丹以爲恩義備至。今陛下入承大統，宜如定陶王故事，以益王第二子崇仁王厚炫繼興王後，襲興王主祀事。又考宋濮安懿王之子入繼仁宗後，是爲英宗。司馬光謂濮王宜尊以高官大爵，稱王伯而不名。范鎭亦言：『陛下旣考仁宗，若復以濮王爲考，於義未當。』乃立濮王園廟，以宗樸爲濮國公奉濮王祀。程頤之言曰：『爲人後者，謂所後爲父母，而謂所生爲伯、叔父母，此生人之大倫也。然所生之義，至尊至大，宜別立殊稱。曰皇伯、叔父某國大王，則正統既明，而所生亦尊崇極矣。』今興獻王於孝宗爲弟，於陛下爲本生父，與濮安懿王事正相等。陛下宜稱孝宗爲皇考，改稱興獻王爲『皇叔父興獻大王』，妃爲『皇叔母興獻王妃』。凡祭告興獻王及上箋於妃，俱自稱姪皇帝某，則正統、私親，恩禮兼壼，可以爲萬世法。」議上，帝怒曰：「父母可更易若是耶！」命再議。

其月二十四日乙亥，澄復會廷臣上議曰：「禮爲人後者爲之子，自天子至庶人一也。興獻王子惟陛下一人，既入繼大統，奉祀宗廟，是以臣等前議欲令崇仁王厚炫主興獻王祀。至於稱號，陛下宜稱爲皇叔父興獻大王，自稱姪皇帝名，以宋程頤之說爲可據也。本朝之制，皇帝於宗藩尊行，止稱伯父、叔父，自稱皇帝而不名。今稱興獻王爲皇叔父大王，又自稱名，尊崇之典已至，臣等不敢復有所議。」因錄程頤代彭思永議濮王禮疏進覽。帝不從，命博考前代典禮，再議以聞。

澄乃復會廷臣上議曰：「臣等會議者再，請改稱興獻王爲叔父者，明大統之尊無二也。然加皇字於叔父之上，則凡爲陛下伯、叔諸父皆莫能與之齊矣。加大字於王之上，則天下諸王皆莫得而並之矣。興獻王稱號既定，則王妃稱號亦隨之，天下王妃亦無以同其尊矣。況陛下養以天下，所以樂其心，不違其志，豈一家一國之養可同日語哉。此孔子所謂事之以禮者。其他推尊之說，稱親之議，似爲非禮。推尊之非，莫詳於魏明帝之詔。稱親之非，莫詳於宋程頤之議。至當之禮，要不出於此。」幷錄上魏明帝詔書。

當是時，帝銳意欲推崇所生，而進士張璁復抗疏極言禮官之謬。帝心動，持澄等疏久不下。至八月庚辰朔，再命集議。澄等乃復上議曰：「先王制禮，本乎人情。武宗既無子嗣，又鮮兄弟，援立陛下於憲廟諸孫之中。是武宗以陛下爲同堂之弟，考孝宗，母慈壽，無可疑矣，可復顧私親哉？」疏入，帝不懌，復留中。會給事中邢寰請議憲廟皇妃邵氏徽號，澄上言：「王妃誕生獻王，實陛下所自出。但旣承大統，則宜考孝宗，而母慈壽太后矣。孝宗於憲廟皇妃宜稱皇太妃，則在陛下宜稱太皇太妃。如此，則彝倫旣正，恩義亦篤。」疏入，報聞。其月，帝以母妃將至，下禮官議其儀。澄等請由崇文門入東安門，帝不可。乃議由正陽左門入大明東門，帝又不可。澄等執議如初，帝乃自定其儀，悉由中門入。

時尊崇禮猶未定，張璁復進大禮或問，帝益嚮之。至九月末，乃下澄等前疏，更令博採輿論以聞。澄等知勢不可已，謀於內閣，加稱興王爲帝，妃爲后，而以皇太后懿旨行之。乃疏言：「臣等一得之愚，已盡於前議。茲欲仰慰聖心，使宜於今而不戾乎情，合乎古而無悖乎義，則有密勿股肱在。臣等有司，未敢擅任。」帝遂於十月二日庚辰，以慈壽皇太后旨加興獻王號曰興獻帝，妃曰興國太后，〔三〕皇妃邵氏亦尊爲皇太后，宣示中外。顧帝雖勉從廷議，意猶慊之。十二月十一日己丑復傳諭加稱皇帝。內閣楊廷和等封還御批，澄抗疏力爭，又偕九卿喬宇等合諫，帝皆不允。明年，嘉靖改元正月，清寧宮後三小宮災。〔四〕澄復以爲言，會朝臣亦多諫者，事獲止。

澄端亮有學行，論事侃侃不撓。帝欲推尊所生，嘗遣中官諭意，至長跪稽首。澄駭愕，急扶之起。其人曰：「上意也。上言『人孰無父母，奈何使我不獲伸』，必祈公易議。」因出囊金畀澄。澄奮然曰：「老臣悖耄，不能隳典禮。獨有一去，不與議已耳。」抗疏引疾至五六上，帝輒慰留不允。二年二月疾甚，復力請，乃許之。舟至興濟而卒。

先是，論定策功，加澄太子太傅，廕錦衣世指揮同知，力辭不受。帝雅敬憚澄，雖數忤旨，而恩禮不衰。既得疾，遣醫診視，藥物之賜時至。其卒也，深悼惜之。贈少傅，謚文簡。

汪俊，字抑之，弋陽人。父鳳，進士，貴州參政。俊舉弘治六年會試第一，授庶吉士，進編修。正德中，與修孝宗實錄，以不附劉瑾、焦芳，調南京工部員外郎。瑾、芳敗，召復原官。累遷侍讀學士，擢禮部右侍郎。嘉靖元年轉吏部左侍郎。

時議興獻王尊號，與尚書喬宇、毛澄輩力爭。澄引疾去，代者羅欽順不至，乃以俊爲禮部尚書。是時獻王已加帝號矣，主事桂萼復請稱皇考。章下廷議。三年二月，〔五〕俊集廷臣七十有三人上議曰：「祖訓『兄終弟及』，指同產言。今陛下爲武宗親弟，自宜考孝宗明矣。孰謂與人爲後，而滅武宗之統也。儀禮傳曰：『爲人後者，孰後？後大宗也。』漢宣起民間，猶嗣孝昭。光武中興，猶考孝元。魏明帝詔皇后無子，擇建支子，以繼大宗。孰謂入繼之主與爲人後者異也。宋范純仁謂英宗親受詔爲子，與入繼不同，蓋言恩義尤篤，尤當不顧私親，非以生前爲子者乃爲人後，身後入繼者不爲人後也。蕚言『孝宗既有武宗爲之子，安得復爲立後』。臣等謂陛下自後武宗而上考孝宗，非爲孝宗立後也。又言『武宗全神器授陛下，何忍不繼其統』。臣等謂陛下既稱武宗皇兄矣，豈必改孝宗稱伯，乃爲繼其統乎？又言『禮官執者不過前宋濮議』。臣等愚昧，所執實不出此。蓋宋程頤之議曰：『雖當專意於正統，豈得盡絕於私恩。故所繼，主於大義；所生，存乎至情。至於名稱，統緒所繫，若其無別，斯亂大倫。』殆爲今日發也。謹集諸章奏，惟進士張璁、主事霍韜、給事中熊浹與蕚議同，其他八十餘疏二百五十餘人，皆如臣等議。」

議上，留中。而特旨召桂蕚、張璁、席書於南京。越旬有五日，乃下諭曰：「朕奉承宗廟正統，大義豈敢有違。第本生至情，亦當兼盡。其再集議以聞。」俊不得已，乃集羣臣請加皇字，以全徽稱。議上，復留十餘日。至三月朔，乃詔禮官，加稱興獻帝爲本生皇考恭穆獻皇帝，興國太后爲本生母章聖皇太后，擇日祭告郊廟，頒詔天下，而別諭建室奉先殿側，恭祀獻皇。俊等復爭曰：「陛下入奉大宗，不得祭小宗，亦猶小宗之不得祭大宗也。昔興獻帝奉藩安陸，則不得祭憲宗。今陛下入繼大統，亦不得祭興獻帝。是皆以禮抑情者也。然興獻帝不得迎養壽安皇太后於藩邸，陛下得迎興國太后於大內，受天下之養，而尊祀興獻帝以天子之禮樂，則人子之情獲自盡矣。乃今聖心無窮，臣等敢不將順，但於正統無嫌，乃爲合禮。」帝曰：「朕但欲奉先殿側別建一室，以伸追慕之情耳。迎養藩邸，祖宗朝無此例，何容飾以爲詞。其令陳狀。」俊具疏引罪。乃嚴旨切責，而趣立廟益急。俊等乃上議曰：「立廟大內，有干正統。臣實愚昧，不敢奉詔。」

帝不納，而令集廷臣大議。俊等復上議曰：「謹按先朝奉慈別殿，蓋孝宗皇帝爲孝穆皇太后附葬初畢，神主無薦享之所而設也。當時議者，皆據周制特祀姜嫄而言。至爲本生立廟大內，則從古未聞。惟漢哀帝爲定陶恭王立廟京師。師丹以爲不可，哀帝不聽，卒遺後世之譏。陛下有可以爲堯、舜之資，臣等不敢導以衰世之事。請於安陸特建獻帝百世不遷之廟，俟他日襲封興王子孫世世獻饗，陛下歲時遣官持節奉祀，亦足伸陛下無窮至情矣。」帝仍命遵前旨再議，俊遂抗疏乞休。再請益力，帝怒，責以肆慢，允其去。召席書未至，令吳一鵬署事。明倫大典成，落俊職，卒於家。隆慶初，贈少保，謚文莊。

俊行誼修潔，立朝光明端介。學宗洛、閩，與王守仁交好，而不同其說。學者稱石潭先生。

弟偉，字器之。由庶吉士授檢討。與俊皆忤劉瑾，調南京禮部主事。瑾誅，復故官。屢遷南京國子祭酒。武宗以巡幸至，率諸生請幸學，不從。江彬矯旨取玉硯，偉曰：「有秀才時故硯，可持去。」俊罷官之歲，偉亦至吏部右侍郎，偕廷臣數爭「大禮」，又伏闕力爭。及席書、張璁等議行，猶持前說不變。轉官左侍郎，爲陳洸劾罷，卒於家。

吳一鵬，字南夫，長洲人。弘治六年進士。選庶吉士，授編修。戶部尚書周經以讒去，上疏乞留之。正德初，進侍講，充經筵講官。劉瑾出諸翰林爲部曹，一鵬得南京刑部員外郎。遷禮部郎中。瑾誅，復爲侍講。進侍講學士，歷國子祭酒、太常卿。並在南京。母喪除，起故官。

世宗踐阼，召拜禮部右侍郎。尋轉左。數與尚書毛澄、汪俊力爭「大禮」。俊去國，一鵬署部事，而帝趣建獻帝廟甚亟。一鵬集廷臣上議曰：「前世入繼之君，間有爲本生立廟園陵及京師者。第歲時遣官致祀，尋亦奏罷。然猶見非當時，取議後代。若立廟大內而親享之，從古以來未有也。臣等寧得罪陛下，不欲陛下失禮於天下後世。今張璁、桂萼之言曰『繼統公，立後私』。又曰『統爲重，嗣爲輕』。竊惟正統所傳之謂宗，故立宗所以繼統，立嗣所以承宗，統之與宗初無輕重。況當我朝傳子之世，而欲倣堯、舜傳賢之例，擬非其倫。

又謂『孝不在皇，惟在考不考』，遂欲改稱孝宗爲皇伯考。臣等歷稽前古，未有神主稱皇伯考者。惟天子稱諸王曰伯叔父則有之，非可加於宗廟也。前此稱本生皇考，實裁自聖心。乃謂臣等留一皇字以覬陛下，又謂『百皇字不足當父子之名』，何肆言無忌至此。乞速罷建室之議，立廟安陸，下璁、萼等法司按治。」帝報曰：「朕起親藩，奉宗祀豈敢違越。但本生皇考寢園，遠在安陸，於卿等安乎？命下再四，爾等欺朕沖歲，黨同執違，敗父子之情，傷君臣之義。往且勿問，其奉先殿西室亟修葺，盡朕歲時追遠之情。」時嘉靖三年四月也。

頃之，一鵬極陳四方災異，言：「自去年六月迄今二月，其間天鳴者三，地震者三十八，秋冬雷雹雨雹十八，暴風、白氣、地裂、山崩、產妖各一，民饑相食二。非常之變，倍於往時。願陛下率先羣工，救疾苦，罷營繕，信大臣，納忠諫，用回天意。」帝優詔報之。

踰月，手敕名奉先殿西室爲觀德殿，遂命一鵬偕中官賴義、京山侯崔元迎獻帝神主於安陸。一鵬等復上言：「歷考前史，並無自寢園迎主入大內者。此天下後世觀瞻所係，非細故也。且安陸爲恭穆啓封之疆，神靈所戀，又陛下龍興之地，王氣所鍾。故我太祖重中都，太宗重留都，皆以王業所基，永修世祀。伏乞陛下俯納羣言，改題神主，奉安故宮，爲百世不遷。其觀德殿中別設神位香几以慰孝思，則本生之情既隆，正統之義亦盡。」奏入，不納。一鵬乃行。慮使者爲道途患，疏請禁約，帝善其言而戒飭之。

比還朝，則廷臣已伏闕哭爭，朝事大變，而給事中陳洸譸張尤甚。一鵬抗疏曰：「大禮之議斷自聖心，正統本生，昭然不紊。而洸妄謂陛下誕生於孝宗沒後三年，嗣位於武宗沒後二月，無從授受，其說尤爲不經。謹按春秋以受命爲正始，故魯隱公上無所承，內無所受，則不書卽位。今陛下承武宗之遺詔，奉昭聖之懿旨，正合春秋之義。而洸謂孰從授受，是以陛下爲不得正始也。洸本小人，不痛加懲艾，無以杜效尤之漸。」不聽。

其年九月，一鵬以本官入內閣專典誥敕兼掌詹事府事。武宗實錄成，進尙書，領職如故。尋以省墓歸，還朝仍典誥敕。未幾，出理部事。前此典內閣誥敕者，皆需次柄政。而張璁、桂萼新用事，素銜一鵬異己，乃出爲南京吏部尙書，加太子少保。居二年，南京官劾諸大臣王瓊等不職，一鵬與焉，遂乞致仕。給廩如故事。卒贈太子太保，謚文端。子子孝，湖廣參政。

朱希周，字懋忠，崑山人，徙吳縣。高祖吉，戶科給事中。父文雲，按察副使。希周舉弘治九年進士。孝宗喜其姓名，擢爲第一。授修撰，進侍講，充經筵講官。劉瑾摘修會典小疵，降修撰。孝宗實錄成，復官。久之，進侍讀學士，擢南京吏部右侍郎。閱五年，召爲禮部右侍郎。

時方議「大禮」，數偕其長爭執。會左侍郎吳一鵬奉使安陸，尚書席書未至，希周獨理部事。而帝方營觀德殿，令協律郎崔元初習樂舞生於大內。〔六〕太常卿汪舉劾之。帝遂令太常官一人同入內教習。希周上言：「太常樂舞有定數，不當更設。」帝不從。舉復爭，帝責其妄議。而是時張璁、桂萼已召至，益交章請去本生之號。帝悅從之，趣禮官具上册儀。希周率郎中余才、汪必東等疏諫曰：「陛下考孝宗、母昭聖三年矣，而更定之論忽從中出，則明詔爲虛文，不足信天下，祭告爲瀆禮，何以感神祇。且本生非貶詞也，不妨正統，而親之義寓焉。何嫌於此，而必欲去之，以滋天下之議。」

時羣臣諫者甚衆，疏皆留中，遂相率詣左順門跪伏。希周走告諸閣臣曰：「羣臣伏闕，公等能坐視乎？」亦偕羣臣跪伏以請。帝聞，大怒，命希周與何孟春等俱待罪，而盡繫庶僚於詔獄。明日，上章聖皇太后册文，希周及尚書秦金、金獻民、趙鑑、趙璜，侍郎何孟春，都御史王時中，大理少卿張縉、徐文華俱不赴。帝怒，責陳狀。希周等伏罪，復嚴旨譙責乃已。而是時庶僚繫獄者猶未釋，希周上言：「諸臣狂率，固不可宥。但今獻皇帝神主將至，必百官齋迎，乃克成禮。乞早寬縲絏，用襄大典。」不納。「大禮」遂自此定矣。

其明年，由左侍郎遷南京吏部尚書。嘉靖六年，大計京官，南六科無黜者。桂萼素以議禮嗛希周，且惡兩京言官嘗劾己，因言希周畏勢曲庇。希周言：「南京六科止七人，實無可去者。臣以言路私之固不可，如避言路嫌，誅責之，尤不可。且使舉曹皆賢，必去一二人示公，設舉曹皆不肖，亦但去一二人塞責乎？」因力稱疾乞休。溫旨許之，仍敕有司歲給夫廩。

林居三十年，中外論薦者三十餘疏，竟不復起。性恭謹，不妄取予。卒年八十有四。贈太子少保。瀕歿，屬諸子曰：「他日儻蒙易名典，勿犯我家諱。」乃避「文」，諡恭靖。

何孟春，字子元，郴州人。祖俊，雲南按察司僉事。父說，刑部郎中。孟春少遊李東陽之門，學問該博。第弘治六年進士，授兵部主事。言官龐泮等下獄，疏救之。詔修萬歲山毓秀亭、乾清宮西室，役軍九千人，計費百餘萬。抗疏極諫。淸寧宮災，陳八事，疏萬餘言。進員外郎、郎中，出理陝西馬政，條目畢張。還，上釐弊五事，並劾撫臣不職。

正德初，請釐正孔廟祀典，不果行。出爲河南參政，廉公有威。擢太僕少卿，進爲卿。駕幸宣府，馳疏諫。尋以右副都御史巡撫雲南。討平十八寨叛蠻阿勿、阿寺等，奏設永昌府，增五長官司、五守禦所。錄功，廕一子，辭不受。

世宗卽位，遷南京兵部右侍郎，半道召爲吏部右侍郎。會蘇、松諸府旱潦相繼，而江、淮北河水大溢，漂沒田廬人畜無算。孟春倣漢魏相條奏八事，帝嘉納焉。尋進左侍郎。尚書喬宇罷，代署部事。

先是，「大禮」議起。孟春在雲南聞之，上疏言：

臣閱邸報，見進士屈儒奏中請尊聖父爲「皇叔考興獻大王」，聖母爲「皇叔母興獻大王妃」。得旨下部，知猶未奉俞命也。臣惟前世帝王，自旁支入奉大統，推尊本生，得失之迹具載史册。宣帝不敢加號於史皇孫，光武不敢加號於南頓君，晉元帝不敢加號於恭王，抑情守禮。宋司馬光所謂當時歸美，後世頌聖者也。哀、安、桓、靈乃追尊其父祖，犯義侵禮。司馬光所謂取譏當時，見非後世者也。儀禮喪服「爲人後者」傳曰「何以三年也？受重者，必以尊服服之」。「爲人後者，爲其父母報」，〔七〕傳曰「何以期也？不二斬也」，「重大宗者，〔八〕降其小宗也」。夫父母，天下莫隆焉。至繼大宗則殺其服，而移於所後之親，蓋名之不可以二也。爲人後者爲之子，不敢復顧私親。聖人制禮，尊無二上，若恭敬之心分於彼，則不得專於此故也。今者廷臣詳議，事猶未決，豈非皇叔考之稱有未當者乎？抑臣愚亦不能無疑。禮，生曰父母，死曰考妣，有世父母、叔父母之文，而無世叔考、世叔妣之說。今欲稱興獻王爲皇叔考，古典何據？宋英宗時有請加濮王皇伯考者，宋敏求力斥其謬。然則皇叔考之稱，豈可加於興獻王乎？卽稱皇叔父，於義亦未安也。經書稱伯父、叔父皆生時相呼，及其既歿，從無通親屬冠於爵位之上者。然則皇叔父之稱，其可復加先朝已謚之親王乎？臣伏覩前詔，陛下稱先皇帝爲皇兄，誠於獻王稱皇叔，如宋王珪、司馬光所云，亦已愜矣。而議者或不然，何也？天下者，太祖之天下也。自太祖傳至孝宗，孝宗傳之先皇帝，特簡陛下，授之大業。獻王雖陛下天性至親，然而所以光臨九重，富有四海，子子孫孫萬世南面者，皆先皇帝之德，孝宗之所貽也。臣故願以漢宣、光武、晉元三帝爲法，若非古之名，不正之號，非臣所願於陛下也。

及孟春官吏部，則已尊本生父母爲興獻帝、興國太后，繼又改稱本生皇考恭穆獻皇帝、本生聖母章聖皇太后。孟春三上疏乞從初詔，皆不省。於是帝益入張璁、桂萼等言，復欲去本生二字。璁方盛氣，列上禮官欺妄十三事，且斥爲朋黨。孟春偕九卿秦金等具疏，略曰：「伊尹謂『有言逆於心，必求諸道。有言遜於志，必求諸非道』。邇者，大禮之議，邪正不同。若諸臣匡拂，累千萬言，此所謂逆於心之言也，陛下亦嘗求諸道否乎？一二小人，敢託將順之説，招徠罷閒不學無恥之徒，熒惑聖聽，此所謂遜於志之言也，陛下亦嘗求諸非道否乎？何彼言之易行，而此言之難入也。」遂發十三難以辨折璁，疏入留中。

其時詹事、翰林、給事、御史及六部諸司、大理、行人諸臣各具疏爭，並留中不下，羣情益洶洶。會朝方罷，孟春倡言於衆曰：「憲宗朝，百官哭文華門，爭慈懿皇太后葬禮，憲宗從之，此國朝故事也。」修撰楊愼曰：「國家養士百五十年，仗節死義，正在今日。」編修王元正、給事中張翀等遂遮留羣臣於金水橋南，謂今日有不力爭者，必共擊之。孟春、金獻民、徐文華復相號召。於是九卿則尚書獻民及秦金、趙鑑、趙璜、俞琳，侍郎孟春及朱希周、劉玉，都御史王時中、張潤，寺卿汪舉、潘希曾、張九敍、吳祺，通政張瓚、陳霑，少卿徐文華及張縉、蘇民、金瓚，府丞張仲賢，通政參議葛禬，寺丞袁宗儒，凡二十有三人；翰林則掌詹事府侍郎賈詠，學士豐熙，侍講張璧，修撰舒芬、楊維聰、姚淶、張衍慶，編修許成名、劉棟、張潮、崔桐、葉桂章、王三錫、余承勳、陸釴、王相、應良、王思，檢討金皐、林時及愼、元正，凡二十有二人；給事中則張翀、劉濟、安磐、張漢卿、張原、謝蕡、毛玉、曹懷、張嵩、王瑄、張𦙶、鄭一鵬、黃重、李錫、趙漢、陳時明、鄭自璧、裴紹宗、韓楷、黃臣、胡納，〔九〕凡二十有一人；御史則王時柯、余翺、葉奇、鄭本公、楊樞、劉潁、祁杲、杜民表、楊瑞、張英、劉謙亨、許中、陳克宅、譚纘、劉翀、張錄、郭希愈、蕭一中、張恂、倪宗嶽、王璜、沈教、鍾卿密、胡瓊、張濂、何鰲、張曰韜、藍田、張鵬翰、林有孚，凡三十人；諸司郎官，吏部則郎中余寬、党承志、劉天民，員外郎馬理、徐一鳴、劉勳，主事應大猷、李舜臣、馬㬙、彭澤、張鵾，司務洪伊，凡十有二人；戶部則郎中黃待顯、唐昇、賈繼之、楊易、楊淮、胡宗明、栗登、党以平、何巖、馬朝卿，員外郎申良、鄭漳、顧可久、婁志德，主事徐嵩、張庠、高奎、安璽、王尚志、朱藻、黃一道、陳儒、陳騰鸞、高登、程旦、尹嗣忠、郭日休、李錄、周詔、戴亢、繆宗周、丘其仁、俎琚、張希尹，司務金中夫，檢校丁律，凡三十有六人；禮部則郎中余才、汪必東、張穗、張懷，員外郎翁磐、李文中、張澯，主事張鏜、豐坊、仵瑜、丁汝夔、臧應奎，凡十有二人；兵部則郎中陶滋、賀縉、姚汝皐、劉淑相、萬潮，員外郎劉漳、楊儀、王德明，主事汪溱、黃嘉賓、李春芳、盧襄、華鑰、鄭曉、劉一正、郭持平、余禎、陳賞，司務李可登、劉從學，凡二十人；刑部則郎中相世芳、張峩、詹潮、胡璉、范錄、〔一〇〕陳力、張大輪、葉應驄、白輶、許路，員外郎戴欽、張儉、劉士奇，主事祁敕、趙廷松、熊宇、何鰲、楊濂、劉仕、蕭樟、顧鐸、王國光、汪嘉會、殷承敍、陸銓、錢鐸、方一蘭，凡二十有七人；工部則郎中趙儒、葉寬、張子衷、汪登、劉璣、江珊，員外郎金廷瑞、范鏓、龐淳，主事伍餘福、張鳳來、張羽、車純、蔣珙、鄭騶，凡十有五人；大理之屬則寺正毋德純、蔣同仁，寺副王暐、劉道，評事陳大綱、鍾雲瑞、王光濟、張徽、王天民、鄭重、杜鸞，凡十有一人；俱跪伏左順門。帝命司禮中官諭退，衆皆曰：「必得俞旨乃敢退。」自辰至午，凡再傳諭，猶跪伏不起。

帝大怒，遣錦衣先執爲首者。於是豐熙、張翀、余翱、余寬、黃待顯、陶滋、相世芳、毋德純八人，並繫詔獄。楊愼、王元正乃撼門大哭，衆皆哭，聲震闕廷。帝益怒，命收繫五品以下官若干人，〔二〕而令孟春等待罪。翼日，編修王相等十八人俱杖死，〔三〕熙等及愼、元正俱謫戍，始下孟春等前疏，責曰：「朕嗣承大統，祗奉宗廟，尊崇大禮，自出朕心。孟春等毀君害政，變亂是非。且張璁等所上十三條尚留中未發，安得先知？其以實對。」於是孟春等具疏伏罪，言：「璁等所條者，於未進之日先以私稾示人，且有副本存通政司，故臣等知之。臣等忝從大臣後，得與議禮之末。竊以璁等欺罔，故昌言論辨，以瀆天聽，罪應萬死。惟望聖明加察，辨其孰正孰邪，則臣等雖死亦幸。」帝怒不已，責孟春倡衆逞忿，非大臣事君之道，法宜重治，姑從輕奪俸一月。旋出爲南京工部左侍郎。故事，南部止侍郎一人，時已有右侍郎張琮，復以孟春爲左，蓋贅員也。孟春屢疏引疾，至六年春始得請。及明倫大典成，削其籍。久之，卒於家。隆慶初，贈禮部尙書，謚文簡。孟春所居有泉，用燕去來時盈涸得名，遂稱燕泉先生云。

豐熙，字原學，鄞人，布政司慶孫也。幼有異禀。嘗大書壁間曰：「立志當以聖人爲的。遜第一等事於人，非夫也。」年十六喪母，水漿不入口數日，居倚廬三年。弘治十二年舉殿試第二。孝宗奇其策，賜第一人袍帶寵之。授編修，進侍講，遷右諭德。以不附劉瑾，出掌南京翰林院事。父喪闋，起故官。

世宗即位，進翰林學士。興獻王「大禮」議起，熙偕禮官數力爭。及召張璁、桂萼爲學士，方獻夫爲侍讀學士，熙昌言於朝曰：「此冷褒、段猶流也，吾輩可與並列耶？」抗疏請歸，不允。既而尊稱禮定，卜日上恭穆獻皇帝謚册。熙等疏諫曰：「大禮之議頒天下三年矣，乃以一二人妄言，欲去本生之稱，專隆鞠育之報。臣等聞命，驚惶罔知攸措。竊惟陛下爲宗廟神人之主，必宗廟之禮加隆，斯繼統之義不失。若乖先王之禮，貽後世之譏，豈不重累聖德哉。」不得命，相率伏哭左順門。遂下詔獄掠治，復杖之闕廷，遣戍。熙得福建鎮海衞。

既璁等得志，乃相率請釋謫戍諸臣罪，皆首及熙，帝不聽。最後謹身殿災，熙年且七十，給事中田濡復請矜宥，卒不聽。居十有三年，竟卒於戍所。隆慶初，贈官賜恤。

子坊，字存禮。舉鄉試第一。嘉靖二年成進士。出爲南京吏部考功主事。尋謫通州同知。免歸。坊博學工文，兼通書法，而性狂誕。熙既卒，家居貧乏，思效張璁、夏言片言取通顯。十七年詣闕上書，言建明堂事，又言宜加獻皇帝廟號稱宗，以配上帝，世宗大悅。未幾，進號睿宗，配饗玄極殿。其議蓋自坊始，人咸惡坊畔父云。明年復進卿雲雅詩一章，詔付史館。待命久之，竟無所進擢，歸家悒悒以卒。晚歲改名道生。別爲十三經訓詁，類多穿鑿語。或謂世所傳子貢詩傳，亦坊僞纂也。

徐文華，字用光，嘉定州人。正德三年進士。授大理評事。擢監察御史，巡按貴州。乖西苗阿雜等倡亂，偕巡撫魏英討之，破寨六百三十。璽書獎勞。

江西副使胡世寧坐論寧王宸濠繫詔獄，文華抗疏救曰：「世寧上爲聖朝，下爲宗室，竭誠發憤，言甫脫口，而禍患隨之，亦可哀也。寧王威燄日以張，隱患日以甚。失今不戢，容有紀極。顧又置世寧重法，杜天下之口，奪忠鯁之氣，弱朝廷之勢，啓宗藩之心，招意外之變，皆自今日始矣。」不納。

帝遣中官劉允迎佛烏斯藏，文華力諫。不報。馬昂納妊身女弟於帝，又疏諫曰：「中人之家不取再醮之婦。陛下萬乘至尊，乃有此舉，返之於心則不安，宣之於口則不順，傳之天下後世則可醜。誰爲陛下進此者，罪可族也。萬一防閑闊略，不幸有李園、呂不韋之徒乘間投隙，豈細故哉。今昂兄弟子姪出入禁闥，陛下降紬等威，與之亂服雜坐，或同臥起，壞祖宗法，莫此爲甚。馬姬專寵於內，昂等弄權於外，禍機竊發，有不可勝言者。乞早誅以絕禍源。」亦不報。

文華既數進直言，帝及諸近倖皆銜之。會文華條上宗廟禮儀，祧廟、禘祫、特享、出主、祔食，凡五事。考證經義，悉可施行。帝怒，責其出位妄言，章下所司。禮官闇於經術，又阿帝意，遂奏文華言非是。命下詔獄，黜爲民。時正德十一年十月也。

世宗卽位，起故官，歷河南按察副使。嘉靖二年舉治行卓異，入爲大理右少卿，尋轉左。時方議興獻帝「大禮」，文華數偕諸大臣力爭。明年七月復倡廷臣伏闕哭諫，坐停俸四月。已，席書、張璁、桂萼、方獻夫會廷臣大議，文華與汪偉、鄭岳猶力爭。武定侯郭勛遽曰：「祖訓如是，古禮如是，璁等言當。」書曰大臣事君，當將順其美。」議乃定。及改題廟主，文華諫曰：「孝宗有祖道焉，不可以伯考稱。武宗有父道焉，不可以兄稱。不若直稱曰孝宗敬皇帝、武宗毅皇帝，猶兩全無害也。」疏入，命再奪俸。

六年秋，李福達獄起。主獄者璁、萼、獻夫，以議禮故憾文華等，乃盡反獄詞，下文華與諸法官獄。獄具，責文華阿附御史殺人，遣戍遼陽。遇赦，卒於道。隆慶初，贈左僉都御史。

自大學士毛紀、侍郎何孟春去位，諸大臣前爭「大禮」者或依違順旨，文華顧堅守前議不變。其被譴不以罪，士論深惜之。

薛蕙，字君采，亳州人。年十二能詩。舉正德九年進士，授刑部主事。諫武宗南巡，受杖奪俸。旋引疾歸。起故官，改吏部，歷考功郎中。

嘉靖二年，廷臣數爭「大禮」，與張璁、桂萼等相持不下。〔一三〕蕙撰爲人後解、爲人後辨及辨璁、萼所論七事，合數萬言上於朝。解有上下二篇，推明大宗義。其辨曰：

陛下繼祖體而承嫡統，合於爲人後之義，坦然無疑。乃有二三臣者，詭經畔禮，上惑聖聰。夫經傳纖悉之指，彼未能覩其十一，遽欲恃小慧，騁夸詞，可謂不知而作者也。

其曰「陛下爲獻帝不可奪之適嗣」。按漢石渠議曰：「大宗無後，族無庶子，己有一適子，當絕父嗣以後大宗否？」戴聖云：「大宗不可絕。禮言適子不爲後者，不得先庶子耳。族無庶子，則當絕父以後大宗。」晉范汪曰：「廢小宗，昭穆不亂。廢大宗，昭穆亂矣。先王所以重大宗也。豈得不廢小宗以繼大宗乎？」夫人子雖有適庶，其親親之心一也。而禮適子不爲後，庶子得爲後者，此非親其父母有厚薄也，直繫於傳重收族不同耳。今之言者不知推本祖禰，惟及其父母而止，此弗忍薄其親，忍遺其祖也。

其曰「爲人後者爲之子，乃漢儒邪說」。按此踵歐陽修之謬也。夫「爲人後者爲之子」，其言出於公羊，固漢儒所傳者。然於儀禮實相表裏，古今以爲折衷，未有異論者也。藉若修之說，其悖禮甚矣。禮「爲人後者，斬衰三年」，此子於父母之喪也。以其父母之喪服之，非爲之子而何？其言之悖禮一也。傳言「爲所後者之祖父母妻，妻之父母昆弟，昆弟之子若子」。其若子者，由爲之子故耳。傳明言「若子」，今顧曰「不爲之子」，其言之悖禮二也。且爲人後者不爲之子，然則稱謂之間，將不曰父，而仍曰伯父、叔父乎？其言之悖禮三也。又立後而不爲之子，則古立後者，皆未嘗實子之，而姑僞立是人也。是聖人僞敎人以立後，而實則無後焉耳。其言之悖禮四也。夫無後者，重絕祖考之祀，故立後以奉之。今所後既不得而子，則祖考亦不得而孫矣。豈可以入其廟而奉其祀乎？其言之悖禮五也。由此觀之，名漢臣以邪說，無乃其自名耶？抑二三臣者亦自度其說之必窮也，於是又爲遁辭以倡之曰：「夫統與嗣不同，陛下之繼二宗，當繼統而不繼嗣。」此一言者，將欲以廢先王爲人後之義與？則尤悖禮之甚者也。然其牽合附會，眩於名實，苟不辨而絕之，殆將爲後世禍矣。

夫禮爲大宗立後者，重其統也。重其統不可絕，乃爲之立後。至於小宗不爲之後者，統可以絕，則嗣可以不繼也。是則以繼統故繼嗣，繼嗣所以繼統也。故禮「爲人後」，言繼嗣也。「後大宗」，言繼統也。統與嗣，非有二也，其何不同之有？自古帝王入繼者，必明爲人後之義，而後可以繼統。蓋不爲後則不成子也。若不成子，夫安所得統而繼之。故爲後也者成子也，成子而後繼統，又將以絕同宗覬覦之心焉。聖人之制禮也，不亦善乎。抑成子而後繼統，非獨爲人後者爾也。禮無生而貴者。雖天子諸侯之子，苟不受命於君父，亦不敢自成尊也。春秋重授受之義，以爲爲子受之父，爲臣受之君。故穀梁子曰「臣子必受君父之命」。斯義也，非直尊君父也，亦所以自尊焉耳。蓋尊其君父，亦將使人之尊己也。如此則義禮明，而禍亂亡。今說者謂『倫序當立斯立已』，是惡知禮與春秋之意哉！

若夫前代之君，間有弟終而兄繼，姪終而伯叔父繼者，此遭變不正者也。〔一四〕然多先君之嗣。先君於已則考也，己於先君則子也。故不可考後君，而亦無兩統二父之嫌，若晉之哀帝、唐之宣宗是也。其或諸王入嗣，則未有仍考諸王，而不考天子者也。陛下天倫不先於武宗，正統不自於獻帝，是非予奪，至爲易辨。而一二臣者猥欲比於遭變不正之舉，故曰悖禮之尤者也。

其他所辨七事，亦率倣此。

書奏，天子大怒，下鎮撫司考訊。已，貰出之，奪俸三月。會給事中陳洸外轉，疑事由文選郎夏良勝及蕙。良勝已被訐見斥，而蕙故在。時亳州知州顏木方坐罪，乃誣蕙與木同年相關通，疑有奸利。章下所司，蕙亦奏辨。帝不聽，令解任聽勘。蕙遂南歸。既而事白，吏部數移文促蕙起。蕙見璁、萼等用事，堅臥不肯起。十八年詔選宮僚，〔一五〕擬蕙春坊司直兼翰林檢討。帝猶以前憾故，報罷。而蕙亦卒矣。

蕙貌臞氣清，持己峻潔，於書無所不讀。學者重其學行，稱爲西原先生。

當是時，廷臣力持「大禮」，而璁、萼建異議，舉朝非之。其不獲與廷議，而以璁、萼得罪者，又有胡侍、王祿、侯廷訓云。

胡侍，寧夏人。舉進士。歷官鴻臚少卿。張璁、桂萼既擢學士，侍劾二人越禮背經。因據所奏，反覆論辨，凡千餘言。帝怒，命逮治。言官論救，謫潞州同知。瀋府宗室勛注以事憾之，奏侍試諸生題譏刺，且謗「大禮」。逮至京，訊斥爲民。

王祿，新城人。舉於鄉，爲福建平和知縣。嘉靖九年疏請建獻帝廟於安陸，封崇仁王以主其祀，不當考獻帝，伯孝宗，涉二本之嫌。宗藩子有幼而岐嶷者，當養之宮中，備儲貳選。疏奏，卽棄官歸。命按臣逮治，亦斥爲民。

侯廷訓，樂清人。與張璁同郡，同舉進士，而持論不合。初釋褐，卽上疏請考孝宗，且言不當私藩邸舊臣，語最切直。除南京禮部主事。嘉靖三年冬，「大禮」定，廷訓心非之。私刊所著議禮書，潛寄京師，下詔獄拷訊。子一元，年十三，伏闕訟冤，得釋。後起官至漳南僉事。以貪虐，被劾爲民。一元舉進士，官至江西布政使。

贊曰：「大禮」之議，楊廷和爲之倡，舉朝翕然同聲，大抵本宋司馬光、程頤濮園議。然英宗長育宮中，名稱素定。而世宗奉詔嗣位，承武宗後，事勢各殊。諸臣徒見先賢大儒成說可據，求無得罪天下後世，而未暇爲世宗熟計審處，準酌情理，以求至當。爭之愈力，失之愈深，惜夫。

校勘記

〔一〕歷禮部侍郎　禮部侍郎，武宗實錄卷一五〇正德十二年六月壬戌條、世宗實錄卷二六嘉靖二年閏四月己酉條都作「吏部侍郎」。

〔二〕十二年六月拜尚書　六月，原作「五月」，據本書卷一一一七卿年表、武宗實錄卷一五〇正德十二年六月壬戌條改。

〔三〕加興獻王號曰興獻帝妃曰興國太后　興國太后，本書卷一七世宗紀、世宗實錄卷七正德十六年十月庚辰條都作「興獻后」。按嘉靖元年世宗始改稱其母尊號爲「興國太后」，見本書卷一七世宗紀及世宗實錄卷一二嘉靖元年三月壬戌條。此在正德十六年「十月二日庚辰」，應作「興獻后」。

〔四〕清寧宮後三小宮災　清寧宮，原作「寧清宮」，據世宗實錄卷十嘉靖元年正月己未條、國榷卷五二頁三二五一改。明會典卷七一有「清寧宮」。

〔五〕三年二月　二月，原作「正月」，據世宗實錄卷三六嘉靖三年二月戊申條、國榷卷五三頁三二九五改。

〔六〕協律郎崔元初習樂舞生於大內　崔元初，世宗實錄卷四〇嘉靖三年六月辛丑條作「崔元祁」。

〔七〕爲其父母報　爲，原作「謂」，據明史稿傳七六何孟春傳、儀禮喪服改。

〔八〕重大宗者　儀禮喪服作「持重於大宗者」。

〔九〕胡納　明史稿傳七六何孟春傳作「胡訥」。

〔一〇〕范錄　明史稿傳七六何孟春傳作「范祿」。

〔一一〕命收繫五品以下官若干人　五品，原作「四品」。明史稿傳七六何孟春傳、世宗實錄卷四一嘉靖三年七月戊寅條都作「五品」。按世宗實錄稱「四品以上姑於午門前宣諭停俸，五品以下各杖之。」作「五品」是，據改。

〔一二〕編修王相等十八人俱杖死　十八人，本書卷一九二王思傳、郭楠傳，世宗實錄卷四六嘉靖三年十二月辛卯條，都作「十七人」。本書卷一七世宗紀所記亦止十七人。

〔一三〕嘉靖二年廷臣數爭大禮與張璁桂萼等相持不下　二年，明史稿傳七六薛蕙傳、世宗實錄卷四〇嘉靖三年六月庚戌條都作「三年」。按桂萼上書言大禮，在嘉靖三年正月，二月，世宗召張璁、桂萼於南京，始與廷臣爭大禮。二年，桂萼尚未上書，作「三年」是。

〔一四〕間有弟終而兄繼姪終而伯叔父繼者此遭變不正者也　弟終而兄繼，原作「兄終而弟繼」。按「兄終弟及」是明之「祖訓」，不能說是「遭變不正者」。明史稿傳七六薛蕙傳作「弟終而兄繼」，是，據改。

〔一五〕十八年詔選宮僚　宮僚指東宮屬僚，原誤作「官僚」，據明史稿傳七六薛蕙傳、世宗實錄卷二二一嘉靖十八年二月癸丑條、國榷卷五七頁三五七〇改。

明史卷一百九十二

列傳第八十

楊慎，字用修，新都人，少師廷和子也。年二十四，舉正德六年殿試第一，授翰林修撰。丁繼母憂，服闋起故官。十二年八月，武宗微行，始出居庸關，慎抗疏切諫。尋移疾歸。

世宗嗣位，起充經筵講官。常講舜典，言：「聖人設贖刑，乃施於小過，俾民自新。若元惡大奸，無可贖之理。」時大璫張銳、于經論死，或言進金銀獲宥，故及之。

嘉靖三年，帝納桂萼、張璁言，召爲翰林學士。愼偕同列三十六人上言：「臣等與萼輩學術不同，議論亦異。臣等所執者，程頤、朱熹之說也。萼等所執者，冷褒、段猶之餘也。今陛下既超擢萼輩，不以臣等言爲是，臣等不能與同列，願賜罷斥。」帝怒，切責，停俸有差。踰月，又偕學士豐熙等疏諫。不得命，偕廷臣伏左順門力諫。帝震怒，命執首事八人下詔獄。於是愼及檢討王元正等撼門大哭，聲徹殿庭。帝益怒，悉下詔獄，廷杖之。閱十日，有言前此朝罷，羣臣已散，愼、元正及給事中劉濟、安磐、張漢卿、張原，御史王時柯實糾衆伏哭。乃再杖七人於廷。愼、元正、濟並謫戍，餘削籍。愼得雲南永昌衞。先是，廷和當國，盡斥錦衣冒濫官。及是伺諸途，將害愼。愼知而謹備之。至臨清始散去。扶病馳萬里，憊甚。抵戍所，幾不起。

五年聞廷和疾，馳至家。廷和喜，疾愈。還永昌，聞尋甸安銓、武定鳳朝文作亂，率僮奴及步卒百餘，馳赴木密所與守臣擊敗賊。八年聞廷和訃，奔告巡撫歐陽重請於朝，獲歸葬，葬訖復還。自是，或歸蜀，或居雲南會城，或留戍所，大吏咸善視之。及年七十，還蜀，巡撫遣四指揮逮之還。嘉靖三十八年七月卒，年七十有二。

愼幼警敏，十一歲能詩。十二擬作古戰場文、過秦論，長老驚異。入京，賦黃葉詩，李東陽見而嗟賞，令受業門下。在翰林時，武宗問欽天監及翰林：「星有注張，又作汪張，是何星也？」衆不能對。愼曰：「柳星也。」歷舉周禮、史記、漢書以復。預修武宗實錄，事必直書。總裁蔣冕、費宏盡付稾草，俾削定。嘗奉使過鎭江，謁楊一清，閱所藏書。叩以疑義，一清皆成誦。愼驚異，益肆力古學。既投荒多暇，書無所不覽。嘗語人曰：「資性不足恃。日新德業，當自學問中來。」故好學窮理，老而彌篤。世宗以議禮故，惡其父子特甚，每問愼作何狀。閣臣以老病對，乃稍解。愼聞之，益縱酒自放。明世記誦之博，著作之富，推愼爲第一。詩文外，雜著至一百餘種，並行於世。隆慶初，贈光祿少卿。天啓中，追諡文憲。

王元正，字舜卿，盩厔人。與愼同年進士。由庶吉士授檢討。武宗幸宣、大，元正述五子之歌以諷。竟以爭「大禮」，謫戍茂州卒。隆慶初，贈修撰。

王思，字宜學，太保直曾孫也。正德六年進士。改庶吉士，授編修。

九年春，乾清宮災。思應詔上疏曰：「天下之治賴紀綱，紀綱之立係君身而已。私恩不偏於近習，政柄不移於左右，則紀綱立，而宰輔得行其志，六卿得專其職。今者內閣執奏方堅，而或撓於傳奉，六卿擬議已定，而或阻於內批，此紀綱所由廢也。惟陛下抑私恩，端政本，用舍不以讒移，刑賞不以私拒，則體統正而朝廷尊矣。祖宗故事，正朝之外，日奏事左順門，又不時召對便殿。今每月御朝不過三五日，每朝進奏不踰一二事。其養德之功，求治之實，宰輔不得而知也。聞見之非，嗜好之過，宰輔不得而知也。天下之大，四海之遠，生民愁苦之狀，盜賊縱橫之由，豈能一一上達。伏願陛下悉遵舊典，凡遇宴閒，少賜召問，勿以遇災而懼，災過而弛，然後可以享天心，保天命。」

其年九月，帝狎虎而傷，閱月不視朝。思復上封事曰：「孝宗皇帝之子惟陛下一人，當爲天下萬世自重。近者道路傳言，虎逸於柙，驚及聖躬。臣聞之，且駭且懼。陛下卽位以來，於茲九年。朝宁不勤政，太廟不親享。兩宮曠於問安，經筵倦於聽講。揆厥所自，蓋有二端：嗜酒而荒其志，好勇而輕其身。由是，戒懼之心日忘，縱恣之欲日進，好惡由乎喜怒，政令出於多門。紀綱積弛，國是不立。士氣摧折，人心危疑。上天示警，日食地震。宗社之憂，凜若朝夕。夫勇不可好，陛下已薄有所懲矣。至於荒志廢業，惟酒爲甚。書曰：『甘酒嗜音，峻宇雕牆，有一於此，未或不亡。』陛下露處外宮，日湎於酒。厮養雜侍，禁衞不嚴。卽不幸變起倉卒，何以備之。此臣所大憂也。」疏入，留中者數日，忽傳旨降遠方雜職，遂謫潮州三河驛丞。

思年少氣銳，每衆中指切人是非。已悔之，自斂爲質訥。及被謫，怡然就道。夜過瀧水，舟飄巨石上，緣石坐浩歌。家人後至，聞歌聲乃檥舟以濟。王守仁講學贛州，思從之遊。及守仁討宸濠，檄思贊軍議。

世宗嗣位，召復故官，仍加俸一級。思疏辭，且言：「陛下欲作敢言之氣，以防壅蔽之奸，莫若省覽奏章，召見大臣，勿使邪僻阿徇之說蠱惑聖聽，則堯、舜之治可成。不然，縱加恩於先朝譴責之臣，抑末矣。」帝不允，因命近日遷俸者，皆不得辭。尋充經筵講官。

嘉靖三年與同官屢爭「大禮」，不報。時張璁、桂萼、方獻夫爲學士，思羞與同列，疏乞罷歸。不許。其年七月，偕廷臣伏左順門哭諫。帝大怒，繫之詔獄，杖三十。踰旬，再杖之。思與同官王相，給事中張原、毛玉、裴紹宗，御史張曰韜、胡瓊，郎中楊淮、胡璉，員外郎申良、張瀿，主事安璽、仵瑜、臧應奎、余禎、殷承敍，司務李可登，凡十有七人，皆病創先後卒。隆慶初，各廕一子，贈官有差。思贈右諭德。

思志行邁流俗，與李中、鄒守益善。高陵呂柟亟稱之，嘗曰：「聞過而喜似季路，欲寡未能似伯玉，則改齋其人也。」改齋者，思別號也。

王相，字懋卿，鄞人。正德十六年進士。由庶吉士授編修。豪邁尙志節。事親篤孝。

家貧屢空，晏如。仕僅四年而卒。

張翀，字習之，潼川人。正德六年進士。選庶吉士，改刑科給事中。引疾歸，起戶科。世宗即位，詔罷天下額外貢獻。其明年，中都鎮守內官張陽復貢新茶。禮部請遵詔禁，不許。翀言：「陛下詔墨未乾，旋即反汗，人將窺測朝廷，玩侮政令。且陽名貢茶，實雜致他物。四方效尤，何所抵極。願守前詔，無墮奸謀。」不聽。寧夏歲貢紅花，大爲軍民害，內外鎮守官涖任，率貢馬謝恩，翀皆請罷之。帝雖是其言，不能從。尋言：「中官出鎮，非太祖、太宗舊制。景帝遭國家多故，偶一行之。謂內臣是朝廷家人，但有急事，令其來奏。乃往歲宸濠謀叛，鎮守太監王宏反助爲逆，內臣果足恃耶？時平則坐享尊榮，肆毒百姓，遇變則心懷顧望，不恤封疆。不可不亟罷。」後張孚敬爲相，竟罷諸鎮守，其論實自翀發之。

屢遷禮科都給事中。又言：「頃聞紫禁之內，禱祠繁興。乾清宮內官十數輩，究習經典，講誦科儀，賞賚踰涯，寵幸日密。此由先朝罪人遺黨若太監崔文輩，挾邪術爲嘗試計。陛下爲其愚弄，而已得肆其奸欺。干撓政事，牽引羣邪，傷太平之業，失四海之望。竊計陛下寧遠君子而不忍斥其徒，寧棄讜言而不欲違其教，亦謂可以延年已疾耳。側聞頃來嬪御女謁，充塞閨幃，一二黠慧柔曼者爲惑尤甚。由是，怠日講，疏召對，政令多僻，起居愆度。小人窺見間隙，遂以左道蠱惑。夫以齋醮爲足恃而恣欲宮壼之間，以荒淫爲無傷而邀福邪妄之術，甚非古帝王求福不回之道也。」

嘉靖二年四月，以災異，偕六科諸臣上疏曰：「昔成湯以六事自責曰：『政不節歟？民失職歟？宮壼崇歟？女謁盛歟？苞苴行歟？讒夫昌歟？』今誠以近事較之。快船方減而輒允戴保奏添，鎭戍方裁而更聽趙榮分守。詔核馬房矣，隨格于閻洪之一言；詔汰軍匠矣，尋奪於監門之羣咻。是政不可謂節也。末作競於奇巧，遊手半於閭閻。耕桑時廢，缺俯仰之資；敎化未聞，成偸薄之習。是民不可謂不失職也。兩宮營建，採運艱辛。或一木而役夫萬千，或一椽而廢財十百。死亡枕藉之狀，呻吟號嘆之聲，陛下不得而見聞。是宮壼不可謂不崇也。奉聖、保聖之後，先女寵於册后；莊奉、肅奉之名，聯殊稱於乳母。或承恩漸隣於飛燕，或黠慧不下於婉兒，內以移主上之性情，外以開近習之負倚。是女謁不可謂不盛也。竊奸之銳、雄，公肆賂遺而逃籍沒之律；極惡之鵬、鎧，密行請託而逭三載之誅。錢神靈而王英改問於錦衣，關節通而于喜竟漏於禁網。是苞苴不可謂不行也。獻廟主祀，屈府部之議，而用王槐諛佞之謀。重臣批答，乏體貌之宜，而入羣小甚間之論。或譖發於內，陰肆毒螫，或讒行於外，顯逞擠排，上以汨朝廷之是非，下以亂人物之邪正。是讒夫不可謂不昌也。凡此，皆成湯之所無，而今日之所有，是以不避斧鉞之誅，用附責難之義。望陛下採納。」其年冬，命中官督蘇、杭織造，舉朝阻之不能得。翀復偕同官張原等力爭。時世宗初政，楊廷和等在內閣。羣小雖已用事，正論猶伸，翀前後指斥無所避。帝雖不見用，然亦嘗報聞，不罪也。

及明年三月，帝以桂萼言，銳欲考獻帝，且欲立廟禁中，翀復偕同官力諫。帝於是責以朋言亂政，命奪俸。既又助尚書喬宇等再疏爭內殿建室之議，被詔切讓。呂柟、鄒守益下獄，翀等抗疏捄。及張璁、桂萼召至，翀與給事三十餘人連章言：「兩人賦性奸邪，立心憸佞，變亂宗廟，離間宮闈，詆毀詔書，中傷善類。望亟出之，爲人臣不忠之戒。」皆不納。

帝愈欲考獻帝，改孝宗爲伯考，翀等憂之。會給事中張漢卿劾席書振荒不法，戶部尚書秦金請命官往勘，帝是之。翀等乃取廷臣劾萼等章疏，送刑部令上請，且私相語曰：「倘上亦云是者，即撲殺之。」璁等以其語聞。帝留疏不下，而責刑部尚書趙鑑等朋邪害正，翀等陷義罔忠，而進璁、萼學士。廷臣相顧駭歎。諸曹乃各具一疏，力言孝宗不可稱伯考，署名者凡二百二十餘人。帝皆留中不報。七月戊寅，諸臣相率伏左順門懇請。帝兩遣中官諭之不退，遂震怒。先逮諸曹爲首者八人於詔獄，翀與焉。尋杖於廷，謫戍瞿塘衞，而璁、萼寵益盛。翀居戍所十餘年，以東宮冊立恩放還，卒。

劉濟，字汝楫，騰驤衞人。正德六年進士。由庶吉士授吏科給事中。山西巡撫李鉞劾左、右布政使倪天民、陳逵。吏部請黜之，帝不許。濟疏爭，不省。帝幸宣府、楡林，濟皆疏請回鑾。詔封許泰、江彬伯爵，又與諸給事中力爭，皆不報。世宗卽位，出核甘肅邊餉。奏革涼州分守中官及永昌新添遊兵。再遷工科左給事中。

嘉靖改元，進刑科都給事中。主事陳嘉言坐事下獄，濟疏救，不許。廖鵬父子及錢寧黨王欽等，皆以從逆論斬，鵬等夤緣中人冀脫死。濟上言：「自來死囚臨斬，鼓下猶受訴詞，奏上得報，已及日旰，再請而後行刑，則已薄暮，殊非與衆棄之之意。乞自三請後，鼓下不得受詞。鵬、欽等罪甚當，幸陛下勿疑。」詔自今以申酉行刑。鵬等竟緩決，欽後以中旨免死。濟力爭，不聽。故事，廠衞有所逮，必取原奏情事送刑科簽發駕帖。千戶白壽齎帖至，濟索原奏，壽不與，濟亦不肯簽發。兩人列詞上。帝先入壽言，竟詘濟議。中官崔文僕李陽鳳坐罪，已下刑部。帝受文愬，移之鎭撫。濟率六科爭之，不聽。都督劉暉以奸黨論戍，有詔復官。甘肅總兵官李隆嗾亂軍殺巡撫許銘，逮入都，營免赴鞫。濟皆力陳不可，帝從其言。暉奪職，隆受訊伏辜。

定國公徐光祚規占民田，嗾灤州民訐前永平知府郭九皐。太監芮景賢主之，緹騎逮訊。濟請并治光祚，章下所司。給事中劉最以劾中官崔文調外任，景賢復劾其違禁，與御史黃國用皆逮下詔獄，戍最而謫國用。法司爭不得，濟言：「國家置三法司，專理刑獄，或主質成，或主平反。權臣不得以恩怨爲出入，天子不得以喜怒爲重輕。自錦衣鎭撫之官專理詔獄，而法司幾成虛設。如最等小過耳，羅織於告密之門，鍛錬於詔獄之手，旨從內降，大臣初不與知，爲聖政累非淺。且李洪、陳宣罪至殺人，降級而已。王欽兄弟黨奸亂政，謫戍而已。以最等視之，奚啻天淵，而罪顧一律，何以示天下。」帝怒，奪濟俸一月。后父陳萬言奴何璽毆人死，帝命釋之。濟執奏曰：「萬言縱奴殺人，得免爲幸，乃并釋璽等，是法不行於戚畹奴也。」

濟在諫垣久，言論侃侃，多與權幸相枝柱，直聲甚震，帝滋不能堪。「大禮」議起，廷臣爭者多得罪。濟疏救修撰呂柟，編修鄒守益，給事中鄧繼曾，御史馬明衡、朱淛、陳逅、季本，郎中林應驄，不聽。既而遮諸朝臣於金水橋，伏哭左順門，受杖闕廷。越十二日再杖，謫戍遼東。十六年册立皇太子，赦諸謫戍者，濟不與，卒於戍所。隆慶初復官，贈太常少卿。

安磐，字公石，嘉定州人。弘治十八年進士。改庶吉士。正德時，歷吏、兵二科給事中，乞假去。

世宗踐阼，起故官。帝手詔欲加興獻帝皇號，磐言：「興，藩國也，不可加於帝號之上。獻，謚法也，不可加於生存之母。本生、所後，勢不俱尊。大義私恩，自有輕重。」會廷臣多力爭，事得且止。

嘉靖元年，主事霍韜言，科道官褻服受詔，大不敬。磐偕同官論韜先以議禮得罪名敎，恐言官發其奸，故摭拾細事，意在傾排。帝置不問。尋因事言：「先朝內外巨奸，若張忠、劉養、韋霦、魏彬、王瓊、甯杲等，漏網得全要領。其貨賂可以通神，未嘗不夤緣覬復用。宜嚴察預防，天下事毋令若輩再壞。」帝納其言，命錦衣官密訪緝之。中官張欽家人李賢者，帝許任爲錦衣指揮。磐極言不可，不聽。

錦衣千戶張儀以附中官張銳黜革，御史楊百之忽爲訟冤，言：「儀當宸濠逆謀時，首倡大義，勸銳卻其餽遺。今銳以是免死，儀功不錄，無以示報。」磐疏言：「百之憸邪，陽爲儀遊說，而陰與銳交關，爲銳再起地。」百之情得，乃誣磐因請屬不行，挾私行謗。吏部尚書喬宇等議黜百之，刑部謂情狀未明，宜俱逮治。帝兩宥之，奪百之俸三月，磐一月。

帝頻興齋醮，磐又抗言：「曩武宗爲左右所蠱，命番僧鎖南綽吉出入豹房，內官劉允迎佛西域。十數年間糜費大官，流謗道路。自劉允放，而鎖南囚，供億減，小人伏。奈何甫及二年，遽襲舊轍。不齋則醮，月無虛日。此豈陛下本意，實太監崔文等爲之。文鐘鼓厮役，夤緣冒遷，旣經降革，乃營求還職。導陛下至此，使貽譏天下後世，文可斬也。文嘗試陛下，欲行香則從之，欲登壇則從之，欲拜疏則又從之。無已則導以遊幸、土木，導以征伐，方且連類以進，伺便以逞。臣故曰文可斬也。」疏入，報聞。

戶部主事羅洪載以杖錦衣百戶張瑾下詔獄，〔二〕磐與同官張漢卿、張逵、葛鵾等請付之法司。不聽。永福長公主下嫁，擇昏於七月下旬。磐言：「長公主於孝惠皇太后爲在室孫女，期服未滿，宜更其期。舊儀，駙馬見公主行兩拜禮，公主坐受，乖夫婦之分，亦當革正。」帝以遺旨格之，相見禮如故。

錦衣革職旗校王邦奇屢乞復職，磐言：「邦奇等在正德世，貪饕搏噬，有若虎狼。其捕奸盜也，或以一人而牽十餘人，或以一家而連數十家，鍛鍊獄詞，付之司寇，謂之『鑄銅板』。其緝妖言也，或用番役四出搜愚民詭異之書，或購奸僧潛行誘愚民彌勒之教，然後從而掩之，無有解脫，謂之『種妖言』。數十年內，死者塡獄，生者冤號。今不追正其罪，使得保首領，亦已幸矣，尚敢肆然無忌，屢瀆天聽，何爲者哉。且陛下收已渙之人心，奠將危之國脈，實在登極一詔。若使此輩攘臂一朝壞之，則奸人環立蠭起，隄防潰決，不知所紀極矣。宜嚴究治，絕禍源。」帝不能從。其後邦奇卒爲大厲如磐言。

帝驛召席書、桂萼等，磐請斥之以謝天下，且言：「今欲別立一廟於大內，是明知恭穆不可入太廟矣。夫孝宗旣不得考，恭穆又不得入，是無考也。世豈有無考之太廟哉。此其說之自相矛盾者也。」不聽。

歷兵科都給事中。以率衆伏闕再受杖，除名爲民。卒於家。

張漢卿，字元傑，儀封人。正德六年進士。授魏縣知縣，徵拜刑科給事中。嘗陳杜僥倖、廣儲積、愼刑獄三事，深切時弊，不報。武宗將南巡，偕同官伏闕諫。世宗嗣位，從巡撫李鐸言，發帑金二十萬優卹宣府軍民。以漢卿言，併發十三萬於大同。屢遷戶科都給事中。

嘉靖元年冬，與同官上言：「陛下軫念畿輔莊田之害，遣官會勘。敕自正德以後投獻及額外侵占者，盡以給民。王言一布，天下孰不誦陛下之仁。乃者給事中夏言、御史樊繼祖、主事張希尹勘上涿州薰皮廠、安州鷹房草場，詔旨留用。所司執奏，迄不肯從，非所以全大信昭至公也。皮廠起於馬永成，鷹房創於谷大用，皆奪民業爲之。今馬俊、趙霦恃藩邸舊恩，妄求免革，是復蹈永成、大用故轍也。乞盡還之民，而嚴罪俊、霦爲欺罔者戒。」后父陳萬言請營新第，旣又乞莊田，內官吳勳等請督蘇州織造，漢卿皆極諫。不納。應天諸府大旱，帝將鬻淮、浙餘鹽及所沒產，易銀振之。漢卿言：「易銀緩，非發帑金不可。」帝爲發銀十五萬。

未幾，復偕同官言：「今天下一歲之供，不給一歲之用，加以水旱頻仍，物力殫屈。陛下方躬行節儉，而中官梁棟等奏營造缺珠寶，是欲括戶部之銀也。梁政等又以蠲免三分之數，欲行京倉撥補，是欲耗太倉之粟也。夫內庫不足，取之計部，計部不足，取之郡邑小民，郡邑小民將安取哉？今東南洊饑，民至骨肉相食，而搜括之令頻行，臣等竊以爲不可。」報聞。已，又劾席書振濟乖方，乞遣官往勘，正其欺罔罪。帝方眷書甚，驛召爲禮部尚書，不罪也。

初，興獻帝議加皇號，漢卿力爭，至是又倡衆伏闕。兩受杖，斥爲民。二十年，言官邢如默、賈準等會薦天下遺賢，及漢卿，終不召。

張原，字士元，三原人。正德九年進士。授吏科給事中。疏陳汰冗食、慎工作、禁貢獻、明賞罰、廣言路、進德學六事。中言：「天下幅員萬里，一舉事而計臣輒告匱，民貧故也。民何以貧？守令之裒斂，中臣之貢獻，爲之也。比年軍需雜輸十倍前制，皆取辦守令。守令假以自殖，又十倍於上供。民既困矣，而貢獻者復巧立名目，爭新競異，號曰『孝順』。取於民者十百，進於上者一二，朝廷何樂於此而受之。人君馭下惟賞與罰。邇者庸才厮養莫不封侯腰玉。或足不出門而受賞，身不履陳而奏功。禦敵者竟未沾恩，覆軍者多至逃罪。此士卒所由解體也。」疏入，權倖惡之，傳旨謫新添驛丞。

嘉靖初，召復兵科，仍加俸一級。南寧伯毛良殺其子，錦衣掌印指揮朱震等多違縱，〔二〕原先後論之，皆奪職閒住。帝進張鶴齡昌國公，封陳萬言泰和伯，世襲，授萬言子紹祖尙寶丞，又以外戚蔣泰等五人爲錦衣千、百戶，原抗疏極言，請行裁節。未幾，劾建昌侯張延齡强占民地，定國公徐光祚子、外戚玉田伯蔣輪、昌化伯邵蕙家人擅作威福。事雖不盡行，權貴皆震懾。

進戶科右給事中。撼門哭，再被杖，創重卒。貧不能歸葬。久之，都御史陳洪謨備陳原與毛玉、裴紹宗、王思、王相、胡瓊等妻子流離狀，請卹於朝。不許。隆慶元年贈光祿少卿。

毛玉，字國珍，更字用成，雲南右衞軍家子也，其先良鄉人。弘治十八年進士。正德五年，由行人擢南京吏科給事中。劉瑾既敗，大盜蠭起。玉言大學士焦芳、劉宇實亂天下，請顯僇，以謝萬姓。羣盜擾山東、河南，玉請備留都。已而盜果渡江，以備嚴不敢犯。外艱去，起南京兵科。御史林有年諫迎佛烏思藏下獄，玉抗疏救之，有年得薄罰。又以繼母艱去。服闋，除吏科。

世宗卽位逾年，興邸諸內官怙帝寵，漸驕佚。又故太監谷大用、魏彬等相次謀復起，事有萌芽。玉卽抗疏歷敍武宗時事，勸帝戒嗜欲，杜請託，以破僥倖之門，塞蠱惑之隙。帝嘉納焉。

御史曹嘉素輕險，倣宋范仲淹百官圖，分廷臣四等，加以品題。給事中安磐疏駁之，言唐王珪之論房玄齡等，本朝解縉之論黃福等，皆承君命而品藻之，未有漫然恣其口吻，如嘉者也。玉復言嘉背違成法，變亂國是，乞斥。帝從其言，貶嘉於外。御史許宗魯爲嘉訟，請斥玉，其同官倫以謀亦助爲言。給事中張原以庶僚聚訟，朝廷爲之多事，重損國體，乞身先斥罷。玉亦上疏求去，言：「宗魯等知朋友私恩，不顧朝廷大體。臣一身所係絕微，公論所闕甚大，乞罷臣以謝御史。」帝皆慰留之。時宸濠戚屬連逮者數百人，玉奉命往訊，多所全活。且言宸濠稱亂，由左右貪賂釀成之。因劾守臣不死事者，而禁天下有司與藩府交通。帝俱從之。再遷左給事中。尋伏闕爭「大禮」，下獄受杖，竟卒。後贈光祿少卿。

裴紹宗，字伯修，渭南人。正德十二年進士。除海門知縣。武宗南巡，受檄署江都事，權倖憚之，供億大省。

世宗卽位，召入爲兵科給事中。卽疏請法祖定制，言：「太祖貽謀盡善。如重大臣，勤視朝，親歷田野，服浣濯衣，種蔬宮中，毀鏤金牀，碎水晶漏，造觀心亭，揭大學衍義之類，陛下所當繹思祖述。而二三大臣尤宜朝夕納誨，以輔養聖德。陛下日御便殿，親儒臣，使耳目不蔽於淫邪，左右不惑於險佞，則君志素定，治功可成。」帝嘉納之。帝欲加興獻帝皇號，紹宗力諫。嘉靖二年冬，帝以災異頻仍，欲罷明年郊祀慶成宴。紹宗言：「祭祀之禮莫重於郊丘，君臣之情必通於宴享。往以國戚廢大禮，今且從吉，宜卽舉行，豈可以災傷復免。」修撰唐皐亦言之。竟得如禮。明年，以伏闕受杖卒。贈官如毛玉。

王時柯，字敷英，萬安人。正德十二年進士。授行人。嘉靖三年擢御史，疏言：「桂萼輩以議禮迎合，傳陞美官。薛蕙、陳相、段續、胡侍等，連章論劾，實出至公。今佞人超遷而羣賢獲罪，恐海內聞之，謂陛下好諛惡直。願採忠讜之言，消朋比之禍，特寬蕙等而聽席書、方獻夫辭職，除張璁、桂萼別任，則是非不謬，人情悅服。」忤旨切責。未幾，有伏闕之事，再予杖，除名。

時御史疏爭「大禮」居首者余翺，字大振，定遠人，正德中進士。嘉靖二年爲御史，嘗劾司禮太監張佐蒙蔽罪。明年七月，與時柯等被杖戍邊。居戍所十四年。皇子生，赦還。穆宗卽位，時柯、翺皆復官，贈時柯光祿少卿。

鄭本公，朔州衞人。正德九年進士。歷御史。武宗不豫，國本未建，本公請愼選宗室親賢者正位東宮，繫天下望。不報。

世宗嗣位，及冬而乾淸宮成，帝由文華殿入居之。本公上言：「事之可思者有六。是宮八年營搆，一旦告成。陛下居安思危，當遠羣小，節燕遊，以防一朝之患。重妃配，廣繼嗣，以爲萬世之計。愼終如始，兢兢業業，常若天祖之臨。求言益切，訪政益勤，用防壅蔽之患。持聖心，遠貨色，毋溺于鴆毒。重興作，惜財力，永鑒于先朝。」帝嘉納之。踰月，帝欲加興獻帝皇號，本公力言不可。

嘉靖改元，出按遼東。劾罷副總兵張銘、都指揮周輔。還朝，論救給事中劉最，忤旨切責。二年十月，時享太廟，帝不親行。本公與同官彭占祺極言遣代非宜，報聞。

明年三月，帝欲考興獻帝，立廟禁中。本公偕同官力爭，謂：「陛下潛邸之日，則爲孝宗之姪，興獻王之子。臨御之日，則爲孝宗之子，興獻帝之姪。可兩言決也。至立廟大內，實爲不經。獻帝之靈既不得入太廟，又空去一國之祀而託享于大內焉。陛下享太廟，其文曰『嗣皇帝』，於獻帝之廟，又當何稱？愛敬精誠，兩無所屬，獻帝將蹙然不安。」帝怒，責其朋言亂政，奪俸三月。其年六月，以席書爲禮部尚書，召張璁、桂萼入京。本公偕同官四十四人連章言：「萼首爲亂階，璁再肆欺罔，黃綰、黃宗明、方獻夫、席書連彙接踵。尙書之命，由中而下。行取之旨，已罷再頒。大臣因此被逐，言官由之得罪，雖往日瑾、彬之奸，流禍不若是酷也。」不納。已，偕廷臣伏闕哭諫。繫獄，廷杖還職。當是時，爭「大禮」者，諸御史中，本公言最切中。

尋遷通政參議。九年不調，以疾請改南京。乃授大理寺丞，稍遷南京太僕少卿。謝病歸。二十年，言官邢如默、賈準等會薦，詔用不赴，卒。

張日韜，字席珍，莆田人。正德十二年進士。授常州推官。武宗南巡，江彬縱其黨橫行州縣。將抵常州，民爭欲亡匿。時知府暨武進知縣咸入覲，日韜兼綰府縣印，召父老約曰：「彬黨至，若等力與格。」又釋囚徒，令與丐者各具瓦石待。已，彬黨果累騎來。父老直遮之境上，曰：「常州比歲災，物力大屈，無可啗若曹。府中惟一張推官，一錢不入，卽欲具芻秣，亦無以辦。」言已，彬黨疑有他變，乃稍退，馳使告彬。日韜卽上書巡按御史言狀。御史東郊行部過常州，謂曰：「事迫矣，彬將以他事縛君。」命日韜登己舟先發，自以小舟尾之。彬黨果大至，索日韜，誤截御史舟。郊使嚴捕截舟者，而陰令緩之。其黨恐御史上聞，咸散去，日韜遂免。彬亦戒其黨毋擾，由是常以南諸府得安。

世宗卽位，召爲御史。楊廷和等之爭織造也，日韜亦上言：「陛下旣稱閹臣所奏惟愛主惜民，是明知織造之害矣。旣知之，而猶不已，實由信任大臣弗專，而羣小爲政也。自古未有羣小蒙蔽於內，而大臣能盡忠於外者。崔文輩二三小人嘗濁亂先朝，今復蒙惑聖衷，竊弄威福。陛下奈何任其逞私，不早加斥逐哉？臣聞織造一官，行金數萬方得之。旣營之以重貲，而欲其不責償於下，此必無之事也。」帝不能用。

席書以中旨拜尙書，日韜與同官胡瓊各抗疏力爭。既受杖，猶占疏劾奸人陳洸罪。未幾，竟死。隆慶初，追贈光祿少卿。

胡瓊，字國華，南平人。正德六年進士。由慈谿知縣入爲御史。歷按貴州、浙江有聲。哭諫，受杖卒。後贈官如日韜。

楊淮，字東川，無錫人。正德十二年進士。授戶部主事，再遷郎中。始監京倉，革胥徒積弊殆盡。繼監淮、通二倉，罷中官茶果之供，除囤基及額外席草費。最後監內庫，奄人例有供餽，淮悉絕之。公勤廉愼，爲尙書孫交、秦金所重。伏闕受杖，月餘卒。囊無一物，家人賣屋以斂。金與淮同里，爲經紀歸其喪。後贈太常少卿。

申良，字延賢，高平人。登鄉薦，授招遠知縣。山東盜起，良豫爲戰守具。盜至，追擊至黃縣，俘斬數百人。已，復至，再破走之。歷知諸城、良鄉。權貴人往來要索，良悉拒之。

進安吉知州。錦衣葉瓊倚錢寧勢奪民田，良讞還之民。瓊因嗾奸人誣奏良，事竟得白。稍遷常州同知，入爲戶部員外郎。與淮俱杖死。贈太僕少卿。招遠民懷其政，繪像祀之。

張澯，字景川，廣東順德人。

祖善昭，四川僉事，謫臨江通判。先是，練子寧親黨戍臨江者八十餘人，善昭上書曰：「子寧忠貫日月，太宗謂『若使子寧在，朕固當用之』。仁宗亦謂『方孝孺等忠臣』。夫既忠之矣，何外親末屬，尚以奸惡賜配，百年不宥哉？」疏雖不行，中外皆壯之。

澯登正德九年進士，授建平知縣。忤巡江御史賀洪，改調廣昌。訟洪罪，洪坐削籍。澯自廣昌遷禮部主事，監督會同館。尚書王瓊與都御史彭澤有隙，以澤遣使土魯番許金幣贖哈密城印爲澤罪，嗾番人在館者暴澤過惡，誘澯爲署牒，且曰：「澤所爲，南宋覆轍也。事成當顯擢。」澯力拒曰：「王公誤矣。澤與土魯番檄具在，豈宋和戎比。昔范仲淹亦嘗致書元昊，寧獨澤也。」不肯署。尋進員外郎，受杖死。

仵瑜，字忠父，蒲圻人。父紳，工部主事。瑜少有志操，正德十二年釋褐，即謝病去。

起補禮部主事，復引疾歸。世宗踐阼，起故官。疏陳勤聖學、篤親親、開言路、敬大臣、選諍臣、去浮屠、拯困窮、重守令、修武備、儲人材十事。已，竟死杖下。

臧應奎，字賢徵，長興人。正德十二年進士。授南京車駕主事。進貢中官索舟踰額，力裁損之。中官遣卒譁於部，叱左右執之，遁去。父所生母卒，法不得承重，執私喪三年。入爲禮部主事，未幾杖死。應奎受業湛若水之門，以聖賢自期。嘗過文廟，慨然謂其友曰「吾輩歿，亦當俎豆其間」，其立志如此。

郎中胡璉，字重器，新喻人。正德六年進士，官刑部。嘗諫武宗南巡受杖。主事余禎，字興邦，奉新人。正德九年進士。司務李可登，字思善，輝縣人。弘治末鄉薦。俱官兵部。可登素慷慨，以忠義自許，竟如其志。

戶部主事安璽，宛平人。正德十六年進士。刑部主事殷承敍，江夏人。正德九年進士。穆宗嗣位，贈璉太常少卿，濲太僕少卿，瑜、應奎、承敍、璽、禎光祿少卿，可登寺丞。

郭楠，字世重，晉江人。正德九年進士。授浦江知縣。課最，入爲御史。世宗卽位，請召還直臣舒芬、王思、黄鞏、張衍瑞等。從之。嘉靖元年，核餉兩廣。劾總兵官撫寧侯朱麒貪懦，〔三〕詔爲戒飭。尋上章，請退朝之暇延見大臣，如祖宗故事。且言，主事陳嘉言忤中官，不宜逮繫。帝怒，奪其俸。

諸臣伏闕爭「大禮」，皆得罪。楠方巡按雲南，馳疏言：「人臣事君，阿意者未必忠，犯顏者未必悖。今羣臣伏闕呼號，或榜掠殞身，或問關謫戍，不意聖明之朝，而忠良獲罪若此。乞復生者之職，卹死者之家，庶以收納人心，全君臣之義。」帝大怒，遣緹騎逮治，言官論救皆不納。既至，下鎭撫獄掠治，復廷杖之，削其籍。

先是，諸人既死，廷臣莫敢上聞。後府經歷俞敬奏言：「學士豐熙等皆以冒觸宸嚴，繫獄拷訊。諸臣跡雖狂悖，心實忠誠。今聞給事裴紹宗、編修王相、主事余禎等俱已死，熙等在獄者亦垂亡矣。其呻吟袵席，創重不能起者，又不知凡幾。竊惟獻皇帝神主已奉迎入廟，正宜赦過宥罪，章大孝於天下。望霽雷霆之威，施雨露之澤。已死者恤其後，垂亡者宥其身，使人臣無復以言爲諱，宗社之幸也。」通政司經歷李繼先亦上言：「陛下追崇尊號，乃人子至情，誠不容已。羣臣一時冒觸天威，重得罪譴，死者遂十餘人。大臣紛紛去位，小臣苟默自容。今日大同告變，曾無一人進一疏、畫一策者，則小大之臣，志不奮而氣不揚，亦可見矣。乞錄卹已死，赦還謫戍，追復去國諸臣，而在位者委任寬假之，使各陳邊計。臣愚不勝惓惓。」帝皆不省。

明年三月，御史王懋言：「廷臣以議禮死杖下者十有七人，其父母妻子顚沛可憫，乞賜優卹，贈官錄廕。」帝大怒，謫懋四川高縣典史。逾數日，而楠疏至。帝益怒，遂逮治削籍。六年春，以災變修省，從吏部言量與楠一官，得吉水教諭。終南寧知府。

贊曰：「大禮」之爭，羣臣至撼門慟哭，亦過激且戇矣。然再受廷杖，或死或斥，廢錮終身，抑何慘也。楊愼博物洽聞，於文學爲優。王思、張翀諸人，或納諫武宗之朝，或抗論世宗初政，侃侃蹇蹇，死節官下，非徒意氣奮發立效一時已也。

校勘記

〔一〕戶部主事羅洪載以杖錦衣百戶張瑾下詔獄　張瑾，原作「張僅」，據本書卷一九四孫交傳、明史稿傳七三孫交傳及傳八四安磐傳改。

〔二〕錦衣掌印指揮朱震等多違縱　朱震，明史稿傳八四張原傳作「朱宸」。

〔三〕劾總兵官撫寧侯朱麒貪懦　朱麒，原作「朱麟」，據本書卷一〇七功臣世表、卷一七三朱謙傳、卷二〇〇姚鏌傳，明史稿傳五〇朱謙傳，武宗實錄卷八六正德七年四月癸卯條，世宗實錄卷一一嘉靖元年二月癸未條改。

明史卷一百九十三

列傳第八十一

費宏 弟寀 從子懋中 子懋賢 世父瑄　翟鑾　李時

顧鼎臣　嚴訥 袁煒　李春芳 孫思誠等　陳以勤

趙貞吉 殷士儋　高儀

費宏，字子充，鉛山人。甫冠，舉成化二十三年進士第一，授修撰。弘治中，遷左贊善，直講東宮，進左諭德。

武宗立，擢太常少卿，兼侍講讀。預修孝宗實錄。充日講官。正德二年拜禮部右侍郎，尋轉左。五年進尚書。帝耽於逸樂，早朝日講俱廢。宏請勤政、務學、納諫，報聞。魯府鄒平王子當漼當襲父爵，〔一〕爲弟當涼所奪且數年矣。宏因當漼奏辨，據法正之。當涼怒，誣宏受賂，宏不爲動。明年冬十二月命宏兼文淵閣大學士參預機務。尋加太子太保、武英殿大學士，進戶部尚書。

倖臣錢寧陰黨宸濠，欲交歡宏，餽綵幣及他珍玩。拒却之，寧慚且恚。宸濠謀復護衞、屯田，輦白金鉅萬，徧賂朝貴，寧及兵部尚書陸完主之。宏從弟編修宷，其妻與濠妻，兄弟也，知之以告宏。宏入朝，完迎問曰：「寧王求護衞，可復乎？」宏曰：「不知當日革之者何故。」完曰：「今恐不能不予。」宏峻却之。及中官持奏至閣，宏極言不當予，詔卒予之。於是宸濠與寧合，而恚宏。寧數偵宏事無所得。以御史余珊嘗劾宷不當留翰林，即指爲宏罪。中旨責陳狀，宏乞休。命幷宷致仕。寧遣騎伺宏後，抵臨清，焚其舟，資裝盡燬。宏歸，杜門謝客。宸濠復求與通，宏謝絕之，益怒。會宏族人與邑奸人李鎭等訟，宸濠陰令鎭賊宏。鎭等遂據險作亂，率衆攻費氏。索宏不得，執所與訟者支解之，發宏先人塚，毀其家，劫掠遠近，衆至三千人。宏馳使愬於朝。下巡撫孫燧按狀，始遣兵剿滅。

宸濠敗，言者爭請召宏。世宗即位，遣行人即家起宏，加少保，入輔政。宏持重識大體，明習國家故事。與楊廷和、蔣冕、毛紀同心協贊，數勸帝革武宗弊政。「大禮」之議，諸臣力與帝爭，帝不能堪。宏頗揣知帝旨，第署名公疏，未嘗特諫，以是帝心善之。及廷和等去位，宏爲首輔。加少師兼太子太師、吏部尚書、謹身殿大學士，委任甚至。戶部議督正德時逋賦，宏偕石珤、賈詠請斷自十年以後。從之。帝以四方災異，敕羣臣修省。宏等因言：「陛下用度無節，工役不休。畿內土地半成莊田，內庫收納要求踰倍。太倉無三年之積而冗食日增，京營無十萬之兵而赴工不已。直臣得罪未見原，言官舉職乃被詰。律所當行者數經讞不誅，罪無可辨者遽傳旨獲免。干和召怨，自非一端。」帝引咎褒答，然不能用也。大同兵變，張璁請討之。宏曰：「討而勝，玉石俱焚；不勝，彼將據城守，損威重多矣。莫若觀變而徐圖之。」事果旋定。

宏爲人和易，好推轂後進。其於「大禮」不能強諫，亦未嘗附離。而是時席書、張璁、桂萼用事。書弟檢討春，故由他曹改用。及武宗實錄成，宏議出爲僉事，書由是憾宏。璁、萼由郎署入翰林，驟至詹事，舉朝惡其人，宏每示裁抑，璁、萼亦大怨。帝嘗御平臺，特賜御製七言一章，命輯倡和詩集，署其銜曰「內閣掌參機務輔導首臣」。其見尊禮，前此未有也。璁、萼滋害宏寵，萼言：「詩文小技，不足勞聖心，且使宏得馮寵靈，凌壓朝士。」帝置不省。萼遂與璁毀宏於帝，言宏納郎中陳九川所盜天方貢玉，受尚書鄧璋賕謀起用，并及其居鄉事。宏上書乞休，略曰：「萼、璁挾私怨臣屢矣。不與經筵講官則怨，不與修獻皇帝實錄則怨，不爲兩京鄉試考官則怨，不爲教習則又怨。萼、璁疑內閣事屬臣操縱，抑知臣下采物望，上稟聖裁，非可專擅。萼、璁日攘袂搤掔，覬覦臣位。臣安能與小人相齮齕，祈賜骸骨。」不允。及璁居兵部，宏欲用新寧伯譚綸掌奮武營，璁遂劾宏劫制府部。無何，又因宏子懋良坐罪下吏，攻之益力，復錄前後劾疏上之。不得請，則力求罷，詆宏尤切，章數上。宏亦連疏乞休，帝輒下優詔慰留，然終不以譴璁、蕚。於是奸人王邦奇承璁、蕚指，上書汙故大學士廷和等，幷誣宏。宏竟致仕去。時六年二月也。十月，璁遂以尚書、大學士入直內閣，閱一歲蕚亦入矣。

十四年，蕚旣前死，璁亦去位，帝始追念宏。四月再遣行人卽家起官如故。七月至京師。使中使勞以上尊御饌，面諭曰：「與卿別久，卿康健無恙，宜悉心輔導稱朕意。」宏頓首謝。自是眷遇益厚。偕李時召入無逸殿，與周覽殿廬，從容笑語，移時始出。賜銀章曰「舊輔元臣」。數有咨問，宏亦竭誠無隱。承璁、蕚操切之後，易以寬和，朝士皆慕樂之。未幾卒，年六十有八。帝嗟悼，賻卹加等，贈太保，諡文憲。

宏三入內閣，佐兩朝殆十年。中遭讒搆，訖以功名終。其自少保入也，弟寀爲贊善，從子懋中由進士及第爲編修，宏長子懋賢方改庶吉士，父子兄弟並列禁近。寀官至少保、禮部尚書，諡文通。懋中終湖廣提學副使。懋賢歷兵部郎中。

宏世父瑄，成化十一年進士。弘治時爲兵部員外郎。貴州巡撫謝昶、總兵官吳經等奏爛土苗反，僭稱王，乞發大軍征討。以兵部尚書馬文升請，令瑄與御史鄧庠往按。白苗無反狀，撫定之。劾淥、經及鎭守中官張成罪。遷貴州參議以終。

翟鑾，字仲鳴，其先諸城人。曾祖爲錦衣衞校尉，因家京師。舉弘治十八年進士，改庶吉士。正德初，授編修。劉瑾改翰林於他曹，以鑾爲刑部主事。旋復官，進侍讀。嘉靖中，累遷禮部右侍郎。六年春，廷推閣臣。帝意在張孚敬，弗與。命再推，乃及鑾。中貴人多譽鑾者，帝遂踰次用之。楊一淸以鑾望輕，請用吳一鵬、羅欽順。帝不許，命鑾以吏部左侍郞兼學士入直文淵閣。尋賜銀章曰「淸謹學士」。

鑾初入閣，一淸、謝遷輔政，旣而孚敬與桂萼入，鑾皆謹事之。孚敬、萼皆以所賜銀章密封言事，鑾獨無所言。詰之，則頓首謝曰：「陛下明聖，臣將順不暇，何獻替之有。」帝心愛之。一淸、萼、孚敬先後罷，鑾留獨秉政者兩月。其後李時、方獻夫入，位皆居鑾上，鑾亦無所怫。帝數召時、鑾入見，嘗問：「都察院擬籍谷大用貲產，當乎？」時、鑾皆北人，與中貴合。時曰：「所擬不中律。」鑾曰：「按律，籍沒止三條，謀反、叛逆及奸黨耳。不合三尺法，何以信天下。」帝曰：「大用亂政先朝，正奸黨也。」鑾曰：「陛下，卽天也。春生秋殺，何所不可。」帝卒從重擬。

丁生母憂歸。服闋，久不召。夏言、顧鼎臣居政府，鑾與謀召己。會帝將南巡，慮塞上有警，議遣重臣巡視，言等因薦鑾充行邊使。十八年二月改兵部尚書兼右都御史，諸邊文武將吏咸受節制。且齎帑金五十萬犒邊軍，東西往返三萬餘里。明年春入京，遂命以原官入閣。在大同與總督毛伯溫議築五堡，〔二〕過甘肅與總督劉天和議拓嘉峪關，皆受賚敍。

二十一年，言罷，鑾爲首輔。時已加少保、武英殿大學士，進少傅、謹身殿。嚴嵩初入，鑾以資地居其上，權遠出嵩下，而嵩終惡鑾，不能容。御史趙大佑劾鑾私同年，吏部尚書許讚亦發鑾請屬私書，帝皆不問。會鑾子汝儉、汝孝與其師崔奇勛所親焦清同舉二十三年進士，嵩遂屬給事中王交、王堯日劾其有弊。帝怒，下吏部、都察院。鑾疏辨，引西苑入直自解。帝益怒，勒鑾父子、奇勛、清及分考官編修彭鳳、歐陽煥爲民，而下主考少詹事江汝璧及鄉試主考諭德秦鳴夏、贊善浦應麒〔三〕詔獄，並杖六十，褫其官。

鑾初輔政，有修潔聲。中持服家居，至困頓不能自給。其用行邊起也，諸邊文武大吏俱櫜鞬郊迎，恒恐不得當鑾意，饋遺不貲。事竣，歸裝千輛，用以遺貴近，得再柄政，聲譽頓衰。又爲其子所累，訖不復振。踰三年卒，年七十。穆宗卽位，復官，謚文懿。

李時，字宗易，任丘人。父棨，進士，萊州知府。時舉弘治十五年進士，改庶吉士，授編修。正德中，歷侍讀、右諭德。世宗嗣位，爲講官，尋遷侍讀學士。

嘉靖三年擢禮部右侍郎。俄以憂歸。服除，爲戶部右侍郎。復改禮部，尋代方獻夫爲尚書。帝既定尊親禮，慨然有狹小前人之志，欲裁定舊章，成一朝制作。張孚敬、夏言用事，咸好更張。所建諸典禮，咸他人發端，而時傅會成之。或廷議不合，率具兩端，待帝自擇，終未嘗顯爭。以故帝愛其恭順。四方上嘉瑞，輒拜疏請賀。帝謙讓，時必再請。由是益以時爲忠。賜銀章曰「忠敏安愼」，俾密封言事。久而失之，請罪，帝再賜焉。

十年七月，四郊成，加太子太保。雷震午門，彗星見東井，時請敕臣工修省，令言官指陳利害興革。帝以建言乃科道專責，寢不行。光祿寺廚役王福、錦衣衞千戶陳昇請遷顯陵於天壽山，時等力陳不可。巡檢徐震奏於安陸建京師，時等駁其非制，遂議改州爲承天府。

其秋，桂萼卒，命時兼文淵閣大學士入參機務。時張孚敬已罷，翟鑾獨相。時後入，以宮保官尊，反居鑾上。兩人皆謙遜，無齟齬。帝御無逸殿，召時坐講無逸篇，鑾講豳風七月詩，武定侯郭勛及九卿翰林俱入侍。講畢，帝退御豳風亭賜宴。自是，數召見，諮謀政務。

明年春，孚敬還內閣，事取獨裁，時不敢有所評議。未幾，方獻夫入，與時亦相得。彗星復出，帝召見時等，諭以引咎修省之意，從容語及乏才。時等退，條上務安靜、惜人才、愼刑獄三事，頗及「大禮」大獄廢斥諸臣。帝優詔褒答之，然卒不能用也。給事中魏良弼、御史馮恩先後劾吏部尚書汪鋐，觸帝怒，時皆爲論救。

十二年，孚敬復入，鑾以憂去，獻夫致仕。時隨孚敬後，拱手唯諾而已，以故孚敬安之。孚敬謝政，費宏再入，未幾卒，時遂獨相。時素寬平，至是益鎭以安靜。帝亦恒召對便殿，接膝咨詢。時雖無大匡救，而議論恒本忠厚，廷論咸以時爲賢。客星見天棓旁，帝問所主事應。對曰：「事應之說起漢京房，未必皆合。惟在人君修德以弭之。」帝稱善。匽蹕謁陵，道沙河，帝見居民蕭索，愴然曰：「七陵在此，宜加守護。」時對曰：「昔丘濬建議，京師當設四輔，以臨淸爲南，昌平爲北，薊州、保定爲東西，各屯兵一二萬。今若於昌平增一總兵，可南衞京師，北護陵寢。」帝乃下廷臣勘議，於沙河築鞏華城，爲置戍焉。屢加少傅、太子太師、吏部尚書、華蓋殿大學士。會夏言入輔，時不與抗，每事推讓言，言亦安之。帝待時不如孚敬、言，然少責辱，始終不替，孚敬、言亦不敢望也。十七年十二月卒官，贈太傅，謚文康。

顧鼎臣，字九和，崑山人。弘治十八年進士第一。授修撰。正德初，再遷左諭德。嘉靖初，直經筵。進講范浚心箴，敷陳剴切。帝悅，乃自爲註釋，而鼎臣特受眷。累官詹事。給事中劉世揚、李仁劾鼎臣汙佞。帝下世揚等獄，以鼎臣救，得薄譴。拜禮部右侍郎。帝好長生術，內殿設齋醮。鼎臣進步虛詞七章，且列上壇中應行事。帝優詔襃答，悉從之。詞臣以青詞結主知，由鼎臣倡也。

改吏部左侍郎，掌詹事府。請令曾子後授五經博士，比三氏子孫，從之。大同軍變，張孚敬主用兵，鼎臣言不可，帝嘉納。十三年孟冬，享廟，命鼎臣及侍郎霍韜捧主。二人有期功服，當辭。乃上言：「古禮，諸侯絕期。今公卿即古諸侯，請得毋避。」禮部尚書夏言極詆其非，乃已。尋進禮部尚書，仍掌府事。京師淫雨，四方多水災，鼎臣請振饑弭盜，報可。

十七年八月，以本官兼文淵閣大學士入參機務。尋加少保、太子太傅，進武英殿。初，李時爲首輔，夏言次之，鼎臣又次之。時卒，言當國專甚，鼎臣素柔媚，不能有爲，充位而已。帝將南巡，立皇太子，命言扈行，鼎臣輔太子監國。御史蕭祥曜劾吏部侍郎張潮受鼎臣屬，調刑部主事陸崑爲吏部。潮言：「兵部主事馬承學恃鼎臣有聯，自詭必得銓曹，臣故抑承學而用崑。」帝下承學詔獄，鼎臣不問。十九年十月卒官，年六十八。贈太保，謚文康。

鼎臣官侍從時，憫東南賦役失均，屢陳其弊，帝爲飭撫按。巡撫歐陽鐸釐定之。崑山無城，言於當事爲築城。後倭亂起，崑山獲全，鄉人立祠祀焉。

嚴訥，字敏卿，常熟人。舉鄉試，以主司試錄觸忌，一榜皆不得會試。嘉靖二十年成進士，改庶吉士，授編修，遷侍讀。三吳數中倭患，歲復大祲，民死徙幾半，有司徵斂益急。訥疏陳民困，請蠲貸。帝得疏感動，報如其請。尋與李春芳入直西苑。撰青詞，超授翰林學士。歷太常少卿，禮部左、右侍郎，改吏部，皆兼學士，仍直西苑。所撰青詞皆稱旨。

禮部尚書郭朴遷吏部，遂以訥代之。朴遭父喪，復代爲吏部尚書。嚴嵩當國，吏道汙雜。嵩敗，朴典銓猶未能盡變。訥雅意自飭，徐階亦推心任之。訥乃與朝士約，有事白於朝房，毋謁私邸。愼擇曹郎，務抑奔競，振淹滯。又以資格太拘，人才不能盡，倣先朝三途並用法，州縣吏政績異者破格超擢，銓政一新。尋錄供奉勞，加太子太保。

四十四年，袁煒罷，命兼武英殿大學士入參機務。以代者郭朴未至，仍掌銓政。帝齋居西苑，侍臣直廬皆在苑中。訥晨出理部事，暮宿直廬，供奉青詞，小心謹畏，至成疾久不愈。其年冬十一月，遂乞歸。踰年，世宗崩，遂不復出。

訥既歸里，父母皆在。晨夕潔餐孝養，人以爲榮。訥嘗語人曰：「銓臣與輔臣必同心乃有濟。吾掌銓二年，適華亭當國，事無阻。且所任選郎賢，舉無失人。」華亭謂徐階，選郎則陸光祖也。家居二十年卒，年七十有四。贈少保，謚文靖。

袁煒，字懋中，慈谿人。嘉靖十七年會試第一，殿試第三，授編修。煒性行不羈，爲御史包孝所劾，帝宥不罪。進侍讀。久之，簡直西苑。撰青詞，最稱旨。三十五年，閣臣推修撰全元立掌南京翰林院，帝特用煒。煒疏辭，願以故官供奉。帝大喜，立擢煒侍講學士。甫兩月，手詔拜禮部右侍郎。明年，加太子賓客兼學士，賜一品服。三十九年，復以供奉恩加俸二等，俄進左侍郎。明年二月調吏部，兼官供奉如故。踰月遷禮部尚書，加太子少保，仍命入直。煒自供奉以後，六年中進宮保、尚書，前未有也。

先是二月朔，日食微陰，煒言不當救護。禮部尚書吳山不從，得譴去。帝聞煒言善之，遂以代山。及七月朔，又日食。曆官言食止一分五杪，例免救護。煒乃阿帝意上疏言：「陛下以父事天，以兄事日，羣陰退伏，萬象輝華。是以太陽晶明，氛祲銷爍，食止一分，與不食同。臣等不勝欣忭。」疏入，帝益喜。其冬，遂命以戶部尚書兼武英殿大學士入閣典機務。累加少傅兼太子太傅、建極殿大學士。四十四年春，疾篤，請假歸，道卒，年五十八。贈少師，謚文榮。

煒才思敏捷。帝中夜出片紙，命撰青詞，舉筆立成。遇中外獻瑞，輒極詞頌美。帝畜一貓死，命儒臣撰詞以醮。煒詞有「化獅作龍」語，帝大喜悅。其詭詞媚上多類此。以故帝急枋用之，恩賜稠疊，他人莫敢望。

自嘉靖中年，帝專事焚修，詞臣率供奉青詞。工者立超擢，卒至入閣。時謂李春芳、嚴訥、郭朴及煒爲「青詞宰相」。而煒貴倨鮮洪，故出徐階門，直以氣淩之。與階同總裁承天大志，諸學士呈稿，煒竄改殆盡，不以讓階。諸學士不平，階第曰任之而已。其後煒死，階亦盡竄改之。煒自負能文。見他人所作，稍不當意，輒肆詆誚。館閣士出其門者，斥辱尤不堪，以故人皆畏而惡之。

李春芳，字子實，揚州興化人。嘉靖二十六年舉進士第一，除修撰。簡入西苑撰青詞，大被帝眷，與侍讀嚴訥超擢翰林學士。尋遷太常少卿，拜禮部右侍郎，俱兼學士，直西苑如故。佐理部事，進左侍郎，轉吏部，代訥爲禮部尙書。時宗室蕃衍，歲祿苦不繼。春芳考故事，爲書上之。諸吉凶大禮及歲時給賜，皆嚴爲之制。帝嘉之，賜名宗藩條例。尋加太子太保。四十四年命兼武英殿大學士，與訥並參機務。世宗眷侍直諸臣厚，凡遷除皆出特旨。春芳自學士至柄政，凡六遷，未嘗一由廷推。

春芳恭慎，不以勢凌人。居政府持論平，不事操切，時人比之李時；其才力不及也，而廉潔過之。時徐階爲首輔，得君甚。春芳每事必推階，階亦雅重之。隆慶元年春，有詔修翔鳳樓，春芳曰：「上新卽位，而遽興土木，可乎？」事遂止。

齊康之劾徐階也，語侵春芳。春芳疏辨求去，帝慰留之。及代階爲首輔，益務以安靜，稱帝意。時同列者陳以勤、張居正。以勤端謹，而居正恃才凌物，視春芳蔑如也。始階以人言罷，春芳歎曰：「徐公尙爾，我安能久，容旦夕乞身耳。」居正遽曰：「如此，庶保令名。」春芳愕然，三疏乞休，帝不允。旣而趙貞吉入代以勤，剛而負氣。及高拱再入直，凌春芳出其上，春芳不能與爭，謹自飭而已。俺答款塞求封，春芳偕拱、居正卽帝前決之。會貞吉爲拱逐，拱益張，修階故怨。春芳嘗從容爲階解，拱益不悅。時春芳已累加少師兼太子太師，進吏部尙書，改中極殿，度拱輩終不容己，兩疏請歸養，不允。南京給事中王禎希拱意，疏詆之，春芳求去益力。賜敕乘傳，遣官護行，有司給夫廩如故事。閱一歲，拱復爲居正所擠，幾不免。而春芳歸，父母尙無恙，晨夕置酒食爲樂，鄉里豔之。父母歿數年乃卒，年七十五。贈太師，謚文定。

孫思誠，天啓六年官禮部尚書，尋罷。崇禎初，坐頌璫閒住。

思誠孫淸，字映碧。崇禎四年進士。由寧波推官擢刑科給事中。熊文燦撫張獻忠，淸論其失策。以久旱請寬刑，忤旨，貶浙江按察司照磨。未赴，憂歸。起吏科給事中。俄出封淮府，國變得不與。福王時，請追謚開國名臣及武、熹兩朝忠諫諸臣，於是李善長等十四人，陸震等十四人，左光斗等九人，並得謚。

春芳曾孫信，廣東平和知縣。城破，與二子泓遠、淑遠同時死。

陳以勤，字逸甫，南充人。嘉靖二十年進士。選庶吉士，授檢討。久之，充裕王講官，遷修撰，進洗馬。時東宮位號未定，羣小多搆釁。世宗於父子素薄，王歲時不得燕見。常祿外，例有給賜，王亦不敢請。積三歲，邸中窘甚。王左右以千金賄嚴世蕃，世蕃喜，以屬戶部，得幷給三歲資。然世蕃常自疑，一日屛人語以勤及高拱曰：「聞殿下近有惑志，謂家大人何？」拱故爲謔語，以勤正色曰：「國本默定久矣。生而命名，從后從土，首出九域，此君意也。故事，諸王講官止用檢討，今兼用編修，獨異他邸，此相意也。殿下每謂首輔社稷臣，君安從受此言？」世蕃默然去，裕邸乃安。

爲講官九年，有羽翼功，而深自晦匿，王嘗書「忠貞」二字賜之。父喪除，還爲侍讀學士，掌翰林院。進太常卿，領國子監。擢禮部右侍郎，尋轉左，改吏部，掌詹事府。穆宗卽位，以勤自以潛邸舊臣，條上謹始十事，曰定志、保位、畏天、法祖、愛民、崇儉、攬權、用人、接下、聽言。其言攬權、聽言尤切，詔嘉其忠懇。

隆慶元年春，擢禮部尙書兼文淵閣大學士，入參機務。累加少傅兼太子太傅，改武英殿。穆宗朝講希御，政無所裁決，近倖多緣內降得厚恩。以勤請勵精修政。帝心動，欲有所舉措，卒爲內侍所阻，疏亦留中。四年，條上時務因循之弊，請愼擢用，酌久任，治贓吏，廣用人，練民兵，重農穀。帝嘉之，下所司議。高拱掌吏部，惡所言侵己職，寢其奏，惟都察院議行贓吏一事而已。

初，以勤之入閣也，徐階爲首輔，而拱方嚮用，朝士各有所附，交相攻。以勤中立無所比，亦無私人，竟階與拱去，無訾及之者。及拱再入，與趙貞吉相軋，張居正復中搆之。以勤與拱舊僚，貞吉其鄉人，而居正則所擧士也，度不能爲解，恐終不爲諸人所容，力引疾求罷。遂進兼太子太師、吏部尙書，賜敕馳傳歸，詔其子編修于陛侍行。後二年，拱被逐，倉皇出國門，歎曰：「南充，哲人也。」以勤歸十年，年七十。復頒上方銀幣，命于陛馳歸賜之，且敕有司存問。又六年卒。贈太保，謚文端。于陛別有傳。

趙貞吉，字孟靜，內江人。六歲日誦書一卷。及長，以博洽名。最善王守仁學。舉嘉靖十四年進士，選庶吉士，授編修。時方士初進用，貞吉請求眞儒贊大業。執政不懌，因請急歸。還朝遷中允，掌司業事。

俺答薄都城，謾書求貢。詔百官廷議，貞吉奮袖大言曰：「城下之盟，春秋耻之。既許貢則必入城，倘要索無已，奈何？」徐階曰：「君必有良策。」貞吉曰：「爲今之計，請至尊速御正殿，下詔引咎。錄周尙文功以勵邊帥，出沈束於獄以開言路，輕損軍之令，重賞功之格，遣官宣諭諸將，監督力戰，退敵易易耳。」時帝遣中使瞷廷臣，日中莫發一語，聞貞吉言，心壯之，諭嚴嵩曰：「貞吉言是，第不當及周尙文、沈束事耳。」召入左順門，令手疏便宜。立擢左諭德兼監察御史，奉敕宣諭諸軍。給白金五萬兩，聽隨宜勞賞。初，貞吉廷議罷，盛氣謁嚴嵩。嵩辭不見，貞吉怒叱門者。適趙文華至，貞吉復叱之。嵩大恨。及撰敕，不令督戰，以輕其權，且不與一卒護行。時敵騎充斥，貞吉馳入諸將營，散金犒士，宣諭德意，明日卽復命。帝大怒，謂貞吉漫無區畫，徒爲尙文、束游說。下之詔獄，杖於廷，謫荔波典史。

稍遷徽州通判，進南京吏部主事。

四十年遷至戶部右侍郎。廷議遣大臣赴薊州督餉練兵，嵩欲用貞吉，召飲示之意。貞吉曰：「督餉者，督京運乎，民運乎？若二運已有職掌，添官徒增擾耳。況兵之不練，其過宜不在是，即十戶侍出，何益練兵？」嵩怫然罷。會嵩請告，吏部用倉場侍郎林應亮。比嵩出，益怒。令都給事中張益劾應亮，調之南京，而改用僉都御史霍冀。益又言：「督餉戶部專職，今貞吉與左侍郎劉大賓廷推不及，是不職也，宜罷。」於是二人皆奪官。

隆慶初，起禮部左侍郎，掌詹事府。穆宗幸太學，祭酒胡杰適論罷，以貞吉攝事。講大禹謨稱旨，命充日講官。貞吉年踰六十，而議論侃直，進止有儀，帝深注意焉。尋遷南京禮部尚書。既行，帝念之，仍留直講。

三年秋，命兼文淵閣大學士參預機務。貞吉入謝，奏：「朝綱邊務一切廢弛，臣欲捐軀任事，惟陛下主之。」帝益喜。會寇入大同，總兵官趙岢失事，總督陳其學反以捷聞，爲御史燕如宦所發。貞吉欲置重罰，兵部尚書霍冀僅議貶秩。貞吉與同官爭不得，因上言：「邊帥失律，祖宗法具在。今當事者屈法徇人，如公論何。臣老矣，效忠無術，乞賜罷。」不許。俄加太子太保。

貞吉以先朝禁軍列三大營，營各有帥，今以一人總三營，權重難制。因極言其弊，請分五營，各統以大將，稍復祖宗之舊。帝善之，命兵部會廷臣議。尙書霍冀前與貞吉議不合，頗不然其言。廷臣亦多謂强兵在擇將，不在變法。冀等乃上議三大營宜如故，惟以一人爲總督，權太重，宜三營各設一大將，而罷總督，以文臣爲總理。報可。

初，給事中楊鎔劾冀貪庸。帝已留冀，冀以鎔貞吉鄉人，疑出貞吉意，疏辨乞罷，且詆貞吉。貞吉亦疏辨求去。詔留貞吉，褫冀官。其後營制屢更，未踰年卽復其舊，貞吉亦不能爭也。俺答款塞求封，貞吉力贊其議。

先是，高拱再入閣卽掌吏部。貞吉言於李春芳，亦得掌都察院。拱以私憾欲考察科道。貞吉與同事上言：「頃因御史葉夢熊言事忤旨，陛下嚴諭考覈言官，幷及陞任在籍者。應考近二百人，其中豈無懷忠報主謇諤敢言之士。今一以放肆奸邪罪之，竊恐所司奉行過當，忠邪不分，致塞言路，沮士氣，非國家福也。」帝不從。拱以貞吉得其情，憾甚。及考察，拱欲去貞吉所厚者，貞吉亦持拱所厚以解。於是斥者二十七人，而拱所惡者咸與。拱猶以爲憾也，嗾門生給事中韓楫劾貞吉庸橫，考察時有私。貞吉疏辨乞休，且言：「臣自掌院務，僅以考察一事與拱相左。其他壞亂選法，縱肆作奸，昭然耳目者，臣噤口不能一言，有負任使，臣眞庸臣也。若拱者，斯可謂横也已。臣放歸之後，幸仍還拱內閣，毋令久專大權，廣樹衆黨。」疏入，竟允貞吉去，而拱握吏部權如故。

貞吉學博才高。然好剛使氣，動與物迕。九列大臣，或名呼之，人亦以是多怨。高拱、張居正名輩出貞吉後，而進用居先。咸負才好勝不相下，竟齟齬而去。萬曆十年卒，贈少保，謚文肅。

殷士儋，字正甫，歷城人。嘉靖二十六年進士。選庶吉士，授檢討。久之，充裕王講官。凡關君德治道，輒危言激論，王爲動色。遷右贊善，進洗馬，直論如故。

隆慶元年擢侍讀學士，掌翰林院事，進禮部右侍郎，未幾改吏部。明年春，拜禮部尚書，掌詹事府事。其冬，還理部事。四年正月朔望，日月俱食。士儋疏請布德、緩刑、納諫、節用，飭內外臣工講求民瘼。報聞。以舊恩，進太子太保。時寒暑皆罷講，士儋請如故事，四時無輟，并進講祖訓及大學衍義、貞觀政要。帝嘉納之。

始世宗定宗藩條例，親王無後，以兄弟及兄弟之子嗣，不得以旁繼。嘉靖末，肅懷王薨，無子。其大母定王妃請以輔國將軍縉熿嗣，禮部議縉熿實懷王從叔，不可承祧。詔許以將軍攝府事。及帝卽位，王妃復請，前尚書高儀執不可。縉熿重賄中官，屬宗人爲奏，祈必得，士儋持之甚力。帝以肅藩越在遠塞，不王無以鎭之，遂許縉熿嗣。士儋爭曰：「肅府自甘州徙蘭州，實內地。且請別選郡王賢者理府事，毋遂私請，壞條例。」而帝意堅不可奪。

士儋乃請封爲郡王，諸宗率以此令從事，帝終不許。故事，郊畢，擧慶成宴。自世宗倦勤，典禮久廢。帝卽位三載，猶未擧行，士儋始考定舊儀行之。十一月命以本官兼文淵閣大學士入閣辦事。俺答封事成，進少保，改武英殿。

始士儋與陳以勤、高拱、張居正並爲裕邸僚，三人皆柄用，士儋仍尙書，不能無望。拱素善張四維，欲引共政，而惡士儋不親己，不爲援。士儋遂藉太監陳洪力，取中旨入閣，以故怨拱及四維。四維父擅鹽利，爲御史郜永春所劾。事已解，他御史復及之。拱、四維疑出士儋指，益相搆。御史趙應龍遂劾士儋進由陳洪，不可以參大政。士儋再辨求去，不允。而拱門生都給事中韓楫復揚言脅之，士儋亦疑出拱指。故事，給事中朔望當入閣會揖。士儋面詰楫曰：「聞君有憾於我，憾自可耳，毋爲他人使。」拱曰：「非體也。」士儋勃然起，詬拱曰：「若逐陳公，逐趙公，復逐李公，今又爲四維逐我，若能常有此座耶？」奮臂欲毆之。居正從旁解，亦誶而對。御史侯居良復劾士儋始進不正，求退不勇。士儋再疏請益力，乃賜道里費，乘傳歸，有司給廩隸如故事。家居十一年卒。時居正垂沒，四維爲政，怨士儋，贈太保，謚文通。久之，改謚文莊。

高儀，字子象，錢塘人。嘉靖二十年進士。選庶吉士，授編修。歷侍講學士，掌南京翰林院。召爲太常卿，掌國子監事。擢禮部右侍郎，改吏部，教習庶吉士。四十五年代高拱爲禮部尚書。

穆宗卽位，諸大典禮皆儀所酌定。世宗遺命，郊社及祔享祔葬諸禮，悉稽祖制更定。儀乃會廷臣議：天地分祀不必改；旣祭先農，不當復祈穀西苑；帝社、帝稷、睿宗明堂配天與玉芝宮專祀，當廢；孝潔皇后當祔廟，別祀孝烈於他所。帝皆報可。旣而中官李芳復請天地合祀如洪武制，御史張檟請易皇極諸殿名，盡復其舊，儀皆持不可。帝踐阼四月，未召對大臣，儀屢請。

隆慶二年正月饗太廟，帝將遣代，儀偕僚屬諫，閣臣亦以爲言，乃親祀如禮。慶府輔國將軍縉熿請襲王爵，儀執不從。太子生七齡，儀疏請出閣，帝命待十齡行之。詔取光祿銀二十萬兩，儀力爭。初，世宗崇道教，太常多濫員，儀奏汰四十八人。寺卿陳慶奏供事乏缺，儀堅持不可。

掌禮部四年，每歲暮類奏四方災異，遇事秉禮循法，居職甚稱。引疾章六上，卒見留。會御史傅寵以先帝時撰文叩壇事劾儀，儀四疏求去，乃加太子少保馳傳歸。

歸二年，用高拱薦，命以故官侍東宮講讀，掌詹事府。六年四月詔兼文淵閣大學士入閣辦事。踰月，帝崩，預顧命。及拱爲張居正所逐，儀已病，太息而已。未幾卒。贈太子太保，諡文端。

儀性簡靜，寡嗜慾，室無妾媵。舊廬燬於火，終身假館於人。及沒，幾無以殮。

贊曰：費宏等皆起家文學，致位宰相。宏却錢寧，拒宸濠，忤張、桂，再躓再起，終亦無損淸譽。李時、翟鑾皆負才望，而鑾晚節不振。貞吉負氣自高，然處傾軋之勢，卽委蛇，庸得免乎。顧鼎臣等雍容廟堂，可謂極遭逢之盛。而陳以勤誠心輔導，獻納良多。後賢濟美，繼登相位。終明之世，稱韋、平者，數以勤父子。天之報之，何其厚哉。

校勘記

〔一〕魯府鄒平王子當漄當襲父爵　當漄，原作「當濮」，據本書卷一〇一諸王世表、明史稿表二諸王世表及傳七二費宏傳改。

〔二〕與總督毛伯溫議築五堡　五堡，原作「長堡」，據明史稿傳七二李時傳附翟鑾傳、世宗實錄卷二三〇嘉靖十八年十月壬午條改。

〔三〕浦應麒　原作「浦應麟」，據明史稿傳七二李時傳附翟鑾傳、世宗實錄卷二八九嘉靖二十三年八月甲午條、國榷卷五八頁三六六〇改。

明史卷一百九十四

列傳第八十二

喬宇 孫交子元 林俊子達 張黻 金獻民 秦金孫柱

趙璜 鄒文盛 梁材 劉麟 蔣瑤 王廷相

喬宇，字希大，山西樂平人。祖毅，工部左侍郎。父鳳，職方郎中。皆以清節顯。宇登成化二十年進士，授禮部主事。弘治初，王恕爲吏部，調之文選，三遷至郎中。門無私謁。擢太常少卿。

武宗嗣位，遣祀中鎭、西海。還朝，條上道中所見軍民困苦六事。已，遷光祿卿，歷戶部左、右侍郎。劉瑾敗，大臣多以黨附見劾，宇獨無所染。拜南京禮部尙書。乾淸宮災，率同列言視朝不勤，經筵久輟，國本未建，義子猥多，番僧處禁寺，優伶侍起居，立皇店，留邊兵，習戰鬭，土木繁興，織造不息，凡十事。帝不省。久之，改兵部，參贊機務。以帝遠遊塞上，而監國無人，請早建儲貳。帝將自擊寇，宇復率同列諫。皆不報。

未幾，寧王宸濠反，揚言旦夕下南京。宇嚴爲警備，而談笑自如。時攜客燕城外，密察地險易，置戍守。綜理周密，內外宴然。指揮楊銳有才略，署爲安慶守備。鎭守中官劉瑯與濠通，爲預伏死士。宇刺得其情，詰瑯用事者，瑯懼不敢動。宇乃大索城中，斬所伏壯士三百人，懸首江上。宸濠失內應，且知有備，不敢東。攻安慶，銳固守不得下。未幾敗。

帝至南京，詔百官戎服朝明年正旦。宇不可，率諸臣朝服賀。江彬索城門諸鑰，都督府問宇。宇曰：「守備者，所以謹非常。禁門鎖鑰，孰敢索，亦孰敢予，雖天子詔不可得。」都督府以宇言復，乃已。彬矯旨有所求，日數十至，宇必廷白之，彬亦稍稍止。彬欲譖去宇。守備太監王偉者，初爲帝伴讀，帝信之，每從中調護，故彬謀不行。帝駐南京九月，宇倡諸臣三請回鑾，又自伏闕請。駕旋，扈至揚州。明年加太子太保。論保障功，復加少保。

世宗卽位，召爲吏部尙書。宇自爲選郎，有人倫鑒，及是銓政一淸。帝求治銳甚。宇與林俊、彭澤、孫交，皆海內重望，帝亦委任之。凡爲權倖所黜者，皆起列庶位，天下欣欣望治。帝性剛，好自用，宇所執漸不見聽。與府需次官六十三人，乞遷敍。宇言此輩虛隸名籍，與見供事者不同。黜罰之有差，皆怨宇。帝欲封駙馬都尉崔元爲侯，外戚蔣輪、邵喜爲伯，宇不可。無何，詔進壽寧侯張鶴齡爲公，封后父陳萬言爲伯，授萬言子紹祖尙寶丞。

宇言：「累朝太后戚屬無生封公者，張巒亦歿後贈，今奈何以父贈爲子封。萬言封伯視巒更驟，而子授尚寶非制。願陛下守典章，以垂萬世。」帝並不從。史道訐楊廷和，宇言道挾私，遂下之詔獄。曹嘉助道劾宇，宇求罷，帝命鴻臚趨視事。

宇遇事不可，無不力爭，而爭「大禮」尤切。帝欲加興獻帝皇號，宇言加皇於本生之親，則干正統，非所以重宗廟，正名分。及禮官請稱獻帝爲本生考，帝改稱本生皇考，又詔建獻帝廟於大內，宇等復連章諫。特旨用席書爲禮部尚書，宇又偕九卿言：「陛下罷汪俊，用席書，謫馬明衡、季本、陳逅，召張璁、桂萼、霍韜，舉措乖違，人心駭愕。夫以一二人邪說，廢天下萬世公議，內離骨肉，外間君臣，名爲効忠，實累聖德。且書不繇廷推，特出內降，此祖宗來所未有。乞令俊與書各仍舊職，宥明衡等，止璁、萼毋召。」尋復請罷璁、萼、書，而出爭「大禮」者呂柟、鄒守益於獄。

會璁、萼至京，詔皆用爲學士。宇等又言：「內降恩澤，先朝率施於佞倖小人。若士大夫一預其間，即不爲清議所齒。況學士最淸華，而俾萼等居之，誰復肯與同列哉。」帝怒，切責。宇遂乞休，許之。馳傳給夫廩，猶如故事。御史許中、劉隅等請留宇，帝曰：「朕非不用宇，宇自以疾求去耳。」後明倫大典成，追論前議，奪官。楊一清卒，宇渡江弔之。南都父老皆出迎，舉手加額曰：「活我者，公也。」

宇幼從父京師，學於楊一清。成進士後，復從李東陽遊。詩文雄雋，兼通篆籀。性好山水，嘗陟太華絕頂。遇虎，僕夫皆驚仆，宇端坐不動，虎徐帖尾去。家居澹泊，服御若寒士。身歿，二妾劉、許皆從死。穆宗卽位，復官，贈少傅，謚莊簡。

孫交，字志同，安陸人。成化十七年進士。授南京兵部主事，爲尚書王恕所知。弘治初，恕入吏部，薦授稽勳員外郎，歷文選郎中。居吏部十四年，於善類多所推引。遷太常少卿，提督四夷館。大同有警，命經略黃花鎭諸邊。增垣塹，廣樹藝，制敵騎馳突。永樂時，歲遣隆慶諸衞軍採薪炭。其後罷之，令歲輸銀二萬兩，軍重困。交奏免之。

正德初，擢光祿卿。三年進戶部右侍郎，提督倉場，改吏部。尙書張綵附劉瑾，交數規切。綵怒，調之南京。瑾敗，召拜戶部尙書。時征討流寇，調度煩急，仍歲凶，正賦不足，交區畫適宜。四方告饑，輒請蠲租遣振，以故民不至甚敝，而小人用事者皆不便之。帝欲以太平倉賜倖臣裴德，雲南鎭守中官張倫請採銀礦，南京織造中官吳經奏費乏，交皆力爭。八年六月，中旨與禮部尙書傅珪並致仕。〔一〕言官多請留，不報。

世宗在潛邸知交名，甫卽位，召復故官。首請帝日讀祖訓，言動悉取準則，經筵日講寒暑勿輟。帝褒納焉。或議遷顯陵天壽山，交言：「山陵事重，太祖欲遷仁祖於鍾山，慮泄靈氣而止，具載皇陵碑。」事乃止。武宗侈汰之後，庫藏殫虛。交裁宂食，定經制，宿弊爲清。然事涉中官者，帝亦不能盡從也。嘗會廷臣議發內帑給軍廩官俸，已報可，爲中官梁諫等所沮。交言：「宮府異同，令出復反，非新政所宜。」不聽。

中官監督倉場者，初止數人，正德中增至五十五人。以交言罷撤過半，其後復漸增。帝已罷三十七人，交欲盡去之，並臨清、徐、淮諸倉，一切勿遣。帝令自今毋更加而已。守珠池中官，詔毋得預守土事，而安川酓緣復故。交劾川，命如前詔。正德中，上林苑內臣至九十九人，侵奪公私地無算。帝卽位，命留十八人，如弘治時。已復傳奉至六十二人，交乞汰如初，且盡歸侵奪地。報許。又論御馬監內臣宜如祖制，毋監收芻豆，並令戶部通知馬數，杜其侵耗。不從。

錦衣百戶張瑾率校尉支俸通倉，橫取狠藉，主事羅洪載欲按之。瑾紿請受杖，奏洪載擅笞禁衞官。帝怒，逮下詔獄謫外。交與林俊、喬宇先後論救，不納。御馬監閻洪乞外豹房地，交言：「先帝以豹房故，貽禍無窮。洪等欲修復以開游獵之端，非臣等所敢聞。」詔以地十頃給豹房，餘令百戶趙愷等佃如故。奉詔上各宮莊田數，視舊籍不同，帝詰其故。交言：「舊籍多以奏請投獻，數多妄報也。新籍少，以奉命清核，田多除豁也。」帝意稍解，令考成、弘間籍以聞。

交年已七十，連章乞罷。帝輒慰留，遣醫視療。請益力，乃許之。手詔加太子太保，馳驛。令子編修元侍行，有司時存問，給食米輿隸，復賜道里費。卒年八十，諡榮僖。

交言論恂恂，不以勢位驕人。淸愼恬愨，終始一致。初在南京，僚友以事簡多暇，相率談諧飲弈爲樂，交默處一室，讀書不輟。或以爲言，交曰：「對聖賢語，不愈於賓客、妻妾乎？」興獻王素愛重交，嘗割陽春臺東偏地益其宅。後中官言孫尙書侵地，世宗曰：「此先皇所賜，吾敢奪耶？」

元，進士，終四川副使。謹厚有父風。

林俊，字待用，莆田人。成化十四年進士。除刑部主事，進員外郎。性侃直，不隨俗浮湛。事涉權貴，尙書林聰輒屬俊治之。上疏請斬妖僧繼曉並罪中貴梁芳，帝大怒，下詔獄考訊。後府經歷張黻救之，並下獄。太監懷恩力救，俊得謫姚州判官，黻師宗知州。時言路久塞，兩人直聲震都下，爲之語曰：「御史在刑曹，黃門出後府。」尋以正月朔星變，帝感悟，復俊官，改南京。

弘治元年用薦擢雲南副使。鶴慶玄化寺稱有活佛，歲時集士女萬人，爭以金塗其面。俊命焚之，得金悉以償民逋。又毁淫祠三百六十區，皆撤其材修學宮。干崖土舍刀怕愈欲奪從子宣撫官，刼其印數年。俊檄諭之，遂歸印。進按察使。五年調湖廣。以雨雪災異上疏陳時政得失。又言德安、安陸建王府及增修吉府，工役浩繁，財費鉅萬，民不堪命。乞循寧、襄、德府故事，一切省儉，勿用琉璃及白石雕闌，請著爲例。不從。

九年引疾，不待報徑歸。久之，薦起廣東右布政使，不拜。起南京右僉都御史，督操江。十四年正月朔，陝西、山西地震水涌。疏述古宮闈、外戚、內侍、柄臣之禍，乞罷齋醮，減織造，淸役占，汰冗員，止工作，省供應，節賞賜，戒逸欲，遠佞幸，親賢人。又請豫敎皇儲，因薦侍郎謝鐸，少卿儲瓘、楊廉，致仕副使曹時中，處士劉閔堪輔導。報聞。已，屢疏乞休，薦時中自代。不許。江西新昌民王武爲盜，巡撫韓邦問不能靖，命俊巡視。身入武巢，武請自效，悉擒賊黨。詔卽以俊代邦問，俊引朱熹代唐仲友、包拯代宋祁事，力辭。不允。乃更定要約，庶務一新。王府徵歲祿，率倍取於民，以俊言大減省。寧王宸濠貪暴，俊屢裁抑之。王請易琉璃瓦，費二萬。俊言宜如舊，毋涉叔段京鄙之求，吳王几杖之賜。王怒，伺其過，無所得。會俊以聖節按部，遂劾奏之，停俸三月。尋以母憂歸。

武宗卽位，言官交薦，江西人在朝者合疏乞還俊。乃進右副都御史，再撫江西，遭父憂不果。正德四年起撫四川。眉州人劉烈倡亂，敗而逃，諸不逞假其名剽掠。俊繪形捕，莫能得。會保寧賊藍廷瑞、鄢本恕、廖惠等繼起，勢益張，轉寇巴州。猝遇之華壟，單輿抵其營，譬曉利害，賊羅拜約降。淫雨失期，復叛去，攻陷通江。俊擊敗之龍灘河，遣知府張敏等追敗之門鎮子，遂擒廖惠。而廷瑞奔陝西西鄉，越漢中三十六盤，至大巴山。官軍追及，復大破之。遂移師擊瀘州賊曹甫，且遣人招諭。甫佯聽令，使弟珤劫如故。指揮李蔭斬珤首，賊遂移江津，分七營，將攻重慶。俊發酉陽、播州土兵助蔭，以元日掩破其四營。賊遁入民家，焚之盡斃。乘勝擣老營，指揮汪洋等中伏死。蔭復進，去賊十五里。甫以數十騎出，遇蔭兵，敗走。官軍乘勝進圍之，俘及焚死者二千有奇。已，本恕、廷瑞爲永順土舍彭世麟所擒。俊論功進右都御史。甫黨方四亡命思南，〔三〕復攻南川、綦江，以窺瀘州。俊益發土兵，令副使何珊、李鉞等敗之去。捷聞，璽書獎勵。

俊在軍，與總督洪鍾議多左。中貴子弟欲冒從軍功，輒禁止。御史俞緇走避賊，而僉事吳景戰歿。緇慚，欲委罪俊，遂劾俊累報首功，賊終不滅，加鑿井毀寺，逐僧徒，迫爲賊。於是俊前後被切責。比方四敗，賊且盡，俊辭加秩及賞，乞以舊職歸田。詔不許辭秩，聽其致仕。言官交請留，不報。俊歸，士民號哭追送。時正德六年十一月也。

世宗卽位，起工部尚書，改刑部。在道數引疾，不許。因請帝親近儒臣，正其心以出號令，用渾樸爲天下先，初詔所革，無遷就以廢公議。既抵京師，會暑月經筵輟講，舉祖宗勤學故事以諫。俊時年已七十，寓止朝房，示無久居意。數爲帝言親大臣，勤聖學，辨異端，節財用。朝有大政，必侃侃陳論，中外想望其風采。

中官葛景等奸利事覺，爲言官所糾，詔下司禮監察訊。俊言內臣犯法，法司不得訊，是宮府異體也，乞下法司公訊，以昭平明之治。都督劉暉下獄，俊當以交結朋黨律，言與許泰同罪，請斬以謝天下。廖鵬、廖鎧、齊佐、王瓛論死，屢詔緩刑，俊乞亟行誅。又劾谷大用占民田萬餘頃。皆不聽。中官崔文家人李陽鳳索匠師宋鈺賄不獲，〔三〕嗾文杖之幾死，下刑部治未決，而中旨移鎭撫司。俊留不遣，力爭不納。明日又奏，帝怒責陳狀。俊言：「祖宗以刑獄付法司，以緝獲奸盜付鎭撫。訊鞫既得，猶必付法司擬罪。未有奪取未定之囚，反付推問者。文先朝漏奸，罪不容誅，玆復干內降。臣不忍朝廷百五十年紀綱，爲此輩壞亂。」帝憚其言直，乃不問。

俊以耆德起田間，持正不避嫌，旣屢見格，遂乞致仕。詔加太子太保，給驛賜隸廩如制。

俊數爭「大禮」，與楊廷和合。嘗上言推尊所生有不容已之情，有不可易之禮，因輯堯、舜至宋理宗事凡十條，以上。及「大禮」議定，得罪者或杖死。四年秋，俊從病中上書言：

「古者鞭撲之刑，辱之而已，非欲糜爛其體膚而致之死也，又非所以加於士大夫也。成化時，臣及見廷杖二三臣，率容厚棉底衣，重氊疊裹，然且沉臥，久乃得痊。正德朝，逆瑾竊權，始令去衣，致末年多杖死。臣又見成化、弘治時，惟叛逆、妖言、劫盜下詔獄，始命打問，他犯但言送問而已。今一概打問，亦非故事。自去歲舊臣斥逐殆盡，朝署爲空。乞聖明留念，既去者禮致，未去者慰留。碩德重望如羅欽順、王守仁、呂柟、魯鐸輩，宜列置左右。臣衰病待盡，無復他望，敢效古人遺表之意，敬布犬馬之心。」帝但下所司而已。又明年，疾革，復上書請懋學隆孝，任賢納諫，保躬導和，且預辭身後卹典，遂卒。年七十六。

後一年，明倫大典成，追論俊附和廷和，削其官，其子達以士禮葬之。俊歷事四朝，抗辭敢諫，以禮進退，始終一節。隆慶初，復官，贈少保，謚貞肅。

達，正德九年進士。官至南京吏部郎中。工篆籀，能古文。

張黻，吉水人。成化八年進士。歷知涪州、宿州，介特不避權貴。弘治中，俊蒙顯擢，而黻老不用。王恕爲之請，特予誥命。

金獻民，字舜舉，綿州人。成化二十年進士。除行人。弘治初，選授御史，按雲南、順天，並著風裁。出爲天津副使，歷湖廣按察使。

正德初，劉瑾亂政，追坐獻民勘天津地不實，與巡撫柳應辰等械繫詔獄，斥爲民。未幾，又坐湖廣事，再下獄，罰贖歸。踰年，又以劉陽民劉道隆獄讞不實，罰米輸塞下。瑾誅，起貴州按察使。擢僉都御史，巡撫延綏，歷南京刑部尚書。

世宗卽位，召爲左都御史。李鳳陽下刑部，程貴下都察院，皆改詔獄，獻民力爭。已，遷刑部尚書。執奏奸黨王欽、王銓不宜貸死。皆不納。尋代彭澤爲兵部尚書。五星聚營室，其占主兵。獻民因請敕天下鎭巡官預守戰之備，且請用賢納諫，罷土木，屏玩好。帝頗采納。獻民性伉直，有執持，帝或不能從，卒無所徇。帝初卽位，盡斥先朝傳奉官。已，太監丘福、潘傑等死，詔官其弟姪錦衣。及司禮太監張欽死，以家人李賢承廕，賢死復欲官其子儒。獻民先後執奏，帝皆不從。土魯番速檀滿速兒寇肅州，命獻民兼右都御史總制陝西四鎭軍務。比至蘭州，巡撫陳九疇已破敵，獻民再以捷聞。還京，仍理部事。論功，廕錦衣世百戶。

錦衣百戶僉賢，中官泰養子也，以中旨管事，諫官爭之。獻民言：「祖宗有舊制，孝廟有禁例，陛下登極有明詔。賢無公家庸，又非泰子姓，猥以厮養竊名器，紊斁典章，不可之大者。宜納諫官言。」弗聽。錦衣副千戶李全、王邦奇等以冒濫汰去，至是奏辨不已，下部覆議。獻民言：「全等足不履行陣而坐論首功，身不隸公家而躐躋顯秩。陛下登極，汰去者三百餘人，人心稱快。萬一倖端再啓，則前詔皆虛，將來奏擾，有何紀極。」帝竟授全等試百戶。獻民復奏曰：「令出惟行勿惟反。今以小人奏辨，一旦復官九十餘人，徇左右私，壞祖宗法，竊爲陛下惜之。明旨不許夤緣管事，而奔競已成風矣；不許比例陳乞，而奏擾已踵至矣。誰生厲階，至今爲梗。望仍斥全等，以息人言，消天變。」言官任洛等亦以爲言，不聽。會寧夏總兵官种勛行賂京師，偵事者獲其籍，獻民名在焉。給事蔡經、御史高世魁等交章劾之，獻民因引疾歸。居二年，邦奇訐前尚書彭澤，詞連獻民，逮下刑部獄。法司劾獻民奉命專征，未至其地，掠功妄報，失大臣體，宜奪職閒住，削其世廕。詔可。初，「大禮」議起，獻民數偕廷臣疏爭。及左順門哭諫，又與徐文華倡之。帝由此不悅，卒得罪。隆慶初，贈卹如制。

秦金，字國聲，無錫人。弘治六年進士。授戶部主事，歷郎中。正德初，遷河南提學副使，改右參政。守開封，破趙鐩於陳橋。歷山東左、右布政使。

承寇躪後，與巡撫趙璜共拊循，瘡痍始起。九年擢右副都御史，巡撫湖廣。諸王府所據山場湖蕩，皆奏還之官。降盜賀璋、羅大洪復叛，討平之。郴州桂陽猺龔福全稱王，金先後破砦八十餘，斬首二千級，擒福全及其黨劉福興等。錄功，增俸一級，廕錦衣世百戶，力辭得請。入爲戶部右侍郎。

世宗卽位，改吏部。言官論金無人倫鑑，復改戶部，轉左，署部事。外戚邵喜乞莊田，金述祖制，請按治。帝宥喜，命都察院禁如制。中旨各宮仍置皇莊，遣官校分督。金言：「西漢盛時以苑囿賦貧民，今奈何剝民以益上。乞勘正德間額外侵占者，悉歸其主，而盡撤管莊之人。」帝稱善，卽從其議。

嘉靖二年擢南京禮部尚書，率諸臣上疏曰：「陛下繼統以來，昭德塞違，勵精圖治，動無過舉，宜召天和，而災眚頻告者，何也？詩曰：『靡不有初，鮮克有終。』陛下登極一詔，百度咸貞，天下拭目望至治。比來多與詔違，百司罔遵，萬民失仰，此詔令不能如初也。卽位之初，逐庸回，任耆舊。比內閣擬旨輒中改，至疏請，徒答溫語，此任賢不能如初也。卽位之初，聽言如流，朝請暮報。比來事涉戚畹、宦寺，雖九卿執奏，科道交章，皆曰『業經有旨』，此聽納不能如初也。卽位之初，凡先朝傳陞、乞陞等官，一切釐革。比來恩澤過濫，封拜頻煩，此愼名器不能如初也。卽位之初，凡奸黨巨惡俱付三法司。比來輒下鎭撫，此謹國法不能如初也。卽位之初，首命戶部減馬房芻糧之半，且令科道官備覈馬數。乃因太監閻洪等言，遂寢前詔，此恤民瘼不能如初也。卽位之初，遣斥法王、佛子、國師、禪師。比來於禁地設齋醮，此崇正道不能如初也。卽位之初，精明充盛。比來聖躬弗豫，天顏未復，此嗇精神不能如初也。夫初政所以淸明者，政出公朝，而左右不預也；今政所以淆溷者，政在左右，而外廷不知也。惟政不可一日不在朝廷，惟權不可一日移於左右。所謂政在朝廷者，非必皆獨運也。股肱有託，耳目有寄，卽主威重於九鼎，國勢安於泰山。自古帝王制御天下，操此術而已。不則宮府之勢隔而信任有所偏，婦寺之情親而聽受有所蔽，名曰總攬，而太阿之鐏實移於下矣。」章下禮部，尙書汪俊力勸帝採納，報聞。

尋就改兵部。孫交去，召爲戶部尙書。帝欲考興獻帝，金偕廷臣伏闕爭，又與何孟春等條張璁建議之非。及上聖母册，金及趙璜等復不至，帝頻詰讓。金爲人樂易。及居官，一以廉正自持。在戶部，尤孜孜爲國。永福長公主乞寶坻、武淸地，以金言頗減。撫寧、山海莊地賜魏國公徐達者，達卒仍歸之官，定國公光祚請之，金執不可。給事中黃重、御史張珩等先後爭，金等復以爲言，始報許。內府諸監局軍匠至數千人，中官梁諫請下部採金玉珠石，金皆執奏，不聽。奸人遂俊等乞兩淮鹽引三十萬，帝許之。金力爭不可，積失帝旨。

六年春以考察自陳致仕，馳驛給夫廩如制。歸五年，薦者不已，乃起南京戶部，疏陳利民六事。尋召爲工部尙書，加太子少保。帝與張孚敬、李時評諸大臣，以金爲賢，頗嫌其老。居數月，加太子太保，改南京兵部。踰歲致仕歸。二十三年卒，年七十八。贈少保，謚端敏。

孫柱，以諸生授中書舍人。大學士高拱得罪，倉黃去京師，門生皆避匿，柱獨追送百里外。吳中行疏論張居正奪情，被杖下詔獄。柱挾醫視湯藥，遂忤居正，遷魯府審理。尋假考察罷之。

趙璜，字廷實，安福人。少從父之官，墜江中不死。稍長，行道上，得遺金，悉還其主。登弘治三年進士，授工部主事。改兵部，歷員外郎。

出爲濟南知府。猾吏舞文，積歲爲蠹。璜擇愿民敎之律令，得通習者二十餘人，逐吏而代之。漢庶人牧場久籍於官，募民佃。德王府奏乞之，璜勘還之民。閱七年，政績大著。

正德初，擢順天府丞，未上，劉瑾惡璜，坐巡撫朱欽事，逮下詔獄，除名。瑾誅，復職。

遷右僉都御史，巡撫宣府。尋調山東。河灘地數百里，賦流民墾而除其租。番僧乞徵以充齋糧，帝許之，璜力爭得免。曲阜爲賊破，闕里林廟在曠野，璜請移縣就闕里，從之。擢工部右侍郎，總理河道。以邊警改理畿輔戎備。事定，命振順天諸府饑，還佐部事。

世宗卽位，進左侍郎，掌部事。裁宦官賜葬費及御用監料價，革內府酒醋麪局歲徵鐵甎價銀歲鉅萬。

嘉靖元年進尚書。劉瑾創玄明宮，糜財數十萬，瑾死，奸人獻爲皇莊。帝卽位，斥以予民，既而中旨令仍舊。璜言詔下數月而忽更，示天下不信，帝卽報許。會方修仁壽、清寧宮，費不繼。璜因請與石景山諸房舍並斥賣以資用，可無累民，帝可之。給事中徐景嵩等謂詔書許還民，官不當自鬻，劾璜。璜疏辨，幷發景嵩他事。御史張鵬翰言璜摭言官，無大臣誼。帝責鵬翰黨庇景嵩，竟斥。其同官陳江亦以劾璜被責，求去。給事中章僑言璜一舉逐兩諫官，甚損國體。尚書彭澤復奏僑非是，僑再辨，帝兩解之。詔營后父陳萬言第，估工値六十萬，璜持之。萬言愬於帝，下郎中、員外二人詔獄。璜言：「二臣無與，乞罪臣。」帝不聽。其後論救踵至，萬言不自安，再請貸。二人獲釋，工價亦大減。

三年，顯陵司香內官言陵制狹小，請改營，視天壽山諸陵。璜言陵制與山水相稱，難概同，帝納其言。已，帝欲遷顯陵，璜不可，乃寢。詔建玉德殿，景福、安喜二宮，璜請俟仁壽宮成，徐議其事，帝不許。頃之，以災異申前請，帝始從之，并罷仁壽役。江西建眞人府，陝西督織造，皆遣中使，璜皆疏爭。營建世廟，中官所派物料，戶部多裁省。帝以問璜，璜言曩造乾清、坤寧兩宮所積餘貲，足移用，帝遂報可。

璜爲尙書六年，値帝初政，銳意釐剔，中官不敢撓，故得擧其職。後論執不已，諸權倖嫉者衆，帝意亦寖疏。璜素與秦金齊名。考察自陳，與金俱致仕。廷臣乞留，不許，馳驛給夫廩如故事。

璜有幹局，多智慮。事棼錯，他人相顧愕眙，璜立辨。既去，人爭薦之。十一年召復故官，未上卒。贈太子太保，謚莊靖。

鄒文盛，字時鳴，公安人。弘治六年進士。除吏科給事中。遼東巡撫韓重劾鎭守中官廖玘，〔四〕文盛偕郎中楊茂仁勘實其罪，謫長陵司香。朶顏三衞屢擾邊，文盛還奏制馭六策。尙書劉大夏深善之，下之邊吏。

尋出覈兩廣糧儲。思恩土官岑濬與田州岑猛搆兵，文盛言：「田州廣西之藩蔽，李蠻田州之干城，參政武淸受濬重賂，以計殺蠻釀成禍亂。制敕房供事參議岑業，濬懿親，爲彌縫於中，漏我機事。請先誅二人，而後行討。」業有內援，帝不聽。清尋以考察罷。

正德初，歷戶科都給事中，出爲保定知府，累遷福建左布政使。十一年以右副都御史巡撫貴州。清平苗阿旁、阿階、阿革稱王，巡撫曹祥調永順、保靖士兵討之，尋被劾罷。阿旁等據香爐山，興隆、偏橋、平越、新添、龍里諸衞咸被其患。文盛至，檄川、湖兵協剿，以貴州兵擣礮木砦，擒阿革。川、湖兵至，抵山下，山壁立，惟小徑五，賊皆樹柵。仰攻不能克，乃製戰樓與崖齊，乘夜雨附崖登，拔柵焚廬舍。賊奔後山，據絕頂。官軍乘間梯籐木以上，遂擒阿旁，餘賊盡平。移師討平龍頭、都黎、都藺、都蓬、密西、大支、馬羅諸砦黑苗，先後斬降無算。錄功，增俸一等，廕子錦衣世百戶，力辭免。芒部陳聰等爲亂，討破之。四川土舍重安馮綸與凱里楊弘有怨。弘卒，綸糾諸苗相讐殺，侵軼貴州境。文盛遣參議蔡潮詣播州，督宣慰楊斌撫定之。請復設安寧宣撫司，以弘子襲，而錄潮功。尚書王瓊以專擅爲潮罪，不敍。頃之，改蒞南京都察院。

世宗卽位，召爲戶部左、右侍郎，遷南京右都御史，就改戶部尚書。嘉靖六年，戶部尚書秦金罷，召文盛代之。首疏鹽政、錢法十一事。文盛爲人廉謹，踧踧若無能。與孫交、秦金、趙璜咸稱長者。歲餘，以年至，再疏乞歸。卒贈太子少保，諡莊簡。

梁材，字大用，南京金吾右衞人。弘治十二年進士。授德清知縣，勤敏有異政。正德初，遷刑部主事，改御史。出爲嘉興知府，調杭州。田租例參差，材爲酌輕重，立畫一之法。遷浙江右參政，進按察使。鎮守中官畢眞與宸濠通，將舉城應之。材與巡按張縉劫持眞，奪其兵衞。尋以憂去。

嘉靖初，起補雲南。土官相讐殺累年，材召其酋曰：「汝罪當死。今貰汝，以牛羊贖。」御史訝其輕，材曰：「如是足矣，急之變生。」諸酋叓甲待變，聞無他迺止。歷貴州、廣東左、右布政使。吏民輸課，令自操權衡，吏不得預。時天下布政使廉名最著者二人，材與姚鏌也。

六年拜右副都御史，巡撫江西。甫兩月，召爲刑部左侍郎。尋改戶部，遂代鄒文盛爲尙書。自外僚登六卿，不滿二載。自以受恩深，益盡職。上言：「臣考去年所入止百三十萬兩，而所出至二百四十萬。加催徵不前，邊費無節，凶荒又多奏免，國計安所辦？詳求弊端：一宗藩，二武職，三冗食，四冗費，五逋負。乞集廷臣計畫條請。」於是宗藩、武職各議上三事，其他皆嚴爲節，帝悉報可。惟武職閒住者議停半俸，帝不納。經費大省，國用亦充。中官麥福請盡徵牧馬草場租，材不可。侍郎王軏淸勳戚莊田，言宜量等級爲限。材奏：「成周班祿有土田，祿由田出，非常祿外復有土田。今勳戚祿已踰分，而陳乞動千萬，請申禁之。自特賜外，量存三之一，以供祀事。」帝命並清已賜者，額外侵據悉還之民，勢豪家乃不敢妄請乞。畿輔屯田，御史督理，正統間易以僉事，權輕，屯政日弛。材請仍用御史。御史郭弘化言天下土田視國初減半，宜通行清丈。材恐紛擾，請但敕所司清釐，籍難稽者始履畝而丈。帝悉可之。

母喪去。服除，起故官。大同巡撫樊繼祖請益軍餉，材言：「大同歲餉七十七萬有奇，例外解發又累萬，較昔已數倍。日益月增，太倉銀不足供一鎮，無論九邊也。」繼祖數請不得，議開事例，下戶、兵二部行之。時修建兩宮、七陵，役京軍七萬，郭勛請給月糧冬衣。材言非故事，如所請，當歲費銀四十五萬；且冬衣例取內庫，非部事。勛怒，劾材慢公。帝詰責材，竟如勛奏。勛復建言三事，請開礦助工，餘鹽盡輸邊，漕卒得攜貨物。材議，不盡行，勛益怒。

材初爲戶部，值帝勤政，力祛宿弊，多見從。及是屢忤權倖，不得志，乃乞改南。爲給事中周珫所劾，下吏部，尚書許讚等請留之。帝不悅，令與材俱對狀。材引罪得宥，而讚等坐奪俸。材由此失帝意。考尚書六年滿，遂令致仕。初，徽王守莊者與佃人訟，材請革守莊者，令有司納租於王，報可。王奏不便，帝又從之。材已去，侍郎唐胄等執初詔。帝大怒，并責材。令以右侍郎閒住，而奪胄俸，下郎官詔獄。

明年，戶部尙書李廷相罷。帝念材廉勤，大臣亦多薦者，乃召復故官，加太子少保。三掌國計，砥節守公如一日，帝眷亦甚厚。其秋，考察京官，特命監之。有大獄不能決，又命兼掌刑部事。帝歎曰：「尙書得如材者十二人，吾無憂天下矣。」大工頻興，役外衞班軍四萬六千人。郭勛籍其不至者，責輸銀雇役，廩食視班軍。廷相嘗量給之，材堅持不予。勛劾材，帝命補給。勛又以軍不足，籍逃亡軍布棉折餉銀募工。材言：「今京班軍四萬餘，已足用，不宜藉口耗國儲。」帝從其奏。勛益怒，劾材變亂舊章。先是，醮壇須龍涎香，材不以時進，帝銜之。遂責材沽名誤事，落職閒住。歸，旋卒，年七十一。隆慶初，贈太子太保，諡端肅。

當嘉靖中歲，大臣或阿上取寵，材獨不撓，以是終不容。自材去，邊儲、國用大窘。世宗乃歎曰：「材在，當不至此。」

劉麟，字元瑞，本安仁人。世爲南京廣洋衞副千戶，因家焉。績學能文，與顧璘、徐禎卿稱「江東三才子」。弘治九年成進士。言官龐泮等下獄，麟偕同年生陸崑抗疏救。除刑部主事，進員外郎。錄囚畿內，平反三百九十餘人。

正德初，進郎中，出爲紹興府知府。劉瑾銜麟不謁謝，甫五月，摭前錄囚細故，罷爲民。士民醵金贐不受，爲建小劉祠以配漢劉寵，因寓湖州。與吳琬、施侃、孫一元、龍霓爲「湖南五隱」。瑾誅，起補西安。遭父憂，樂吳興山水，奉父柩葬焉，遂居湖州。起陝西左參政，督糧儲。都御史鄧璋督師，議加賦充餉，麟力爭。會陝民詣闕愬，得寢。尋遷雲南按察使，謝病歸。

嘉靖初，召拜太僕卿。進右副都御史，巡撫保定六府。中官耿忠守備紫荊多縱，麟劾奏之。請捐天津三衞屯田課，及出庫儲給河間三衞軍月餉，〔五〕徵逋課以償，皆報可。帝因諭戶部，中外軍餉未給者，悉補給之。再引疾歸。起大理卿，拜工部尚書。侍衞軍不給衣履，錦衣帥駱安援紅盔軍例以請，麟執不可。詔量給銀自製，後五載一給爲常。四司財物悉貯後堂大庫，司官出納多侵漁，麟請特除一郎官主之。帝稱善，因賜名「節愼庫」。已，上節財十四事，汰內府諸監局冒破錢，中貴大恨。及顯陵工竣，執役者咸覬官。麟止擬賚，羣小愈怨。會帝納諫官言，停中外雜派工役，麟牒停浙江、蘇、松織造，而上供袍服在停中。中官吳勳以爲言，遂勒麟致仕。久之，顯陵殿閣雨漏，追論麟，落職。

麟淸修直節，當官不撓。居工部，爲朝廷惜財謹費，僅踰年而罷。居郊外南垣，賦詩自娛。守爲築一臺，令爲搆堂，始有息游之所。家居三十餘年，廷臣頻論薦。晚好樓居，力不能搆，懸籃輿於梁，曲臥其中，名曰神樓。文徵明繪圖遺之。年八十七卒。贈太子少保，謚清惠。

蔣瑤，字粹卿，歸安人。弘治十二年進士。授行人。正德時，歷兩京御史。陳時弊七事，中言：「內府軍器局軍匠六千，中官監督者二人，今增至六十餘人，人占軍匠三十。他局稱是，行伍安得不耗。」并言：「傳奉官及濫收校尉勇士並宜釐革。劉瑾雖誅，權猶在宦豎。」有旨詰問，且言「自今如瑤議者，毋覆奏」。

尋出爲荆州知府。築黃潭隄。調揚州。武宗南巡至揚，瑤供御取具而已，無所贈遺。諸嬖倖皆怒。江彬欲奪富民居爲威武副將軍府，瑤執不可。彬閉瑤空舍挫辱之，脅以帝所賜銅瓜，不爲懾。會帝漁獲一巨魚，戲言直五百金，彬即畀瑤責其直。瑤懷其妻簪珥、袿服以進，曰：「庫無錢，臣所有惟此。」帝笑而遣之。府故有瓊花觀，詔取瓊花。瑤言自宋徽、欽北狩，此花已絕，今無以獻。又傳旨徵異物，瑤具對非揚產。帝曰：「苧白布，亦非揚產耶？」瑤不得已，爲獻五百疋。當是時，權倖以揚繁華，要求無所不至。微瑤，民且重困。駕旋，瑤扈至寶應。中官丘得用鐵絙繫瑤，數日始釋，竟扈至臨淸而返。揚人見瑤，無不感泣。迨遷陝西參政，爭出貲建祠祀之，名自此大震。

嘉靖初，歷湖廣、江西左、右布政使，以右副都御史巡撫河南。帝命桂萼等覈巡撫官去留，令瑤歸候調。已，累遷工部尚書。四郊工竣，加太子少保。西苑宮殿成，帝置宴。見瑤與王時中席在外，命移殿內，而移皇親於殿右以讓瑤，曰：「親親不如尊賢。」其重瑤如此。

時土木繁興，歲費數百萬計。瑤規畫咸稱帝意，數有賚予。以憂去。久之，自南京工部尚書，召改北部。帝幸承天，瑤扈從。京師營建，率役京軍，多爲豪家占匿。至是大工頻仍，歲募民充役，費二百餘萬。瑤以爲言，因請停不急者。豪家所匿軍畢出，募直大減。以老致仕去。

瑤端亮淸介。既歸，僻處陋巷。與尚書劉麟、顧應祥輩結文酒社，徜徉峴山間。卒年八十九。贈太子太保，諡恭靖。

王廷相，字子衡，儀封人。幼有文名。登弘治十五年進士，選庶吉士，授兵科給事中。以憂去。正德初，服闋至京。劉瑾中以罪，謫亳州判官，量移高淳知縣。

召爲御史，疏言：「大盜四起，將帥未能平。由將權輕，不能禦敵，兵機疏，不能扼險也。盜賊所至，鄉民奉牛酒，甚者爲効力。盜有生殺權，而將帥反無之，故兵不用命。宜假便宜，退却者必斬。河南地平曠，賊易奔，山西地險阻，亦縱深入，將帥罪也。若陳兵黃河之津，使不得西，分扼井陘、天井，使不得東，而主將以大軍蹙之，則賊進退皆窮，可不戰擒矣。」帝切責總督諸臣，悉從其議。已，出按陝西，裁抑鎭守中官廖堂，被誣。時已改督京畿學校，逮繫詔獄，謫贛榆丞。屢遷四川僉事，山東副使，皆提督學校。

嘉靖二年舉治行卓異，再遷山東右布政使。以右副都御史巡撫四川，討平芒部賊沙保。尋召理院事。歷兵部左、右侍郎，遷南京兵部尚書，參贊機務。初有詔，省進貢快船。守備太監賴義復求增，廷相請酌物輕重以定船數，而大減宣德以後傳旨非祖制者。龍江、大勝、新江、浦子、江淮五關守臣藉稽察榷利，安慶、九江藉春秋閱視索賂，廷相皆請革之。草場、蘆課銀率爲中官楊奇、卜春及魏國公徐鵬舉所侵蝕。以廷相請，逮問奇、春，奪鵬舉祿。三月入爲左都御史，疏言南京守備權太重，不宜令魏國世官。給事中曾忭亦言之，遂解鵬舉兵柄。

居二年，加兵部尚書兼前官，提督團營，仍理院事。兩考滿，加太子少保。畿民盜天壽山陵樹，巡按楊紹芳引盜大祀神御物律斬。廷相言：「大祀神御物者，指神御在內祭器帷帳之物而言。律文盜陵木者，止杖一百，徒三年。今舍本律，非刑之平。」忤旨，罰俸一月。帝將幸承天，廷相與諸大臣諫，不納。扈從還，以九年滿，加太子太保。雷震奉先殿，廷相言：「人事修而後天道順，大臣法而後小臣廉。今廉隅不立，賄賂盛行，先朝猶暮夜之私，而今則白日之攫。大臣汚則小臣悉傚，京官貪則外臣無畏。臣職憲紀，不能絕其弊，乞先罷斥。」用以刺尚書嚴嵩、張瓚輩。帝但諭留而已。

初，廷相請以六條考察差還御史。帝令疏其所未盡，編之憲綱。乃取張孚敬、汪鋐所奏列，及新所定凡十五事以進，悉允行之。及九廟災，下詔修省，因敕廷相曰：「御史巡方職甚重。卿總憲有年，自定六條後，不考黜一人，今宜痛修省。」廷相惶恐謝。

廷相掌內臺最久，有威重。督團營，與郭勛共事，逡巡其間，不能有所振飭。給事中李鳳來等論權貴奪民利，章下都察院，廷相檄五城御史覈實，遲四十餘日。給事中章允賢遂劾廷相徇私慢上。帝方詰責，而廷相以御史所覈聞，惟郭勛侵最多。帝令勛自奏，於是劾勛者羣起。勛復以領敕稽留觸帝怒，下獄。責廷相朋比阿黨，斥爲民。越三年卒。

廷相博學好議論，以經術稱。於星曆、輿圖、樂律、河圖、雒書及周、邵、程、張之書，皆有所論駁，然其說頗乖僻。隆慶初，復官，贈少保，謚肅敏。

贊曰：喬宇守南京，從容鎭靜，內嚴警備，可謂能當大事者矣。觀宇與孫交等砥節奉公，懇懇廷諍，意在杜塞倖門，裨益國是。雖得君行政，未能媲美蹇、夏，要其淸嚴不苟，行無瑕尤，於前人亦不多讓。蔣瑤爲尙書，功名損於治郡，王廷相掌內臺，風力未著，是殆其時爲之歟。

校勘記

〔一〕八年六月中旨與禮部尙書傅珪並致仕　六月，原作「五月」。據本書卷一一一七卿年表、武宗實錄卷一〇一正德八年六月辛亥條改。

〔二〕甫黨方四亡命思南　思南，原作「恩南」，據武宗實錄卷七九正德六年九月乙丑條改。按思南係一長官司，屬湖廣施州衞軍民指揮使司，位於南川、綦江、瀘州東北。作「恩南」誤。

〔三〕中官崔文家人李陽鳳索匠師宋鈺賄不獲　李陽鳳，明史稿傳七三林俊傳、世宗實錄卷二六嘉靖二年閏四月己未條同。本書本卷金獻民傳及卷二〇六劉世陽傳附趙漢傳作「李鳳陽」。

〔四〕劾鎭守中官廖玿　廖玿，本書卷一八四楊守陳傳附楊茂仁傳、孝宗實錄卷一九〇弘治十五年八月癸卯條都作「梁玿」。

〔五〕請捐天津三衛屯田課及出庫儲給河間三衛軍月餉　河間，原作「河南」，據明史稿傳七三劉麟傳改。按劉麟巡撫保定等六府，河間府居其一，其事權不涉及河南都指揮使司之河南等衛。作「河間」是。

明史卷一百九十五

列傳第八十三

王守仁 冀元亨

王守仁，字伯安，餘姚人。父華，字德輝，成化十七年進士第一。授修撰。弘治中，累官學士、少詹事。華有器度，在講幄最久，孝宗甚眷之。李廣貴幸，華講大學衍義，至唐李輔國與張后表裏用事，指陳甚切。帝命中官賜食勞焉。正德初，進禮部左侍郎。以守仁忤劉瑾，出爲南京吏部尚書，坐事罷。旋以會典小誤，降右侍郎。瑾敗，乃復故，無何卒。華性孝，母岑年踰百歲卒。華已年七十餘，猶寢苫蔬食，士論多之。

守仁娠十四月而生。祖母夢神人自雲中送兒下，因名雲。五歲不能言，異人拊之，更名守仁，乃言。年十五，訪客居庸、山海關。時闌出塞，縱觀山川形勝。弱冠舉鄉試，學大進。顧益好言兵，且善射。登弘治十二年進士。使治前威寧伯王越葬，還而朝議方急西北邊，守仁條八事上之。尋授刑部主事。決囚江北，引疾歸。起補兵部主事。

正德元年冬，劉瑾逮南京給事中御史戴銑等二十餘人。守仁抗章救，瑾怒，廷杖四十，謫貴州龍場驛丞。龍場萬山叢薄，苗、僚雜居。守仁因俗化導，夷人喜，相率伐木為屋，以棲守仁。瑾誅，量移廬陵知縣。入覲，遷南京刑部主事，吏部尚書楊一清改之驗封。屢遷考功郎中，擢南京太僕少卿，就遷鴻臚卿。

兵部尚書王瓊素奇守仁才。十一年八月擢右僉都御史，巡撫南、贛。當是時，南中盜賊蜂起。謝志山據橫水、左溪、桶岡，池仲容據浰頭，皆稱王，與大庾陳曰能、樂昌高快馬、郴州龔福全等〔一〕攻剽府縣。而福建大帽山賊詹師富等又起。前巡撫文森托疾避去。志山合樂昌賊掠大庾，攻南康、贛州，贛縣主簿吳玭戰死。守仁至，知左右多賊耳目，乃呼老黠隸詰之。隸戰栗不敢隱，因貰其罪，令詗賊，賊動靜無勿知。於是檄福建、廣東會兵，先討大帽山賊。

明年正月，督副使楊璋等破賊長富村，〔二〕逼之象湖山，指揮覃桓、縣丞紀鏞戰死。守仁親率銳卒屯上杭。佯退師，出不意擣之，連破四十餘寨，俘斬七千有奇，指揮王鎧等擒師富。疏言權輕，無以令將士，請給旗牌，提督軍務，得便宜從事。尚書王瓊奏從其請。乃更兵制：二十五人爲伍，伍有小甲；二伍爲隊，隊有總甲；四隊爲哨，〔三〕哨有長，協哨二佐之；二哨爲營，營有官，參謀二佐之；三營爲陣，陣有偏將；二陣爲軍，軍有副將。皆臨事委，不命於朝；副將以下，得遞相罰治。

其年七月進兵大庾。志山乘間急攻南安，知府季斅擊敗之。副使楊璋等亦生縶曰能以歸。遂議討橫水、左溪。十月，都指揮許清、贛州知府邢珣、寧都知縣王天與各一軍會橫水，斅及守備郟文、汀州知府唐淳、縣丞舒富各一軍會左溪，吉安知府伍文定、程鄉知縣張戩遏其奔軼。守仁自駐南康，去橫水三十里，先遣四百人伏賊巢左右，進軍逼之。賊方迎戰，兩山舉幟。〔四〕賊大驚，謂官軍已盡犁其巢，遂潰。乘勝克橫水，志山及其黨蕭貴模等皆走桶岡。左溪亦破。守仁以桶岡險固，移營近地，諭以禍福。賊首藍廷鳳等方震恐，見使至大喜，期仲冬朔降，而珣、文定已冒雨奪險入。賊阻水陣，珣直前搏戰，文定與戩自右出，賊倉卒敗走，遇淳兵又敗。諸軍破桶岡，志山、貴模、廷鳳面縛降。凡破巢八十有四，俘斬六千有奇。時湖廣巡撫秦金亦破福全。其黨千人突至，諸將擒斬之。乃設崇義縣於橫水，控諸瑤。還至贛州，議討浰頭賊。

初，守仁之平師富也，龍川賊盧珂、鄭志高、陳英咸請降。及征橫水，浰頭賊將黃金巢亦以五百人降，獨仲容未下。橫水破，仲容始遣弟仲安來歸，而嚴爲戰守備。詭言珂、志高，讐也，將襲我，故爲備。守仁佯杖繫珂等，而陰使珂弟集兵待，遂下令散兵。歲首大張燈樂，仲容信且疑。守仁賜以節物，誘入謝。仲容率九十三人營教場，而自以數人入謁。守仁呵之曰：「若皆吾民，屯於外，疑我乎？」悉引入祥符宮，厚飲食之。賊大喜過望，益自安。守仁留仲容觀燈樂。正月三日大享，伏甲士於門，諸賊入，以次悉擒戮之。自將抵賊巢，連破上、中、下三浰，斬馘二千有奇。餘賊奔九連山。山橫亘數百里，陡絕不可攻。乃簡壯士七百人衣賊衣，奔崖下，賊招之上。官軍進攻，內外合擊，擒斬無遺。乃於下浰立和平縣，〔三〕置戍而歸。自是境內大定。

初，朝議賊勢强，發廣東、湖廣兵合剿。守仁上疏止之，不及。桶岡既滅，湖廣兵始至。及平浰頭，廣東尚未承檄。守仁所將皆文吏及偏裨小校，平數十年巨寇，遠近驚爲神。進右副都御史，予世襲錦衣衛百戶，再進副千戶。

十四年六月命勘福建叛軍。行至豐城而寧王宸濠反，知縣顧佖以告。守仁急趨吉安，與伍文定徵調兵食，治器械舟楫，傳檄暴宸濠罪，俾守令各率吏士勤王。都御史王懋中，編修鄒守益，副使羅循、羅欽德，郎中曾直，御史張鰲山、周魯，評事羅僑，同知郭祥鵬，進士郭持平，降謫驛丞王思、李中，咸赴守仁軍。御史謝源、伍希儒自廣東還，守仁留之紀功。因集衆議曰：「賊若出長江順流東下，則南都不可保。吾欲以計撓之，少遲旬日無患矣。」乃多遣間諜，檄府縣言：「都督許泰、郤永將邊兵，都督劉暉、桂勇將京兵，各四萬，水陸並進。南贛王守仁、湖廣秦金、兩廣楊旦各率所部合十六萬，直擣南昌，所至有司缺供者，以軍法論。」又爲蠟書遺僞相李士實、劉養正，敍其歸國之誠，令從臾早發兵東下，而縱諜泄之。宸濠果疑。與士實、養正謀，則皆勸之疾趨南京卽大位，宸濠益大疑。十餘日詗知中外兵不至，乃悟守仁紿之。七月壬辰朔留宜春王拱樤居守，而刼其衆六萬人，襲下九江、南康，出大江，薄安慶。

守仁聞南昌兵少則大喜，趨樟樹鎮。知府臨江戴德孺、袁州徐璉、贛州邢珣，都指揮余恩，〔六〕通判瑞州胡堯元童琦、撫州鄒琥、安吉談儲，推官王暐、徐文英，知縣新淦李美、泰和李楫、萬安王冕、寧都王天與，各以兵來會，合八萬人，號三十萬。或請救安慶，守仁曰：「不然。今九江、南康已爲賊守，我越南昌與相持江上，二郡兵絕我後，是腹背受敵也。不如直擣南昌。賊精銳悉出，守備虛。我軍新集氣銳，攻必破。賊聞南昌破，必解圍自救。逆擊之湖中，蔑不勝矣。」衆曰「善」。己酉次豐城，以文定爲前鋒，先遣奉新知縣劉守緒襲其伏兵。庚戌夜半，文定兵抵廣潤門，守兵駭散。辛亥黎明，諸軍梯絙登，縛拱樤等，宮人多焚死。軍士頗殺掠，守仁戮犯令者十餘人，宥脅從，安士民，慰諭宗室，人心乃悅。

居二日，遣文定、珣、璉、德孺各將精兵分道進，而使堯元等設伏。宸濠果自安慶還兵。

乙卯遇於黃家渡。文定當其前鋒，賊趨利。珣繞出賊背貫其中，文定、恩乘之，璉、德孺張兩翼分賊勢，堯元等伏發，賊大潰，退保八字腦。宸濠懼，盡發南康、九江兵。守仁遣知府撫州陳槐、饒州林城取九江，〔七〕建昌曾璵、廣信周朝佐取南康。丙辰復戰，官軍却，守仁斬先却者。諸軍殊死戰，賊復大敗，退保樵舍，聯舟爲方陣，盡出金寶犒士。明日，宸濠方晨朝其羣臣，官軍奄至。以小舟載薪，乘風縱火，焚其副舟，妃婁氏以下皆投水死。宸濠舟膠淺，倉卒易舟遁，王冕所部兵追執之。士實、養正及降賊按察使楊璋等皆就擒。南康、九江亦下。凡三十五日而賊平。京師聞變，諸大臣震懼。王瓊大言曰：「王伯安居南昌上游，必擒賊。」至是，果奏捷。

帝時已親征，自稱威武大將軍，率京邊驍卒數萬南下。命安邊伯許泰爲副將軍，偕提督軍務太監張忠、平賊將軍左都督劉暉將京軍數千，泝江而上，抵南昌。諸嬖倖故與宸濠通，守仁初上宸濠反書，因言：「覬覦者非特一寧王，請黜奸諛以回天下豪傑心。」諸嬖倖皆恨。宸濠既平，則相與媢功。且懼守仁見天子發其罪，競爲蜚語，謂守仁先與通謀，慮事不成，乃起兵。又欲令縱宸濠湖中，待帝自擒。

守仁乘忠、泰未至，先俘宸濠，發南昌。忠、泰以威武大將軍檄邀之廣信。守仁不與，間道趨玉山，上書請獻俘，止帝南征。帝不許。至錢唐遇太監張永。永提督贊畫機密軍務，在忠、泰輩上，而故與楊一清善，除劉瑾，天下稱之。守仁夜見永，頌其賢，因極言江西困敝，不堪六師擾。永深然之，曰：「永此來，爲調護聖躬，非邀功也。公大勛，永知之，但事不可直情耳。」守仁乃以宸濠付永，而身至京口，欲朝行在。聞巡撫江西命，乃還南昌。忠、泰已先至，恨失宸濠。故縱京軍犯守仁，或呼名嫚罵。守仁不爲動，撫之愈厚。病予藥，死予棺，遭喪於道，必停車慰問良久始去。京軍謂王都堂愛我，無復犯者。忠、泰言：「寧府富厚甲天下，今所蓄安在？」守仁曰：「宸濠異時盡以輸京師要人，約內應，籍可按也。」忠、泰故嘗納宸濠賄者，氣懾不敢復言。已，輕守仁文士，强之射。徐起，三發三中。京軍皆歡呼，忠、泰益沮。會冬至，守仁命居民巷祭，已，上塚哭。時新喪亂，悲號震野。京軍離家久，聞之無不泣下思歸者。忠、泰不得已班師。比見帝，與紀功給事中祝續、御史章綸讒毀百端，獨永時時左右之。忠揚言帝前曰：「守仁必反，試召之，必不至。」忠、泰屢矯旨召守仁。守仁得永密信，不赴。及是知出帝意，立馳至。忠、泰計沮，不令見帝。守仁乃入九華山，日晏坐僧寺。帝覘知之，曰：「王守仁學道人，聞召卽至，何謂反？」乃遣還鎭，令更上捷音。守仁乃易前奏，言奉威武大將軍方略討平叛亂，而盡入諸嬖倖名，江彬等乃無言。

當是時，讒邪搆煽，禍變叵測，微守仁，東南事幾殆。世宗深知之。甫卽位，趣召入朝受封。而大學士楊廷和與王瓊不相能。守仁前後平賊，率歸功瓊，廷和不喜，大臣亦多忌其功。會有言國哀未畢，不宜舉宴行賞者，因拜守仁南京兵部尚書。守仁不赴，請歸省。已，論功封特進光祿大夫、柱國、新建伯，世襲，歲祿一千石。然不予鐵券，歲祿亦不給。諸同事有功者，惟吉安守伍文定至大官，當上賞。其他皆名示遷，而陰絀之，廢斥無存者。守仁憤甚。時已丁父憂，屢疏辭爵，乞錄諸臣功，咸報寢。免喪，亦不召。久之，所善席書及門人方獻夫、黃綰以議禮得幸，言於張璁、桂萼，將召用，而費宏故銜守仁，復沮之。屢推兵部尚書，三邊總督，提督團營，皆弗果用。

嘉靖六年，思恩、田州土酋盧蘇、王受反。總督姚鏌不能定，乃詔守仁以原官兼左都御史，總督兩廣兼巡撫。綰因上書訟守仁功，請賜鐵券歲祿，並敍討賊諸臣，帝咸報可。守仁在道，疏陳用兵之非，且言：「思恩未設流官，土酋歲出兵三千，聽官征調。既設流官，我反歲遣兵數千防戍。是流官之設，無益可知。且田州隣交阯，深山絕谷，悉瑤、僮盤據，必仍設土官，斯可藉其兵力為屏蔽。若改土為流，則邊鄙之患，我自當之，後必有悔。」章下兵部，尚書王時中條其不合者五，帝令守仁更議。十二月，守仁抵潯州，會巡按御史石金定計招撫。悉散遣諸軍，留永順、保靖土兵數千，解甲休息。蘇、受初求撫不得，聞守仁至益懼，至是則大喜。守仁赴南寧，二人遣使乞降，守仁令詣軍門。二人竊議曰：「王公素多詐，恐紿我。」陳兵入見。守仁數二人罪，杖而釋之。親入營，撫其衆七萬。奏聞於朝，陳用兵十害，招撫十善。因請復設流官，量割田州地，別立一州，以岑猛次子邦相爲吏目，署州事，俟有功擢知州。而於田州置十九巡檢司，以蘇、受等任之，並受約束於流官知府。帝皆從之。

斷藤峽猺賊，上連八寨，下通仙臺、花相諸洞蠻，盤亙三百餘里，郡邑罹害者數十年。守仁欲討之，故留南寧。罷湖廣兵，示不再用。伺賊不備，進破牛腸、六寺等十餘寨，峽賊悉平。遂循橫石江而下，攻克仙臺、花相、白竹、〔八〕古陶、羅鳳諸賊。令布政使林富率蘇、受兵直抵八寨，破石門，副將沈希儀邀斬軼賊，盡平八寨。

始，帝以蘇、受之撫，遣行人奉璽書奬諭。及奏斷藤峽捷，則以手詔問閣臣楊一清等，謂守仁自誇大，且及其生平學術。一清等不知所對。守仁之起由璁、萼薦，萼故不善守仁，以璁强之。後萼長吏部，璁入內閣，積不相下。萼暴貴喜功名，風守仁取交阯，守仁辭不應。一清雅知守仁，而黃綰嘗上疏欲令守仁入輔，毁一清，一清亦不能無移憾。萼遂顯詆守仁征撫交失，賞格不行。獻夫及霍韜不平，上疏爭之，言：「諸猺爲患積年，初嘗用兵數十萬，僅得一田州，旋復召寇。守仁片言馳諭，思、田稽首。至八寨、斷藤峽賊，阻深巖絕岡，國初以來未有輕議勦者，今一舉蕩平，若拉枯朽。議者乃言守仁受命征思、田，不受命征八寨。夫大夫出疆，有可以安國家，利社稷，專之可也。況守仁固承詔得便宜從事者乎？守仁討平叛藩，忌者誣以初同賊謀，又誣其輦載金帛。當時大臣楊廷和、喬宇飾成其事，至今未白。夫忠如守仁，有功如守仁，一屈於江西，再屈於兩廣。臣恐勞臣灰心，將士解體，後此疆圉有事，誰復爲陛下任之！」帝報聞而已。

守仁已病甚，疏乞骸骨，舉鄖陽巡撫林富自代，不俟命竟歸。行至南安卒，年五十七。喪過江西，軍民無不縞素哭送者。

守仁天姿異敏。年十七謁上饒婁諒，與論朱子格物大指。還家，日端坐，講讀五經，不苟言笑。游九華歸，築室陽明洞中。泛濫二氏學，數年無所得。謫龍場，窮荒無書，日繹舊聞。忽悟格物致知，當自求諸心，不當求諸事物，喟然曰：「道在是矣。」遂篤信不疑。其爲教，專以致良知爲主。謂宋周、程二子後，惟象山陸氏簡易直捷，有以接孟氏之傳。而朱子集註、或問之類，乃中年未定之說。學者翕然從之，世遂有「陽明學」云。

守仁既卒，桂萼奏其擅離職守。帝大怒，下廷臣議。萼等言：「守仁事不師古，言不稱師。欲立異以爲高，則非朱熹格物致知之論；知衆論之不予，則爲朱熹晚年定論之書。號召門徒，互相倡和。才美者樂其任意，庸鄙者借其虛聲。傳習轉訛，背謬彌甚。但討捕畲賊，擒獲叛藩，功有足錄，宜免追奪伯爵以章大信，禁邪說以正人心。」帝乃下詔停世襲，卹典俱不行。隆慶初，廷臣多頌其功。詔贈新建侯，謚文成。二年予世襲伯爵。既又有請以守仁與薛瑄、陳獻章同從祀文廟者。帝獨允禮臣議，以瑄配。及萬曆十二年，御史詹事講申前請。大學士申時行等言：「守仁言致知出大學，良知出孟子。陳獻章主靜，沿宋儒周敦頤、程顥。且孝友出處如獻章，氣節文章功業如守仁，不可謂禪，誠宜崇祀。」且言胡居仁純心篤行，衆論所歸，亦宜並祀。帝皆從之。終明之世，從祀者止守仁等四人。

始守仁無子，育弟子正憲爲後。晚年，生子正億，二歲而孤。既長，襲錦衣副千戶。隆慶初，襲新建伯。萬曆五年卒。子承勛嗣，督漕運二十年。子先進，無子，將以弟先達子業弘繼。先達妻曰：「伯無子，爵自傳吾夫。由父及子，爵安往？」先進怒，因育族子業洵爲後。及承勛卒，先進未襲死。業洵自以非嫡嗣，終當歸爵先達，且虞其爭，乃謗先達爲乞養，而別推承勛弟子先通當嗣，屢爭於朝，數十年不決。崇禎時，先達子業弘復與先通疏辨。而業洵兄業浩時爲總督，所司懼忤業浩，竟以先通嗣。業弘憤，持疏入禁門訴。自刎不殊，執下獄，尋釋。先通襲伯四年，流賊陷京師，被殺。

守仁弟子盈天下，其有傳者不復載。惟冀元亨嘗與守仁共患難。

冀元亨，字惟乾，武陵人。篤信守仁學。舉正德十一年鄉試。從守仁於贛，守仁屬以教子。宸濠懷不軌，而外務名高，貽書守仁問學，守仁使元亨往。宸濠語挑之，佯不喻，獨與之論學，宸濠目爲癡。他日講西銘，反覆君臣義甚悉。宸濠亦服，厚贈遺之，元亨反其贈於官。已，宸濠敗，張忠、許泰誣守仁與通。詰宸濠，言無有。忠等詰不已，曰：「獨嘗遣冀元亨論學。」忠等大喜，搒元亨，加以炮烙，終不承，械繫京師詔獄。

世宗嗣位，言者交白其冤，出獄五日卒。元亨在獄，善待諸囚若兄弟，囚皆感泣。其被逮也，所司繫其妻李，李無怖色，曰：「吾夫尊師樂善，豈他慮哉。」獄中與二女治麻枲不輟。事且白，守者欲出之。曰：「未見吾夫，出安往？」按察諸僚婦聞其賢，召之，辭不赴。已就見，則囚服見，手不釋麻枲。問其夫學，曰：「吾夫之學，不出閨門衽席間。」聞者悚然。

贊曰：王守仁始以直節著。比任疆事，提弱卒，從諸書生掃積年逋寇，平定孽藩。終明之世，文臣用兵制勝，未有如守仁者也。當危疑之際，神明愈定，智慮無遺，雖由天資高，其亦有得於中者歟。矜其創獲，標異儒先，卒爲學者譏。守仁嘗謂胡世寧少講學，世寧曰：「某恨公多講學耳。」桂萼之議雖出於娼忌之私，抑流弊實然，固不能以功多爲諱矣。

校勘記

〔一〕郴州龔福全等　郴州，原作「柳州」。本書卷一九四及明史稿傳七五秦金傳作「郴州桂陽瑤龔福全」，武宗實錄卷一四九正德十二年五月丁亥條作「湖廣郴桂瑤峒賊龔福全等」。按柳州府屬廣西，屬縣無桂陽，作「柳州」誤，今改正。

〔二〕督副使楊璋等破賊長富村　楊璋，原作「胡璉」。明史稿傳八〇王守仁傳、武宗實錄卷一五二正德十二年八月庚申條及卷一六四正德十三年七月己酉條都作「楊璋」。按本傳下文也作「楊璋」，據改。

〔三〕四隊爲哨　隊，原作「甲」，據明史稿傳八〇王守仁傳改。

〔四〕程鄉知縣張戩遏其奔軼　張戩，明史稿傳八〇王守仁傳、明史紀事本末卷四八都作「張戢」。

〔五〕乃於下浰立和平縣　和平縣，原作「平和縣」。明史稿傳八〇王守仁傳作「和平縣」。按本書卷四五地理志廣東惠州府有和平縣，注云：「正德十二年八月以龍川縣之和平司置」，「西北有浰頭山，三浰水出焉。」此言「下浰」當卽浰水之一所經之地，所言置縣年月也與傳文記事合。作「和平縣」是，據改。

〔六〕都指揮余恩　余恩，原作「佘恩」，據本書卷一一七寧王權傳、明史稿傳八〇王守仁傳、明經世文編卷一三一頁一二六七擒獲宸濠捷音疏改。

〔七〕饒州林城取九江　林城，本書卷一一七寧王權傳作「林瑊」。

〔八〕白竹　原作「白石」，據本書卷三一七潯州傳、世宗實錄卷九四嘉靖七年閏十月戊子條、明經世文編卷一三一頁一二八四八寨斷藤峽捷音疏改。

明史卷一百九十六

列傳第八十四

張璁 胡鐸 桂萼 方獻夫 夏言

張璁，字秉用，永嘉人。舉於鄉，七試不第。將謁選，御史蕭鳴鳳善星術，語之曰：「從此三載成進士，又三載當驟貴。」璁乃歸。正德十六年登第，年四十七矣。世宗初踐阼，議追崇所生父興獻王。廷臣持之，議三上三却。璁時在部觀政，以是年七月朔上疏曰：「孝子之至，莫大乎尊親。尊親之至，莫大乎以天下養。陛下嗣登大寶，即議追尊聖考以正其號，奉迎聖母以致其養，誠大孝也。廷議執漢定陶、宋濮王故事，謂爲人後者爲之子，不得顧私親。夫天下豈有無父母之國哉？記曰：『禮非天降，非地出，人情而已。』漢哀帝、宋英宗固定陶、濮王子，然成帝、仁宗皆預立爲嗣，養之宮中，其爲人後之義甚明。故師丹、司馬光之論行於彼一時則可。今武宗無嗣，大臣遵祖訓，以陛下倫序當立而迎立之。遺詔直曰『興獻王長子』，未嘗著爲人後之義。則陛下之興，實所以承祖宗之統，與預立爲嗣養之宮中者較然不同。議者謂孝廟德澤在人，不可無後。假令聖考尚存，嗣位今日，恐弟亦無後兄之義。且迎養聖母，以母之親也。稱皇叔母，則當以君臣禮見，恐子無臣母之義。禮『長子不得爲人後』，聖考止生陛下一人，利天下而爲人後，恐子無自絕其父母之義。故在陛下謂入繼祖後，而得不廢其尊親則可，謂爲人後以自絕其親則不可。夫統與嗣不同，非必父死子立也。漢文承惠帝後，則以弟繼；宣帝承昭帝後，則以兄孫繼。若必奪此父子之親，建彼父子之號，然後謂之繼統，則古有稱高伯祖、皇伯考者，皆不得謂之統乎？臣竊謂今日之禮，宜別立聖考廟於京師，使得隆尊親之孝，且使母以子貴，尊與父同，則聖考不失其爲父，聖母不失其爲母矣。」

帝方扼廷議，得璁疏大喜，曰：「此論出，吾父子獲全矣。」亟下廷臣議。廷臣大怪駭，交起擊之，禮官毛澄等執如初。會獻王妃至通州，聞尊稱禮未定，止不肯入。帝聞而泣，欲避位歸藩。璁乃著大禮或問上之，帝於是連駁禮官疏。廷臣不得已，合議尊孝宗曰皇考，興獻王曰「本生父興獻帝」，璁亦除南京刑部主事以去，追崇議且寢。

至嘉靖三年正月，帝得桂萼疏心動，復下廷議。汪俊代毛澄爲禮部，執如澄。璁乃復上疏曰：「陛下遵兄終弟及之訓，倫序當立。禮官不思陛下實入繼大統之君，而強比與爲人後之例，絕獻帝天性之恩，蔑武宗相傳之統，致陛下父子、伯姪、兄弟名實俱紊。寧負天子，不敢忤權臣，此何心也？伏睹聖諭云：『興獻王獨生朕一人，既不得承緒，又不得徽稱，罔極之恩何由得報？』執政窺測上心，有見於推尊之重，故今日爭一帝字，明日爭一皇字，而陛下之心，亦日以不帝不皇爲歉。既而加稱爲帝，謂陛下心既慰矣，故留一皇字以覘陛下將來未盡之心，遂敢稱孝宗爲皇考，稱興獻帝爲本生父。父子之名既更，推崇之義安在？乃遽詔告天下，乘陛下不覺，陷以不孝。禮曰：『君子不奪人之親，亦不可奪親也。』陛下尊爲萬乘，父子之親，人可得而奪之，又可容人之奪之乎？故今日之禮不在皇與不皇，惟在考與不考。若徒爭一皇字，則執政必姑以是塞今日之議，陛下亦姑以是滿今日之心，臣恐天下知禮者，必將非笑無已也。」與桂萼第二疏同上。帝益大喜，立召兩人赴京。命未達，兩人及黃宗明、黃綰復合疏力爭。

及獻帝改稱本生皇考，閣臣以尊稱既定，請停召命，帝不得已從之。二人已在道，復馳疏曰：「禮官懼臣等面質，故先爲此術，求遂其私。若不亟去本生之稱，天下後世終以陛下爲孝宗之子，墮禮官欺蔽中矣。」帝益心動，趣召二人。五月抵都，復條上七事。衆洶洶，欲撲殺之。萼懼，不敢出。璁閱數日始朝。給事御史張翀、鄭本公等連章力攻，帝益不悅，特授二人翰林學士。二人力辭，且請面折廷臣之非。給事御史李學曾、吉棠等言：「璁、萼曲學阿世，聖世所必誅。以傳奉爲學士，累聖德不少。」御史段續、陳相又特疏論，幷及席書。帝責學會等對狀，下續、相詔獄。刑部尚書趙鑑亦請置璁、萼於理，語人曰：「得俞旨，便捶殺之。」帝責以朋奸，亦令對狀。璁、萼乃復列欺罔十三事，力折廷臣。及廷臣伏闕哭爭，盡繫詔獄予杖。死杖下者十餘人，貶竄相繼，由是璁等勢大張。其年九月卒用其議定尊稱。帝益眷倚璁、萼，璁、萼益恃寵讐廷臣，舉朝士大夫咸切齒此數人矣。

四年冬，大禮集議成，進詹事兼翰林學士。後議世廟神道、廟樂、武舞及太后謁廟，帝率倚璁言而決。璁緣飾經文，委曲當帝意，帝益器之。

璁急圖柄用，爲大學士費宏所抑，遂與萼連章攻宏。帝亦知其情，留宏不即放。五年七月，璁以省墓請。既辭朝，帝復用爲兵部右侍郎，兼官如故。給事中杜桐、楊言、趙廷瑞交章力詆，幷劾吏部尚書廖紀引用邪人。帝怒，切責之。兩京給事御史解一貫、張錄、〔二〕方紀達、戴繼先等復交章論不已，皆不聽。尋進璁左侍郎，復與萼攻費宏。明年二月興王邦奇獄，搆陷楊廷和等，宏及石珤同日罷。

吏部郎中彭澤以浮躁被斥，璁言：「昔議禮時，澤勸臣進大禮或問，致招衆忌。今諸臣去之，將以次去臣等。」澤乃得留。居三日，復言：「臣與舉朝抗四五年，舉朝攻臣至百十疏。今修大禮全書，元惡寒心，羣奸側目。故要略方進，讒謗繁興。使全書告成，將誣陷益甚。」

因引疾求退以要帝，帝優詔慰留。吏部闕尚書，推前尚書喬宇、楊旦；禮部尚書亦缺，推侍郎劉龍、溫仁和。仁和以俸深爭。璁言宇、旦乃楊廷和黨，而仁和亦不宜自薦。帝命大臣休致者，非奉詔不得推舉，宇等遂廢。

璁積怒廷臣，日謀報復。會山西巡按馬錄治反賊李福達獄，詞連武定侯郭勛；法司讞如錄擬。璁讒於帝，謂廷臣以議禮故陷勛。帝果疑諸臣朋比，乃命璁署都察院，桂萼署刑部，方獻夫署大理，覆讞，盡反其獄，傾諸異己者。大臣顏頤壽、聶賢以下咸被搒掠，錄等坐罪遠竄。帝益以爲能，奬勞之便殿，賚二品服，三代封誥。京察及言官互糾，已黜御史十三人，璁掌憲，復請考察斥十二人。又奏行憲綱七條，鉗束巡按御史。其年冬，遂拜禮部尚書兼文淵閣大學士入參機務，去釋褐六年耳。

楊一清爲首輔，翟鑾亦在閣，帝待之不如璁。嘗諭璁：「朕有密諭毋泄，朕與卿帖悉親書。」璁因引仁宗賜楊士奇等銀章事，帝賜璁二章，文曰「忠良貞一」，曰「繩愆弼違」，因并及一清等。

璁初拜學士，諸翰林恥之，不與並列，璁深恨。及侍讀汪佃講洪範不稱旨，帝令補外。璁乃請自講讀以下量才外補，改官及罷黜者二十二人，諸庶吉士皆除部屬及知縣，由是翰苑爲空。七年正月，帝視朝，見璁、萼班兵部尚書李承勛下，意嗛之。一清因請加散官，乃手敕加二人太子太保。璁辭以未建青宮，官不當設，乃更加少保兼太子太保。明倫大典成，復進少傅兼太子太傅、吏部尚書、謹身殿大學士。

一清再相，頗由璁、萼力，傾心下二人。而璁終以壓於一清，不獲盡如意，遂相齟齬。指揮聶能遷劾璁，璁欲置之死。一清擬旨稍輕，璁益恨，斥一清爲奸人鄙夫。一清再疏引退，且刺璁隱情。帝手敕慰留，因極言璁自伐其能，恃寵不讓，良可歎息。璁見帝忽暴其短，頗愧沮。八年秋，給事中孫應奎劾一清、萼幷及璁，其同官王準復劾璁私參將陳璠，宜斥。璁乞休者再，詞多陰詆一清，帝乃褒諭璁。而給事中陸粲復劾其擅作威福，報復恩怨。帝大感悟，立罷璁。頃之，其黨霍韜力攻一清，微爲璁白。璁行抵天津，帝命行人齎手敕召還。一清遂罷去，璁爲首輔。

帝自排廷議定「大禮」，遂以制作禮樂自任。而夏言始用事，乃議皇后親蠶，議勾龍、棄配社稷，議分祭天地，議罷太宗配祀，議朝日、夕月別建東、西二郊，議祀高禖，議文廟設主更從祀諸儒，議祧德祖正太祖南向，議祈穀，議大禘，議帝社帝稷，奏必下璁議。顧帝取獨斷，璁言亦不盡入。其諫罷太宗配天，三四往復，卒弗能止也。

十年二月，璁以名嫌御諱請更。乃賜名孚敬，字茂恭，御書四大字賜焉。

夏言恃帝眷，數以事訐孚敬。孚敬銜之，未有以發。納彭澤言搆陷行人司正薛侃，因侃以害言。廷鞫事露，旨斥其忮罔。御史譚纘、端廷赦、唐愈賢交章劾之。帝諭法司令致仕，孚敬乃大慚去。未幾，遣行人齎敕召之。明年三月還朝，言已擢禮部尚書，益用事。李時、翟鑾在閣，方獻夫繼入，孚敬亦不能專恣如曩時矣。

八月，彗星見東井，帝心疑大臣擅政，孚敬因求罷。都給事中魏良弼詆孚敬奸，孚敬言：「良弼以濫舉京營官奪俸，由臣擬旨，挾私報復。」給事中秦鰲劾孚敬强辨飾奸，言官論列輒文致其罪，擬旨不密，引以自歸，明示中外，若天子權在其掌握。帝是鰲言，令孚敬自陳狀，許之致仕。李時請給廪隸、敕書，不許。再請，乃得馳傳歸。十二年正月，帝復思之，遣鴻臚齎敕召。四月還朝。六月，彗星復見畢昴間，乞避位，不許。明年進少師兼太子太師、華蓋殿大學士。

初，潞州陳卿亂，孚敬主用兵，賊竟滅。大同再亂，亦主用兵，薦劉源清爲總督，師久無功。其後亂定，代王請大臣安輯。夏言遂力詆用兵之謬，請如王言，語多侵孚敬。孚敬怒，持王疏不行。帝諭令與言交好，而遣黄綰之大同，相機行事。孚敬以議不用，稱疾乞休，疏三上。已而子死，請益力。帝報曰：「卿無疾，疑朕耳。」孚敬復上奏，不引咎，且歷詆同議禮之蕚、獻夫、韜、綰等。帝詰責之，乃復起視事。帝於文華殿後建九五齋、恭默室爲齋居所，命輔臣賦詩。孚敬及時各爲四首以上。已，數召見便殿，從容議政。十四年春得疾，帝遣中官賜尊牢，而與時言，頗及其執拗，且不惜人才以叢怨狀。又遣中官賜藥餌，手敕言：「古有剪鬚療大臣疾者，朕今以已所服者賜卿。」孚敬幸得溫諭，遂屢疏乞骸骨。命行人御醫護歸，有司給廩隸如制。明年五月，帝復遣錦衣官齎手敕視疾，趣其還。行至金華，疾大作，乃歸。十八年二月卒。帝在承天，聞之傷悼不已。

孚敬剛明果敢，不避嫌怨。既遇主，亦時進讜言。帝欲坐張延齡反，族其家。孚敬諍曰：「延齡，守財虜耳，何能反。」數詰問，對如初。及秋盡當論，孚敬上疏謂：「昭聖皇太后春秋高，卒聞延齡死，萬一不食，有他故，何以慰敬皇帝在天之靈。」帝恚，責孚敬：「自古强臣令主非一，若今愛死囚令主矣。當悔不從廷和事敬皇帝耶？」帝故爲重語惕止孚敬，而孚敬意不已。以故終昭聖皇太后世，延齡得長繫。他若清勛戚莊田，罷天下鎮守內臣，先後殆盡，皆其力也。持身特廉，痛惡贓吏，一時苞苴路絕。而性狠愎，報復相尋，不護善類。欲力破人臣私黨，而已先爲黨魁。「大禮」大獄，叢訴沒世。顧帝始終眷禮，廷臣卒莫與二，嘗稱少師羅山而不名。〔三〕其卒也，禮官請謚。帝取危身奉上之義，特謚文忠，贈太師。

時有胡鐸者，字時振，餘姚人。弘治末進士。正德中，官福建提學副使。嘉靖初，遷湖廣參政，累官南京太僕卿。鐸與璁同舉於鄉。「大禮」議起，鐸意亦主考獻王，與璁合。璁要之同署，鐸曰：「主上天性固不可違，天下人情亦不可拂。考獻王不已則宗，宗不已則入廟，入廟則當有祧。以藩封虛號之帝，而奪君臨治世之宗，義固不可也。入廟則有位，將位於武宗上乎，武宗下乎？生爲之臣，死不得躋於君。然魯嘗躋僖公矣，恐異日不乏夏父之徒也。」璁議遂上。旋被召。鐸方服闋赴京，璁又要同疏，鐸復書謝之，且與辨繼統之義。「大禮」既定，鐸又貽書勸召還議禮諸人，養和平之福，璁不能從。鐸與王守仁同鄉，不宗其學，與璁同以考獻王爲是，不與同進。然其辨繼統，謂國統絕而立君寓立賢之意，蓋大謬云。

桂萼，字子實，安仁人。正德六年進士。除丹徒知縣。性剛使氣，屢忤上官，調青田不赴。用薦起知武康，復忤上官下吏。

嘉靖初，由成安知縣遷南京刑部主事。世宗欲尊崇所生，廷臣力持，已稱興獻王爲帝，妃爲興國太后，頒詔天下二歲矣，萼與張璁同官，乃以三年十一月上疏曰：「臣聞帝王事父孝，故事天明；事母孝，故事地察。未聞廢父子之倫，而能事天地主百神者也。今禮官失考典章，遏絕陛下純孝之心，納陛下於與爲人後之非，而滅武宗之統，奪獻帝之宗，且使興國太后壓於慈壽太后，禮莫之盡，三綱頓廢，非常之變也。乃自張璁、霍韜獻議，論者指爲干進，逆箝人口，致達禮者不敢駁議。切念陛下侍興國太后，慨興獻帝弗祀，已三年矣，拊心出涕，不知其幾。願速發明詔，稱孝宗曰皇伯考，興獻帝皇考，別立廟大內，正興國太后之禮，定稱聖母，庶協事天事地之道。至朝臣所執不過宋濮議耳。按宋范純仁告英宗曰『陛下昨受仁宗詔，親許爲之子，至於封爵，悉用皇子故事，與入繼之主不同』，則宋臣之論，亦自有別。今陛下奉祖訓入繼大統，未嘗受孝宗詔爲之子也，則陛下非爲人後，而爲入繼之主也明甚。考興獻帝，母興國太后，又何疑。臣聞非天子不議禮；天下有道，禮樂自天子出。臣久欲以請，乃者復得席書、方獻夫二疏。伏望奮然裁斷，將臣與二臣疏並付禮官，令臣等面質。」帝大喜，明年正月手批議行。

三月，萼復上疏曰：「自古帝王相傳，統爲重，嗣爲輕。故高皇帝法前王，著兄終弟及之訓。陛下承祖宗大統，正遵高皇帝制。執政乃無故任己私，背祖訓，其爲不道，尚可言哉。臣聞道路人言，執政窺伺陛下至情不已，則加一皇字而已。夫陛下之孝其親，不在於皇不皇，惟在於考不考。使考獻帝之心可奪，雖加千百字徽稱，何益於孝。陛下遂終其身爲無父人矣。逆倫悖義如此，猶可使與斯議哉！」與璁疏並上。帝益大喜，召赴京。初，議禮諸臣無力詆執政者，至萼遂斥爲不道，且欲不使議。其言恣肆無忌，朝士尤疾之。召命下，衆益駭愕，羣起排擊，帝不爲動。萼復偕璁論列不已，遂召爲翰林學士，卒用其言。萼自是受知特深。

四年春，給事中柯維熊言：「陛下親君子而君子不容，如林俊、孫交、彭澤之去是也。遠小人而小人尚在，如張璁、桂萼之用是也。且今伏闕諸臣多死徙，而御史王懋、郭楠又謫譴，竊以爲罰過重矣。」萼、璁遂求去，優詔慰留。尋進詹事兼翰林學士。議世廟神道及太后謁廟禮，復排廷議，希合帝指。帝益以爲賢，兩人氣益盛。而閣臣抑之，不令與諸翰林等。兩人乃連章攻費宏幷石珤，齮之去。

給事中陳洸犯重辟，萼與尚書趙鑑攘臂爭，爲南京給事中所劾，不問。嘗陳時政，請預蠲六年田租，更登極初宿弊，寬登聞鼓禁約，復塞上開中制，懲奸徒阻絕養濟院，聽窮民耕城垣隙地，停外吏赴部考滿，申聖敬，廣聖孝，凡數事。多議行。

六年三月進禮部右侍郎，兼官如故。時方京察，南京言官拾遺及萼。萼上言：「故輔楊廷和廣植私黨，蔽聖聰者六年，今次第斥逐，然遺奸在言路。昔憲宗初年，命科道拾遺後，互相糾劾，言路遂清，請舉行如制。」章下吏部，侍郎孟春等言：「憲宗無此詔。萼被論報復，無以厭衆心。」萼言：「詔出憲宗文集。春欲媚言官，宜幷按問。」章下部再議，春等言成化中科道有超擢巡撫不稱者，憲宗命互劾，去者七人，非考察拾遺比。帝終然萼言，趣令速舉。給事御史爭之，並奪俸。春等乃以御史儲良才等四人名上。帝獨黜良才，而特旨斥給事中鄭自璧、孟奇。且令部院再覈，復黜給事中余經等四人，南京給事中顧溱等數人，乃已。

其年九月改吏部左侍郎。是月拜禮部尚書，兼翰林學士。故事，尚書無兼學士者，自萼始。甫踰月，遷吏部尚書，賜銀章二，曰「忠誠靜慎」，曰「繩愆匡違」，令密封言事與輔臣埒。七年正月，手敕加太子太保。明倫大典成，加少保兼太子太傅。

萼既得志，日以報怨爲事。陳九疇、李福達、陳洸之獄，先後株連彭澤、馬錄、葉應驄等甚衆，或被陷至謫戍。廷臣莫不畏其兇威。獨疏薦建言獲罪鄧繼曾、季本等，因事貶謫黃國用、劉秉鑑等，諸人得量移。世亦稍以此賢萼。然王守仁之起也，萼實薦之。已，銜其不附己，力齮齕。及守仁卒，極言醜詆，奪其世封，諸卹典皆不予。

八年二月命以本官兼武英殿大學士入參機務。初，萼、璁赴召，廷臣欲倣先朝馬順故事，於左順門捶殺之，走武定侯郭勛家以免。勛遂與深相結，亦蒙帝眷典禁兵。久之，勛奸狀大露，璁、霍韜力庇勛。萼知帝已惡之，獨疏其兇暴貪狡數事，勛遂獲罪。楊一清爲首輔持重，萼、璁好紛更，且惡其壓己，遂不相能。給事中孫應奎請鑒別三臣賢否，詆萼最力。帝已疑萼，令滌宿愆，全君臣終始之義。萼乃大懼，疏辨，且稱疾乞休。帝報曰：「卿行事須勉徇公議，庶不負前日忠。」萼益懼。給事中王準因劾萼舉私人李夢鶴爲御醫。詔下吏部，言夢鶴由考選無私。帝終以爲疑，命太醫院更考。言官知帝意已移，給事中陸粲極論其罪，幷言萼鶴與萼家人吳從周、序班桂林居間行賄事。奏入，帝大悟，立奪萼官，以尚書致仕。璁亦罷政。帝復列二人罪狀詔廷臣，略言：「其自用自恣，負君負國，所爲事端昭然衆見，而萼尤甚。法當置刑典，特寬貸之。」遂下萼鶴等法司，皆首服。

無何，霍韜兩疏訟萼，言一清與法司搆成萼贓罪。一清遂去位，刑部尚書周倫調南京，郎中、員外皆奪職，命法司會錦衣鎮撫官再讞。乃言萼鶴等假託行私，與萼無與。詔削萼鶴、林籍，從周論罪，萼復散官。是時璁已召還。史館儒士蔡圻知帝必復萼，疏頌萼功，請召之。帝乃賜敕，令撫按官趣上道。萼未至，國子生錢潮等復請趣萼。帝怒曰：「大臣進退，幺麽敢與聞耶？」幷圻下吏。明年四月還朝，盡復所奪官，仍參機務。萼初銳意功名，勇任事，不恤物議，驟被摧抑，氣爲之懾，不敢復放恣。居位數月，屢引疾，帝輒優旨慰留。十年正月得請歸，卒於家。贈太傅，謚文襄。

萼所論奏，帝王心學論、皇極論、易復卦、禮月令及進禹貢圖、輿地圖說，皆有裨君德時政。性猜狠，好排異己，以故不爲物論所容。始與璁相得歡甚，比同居政府，遂至相失。

方獻夫，字叔賢，南海人。生而孤。弱冠舉弘治十八年進士，改庶吉士。乞歸養母，遂丁母憂。正德中，授禮部主事，調吏部，進員外郎。與主事王守仁論學，悅之，遂請爲弟子。尋謝病歸，讀書西樵山中者十年。

嘉靖改元夏還朝，道聞「大禮」議未定，草疏曰：

先王制禮，本緣人情。君子論事，當究名實。竊見近日禮官所議，有未合乎人情，未當乎名實者，一則守禮經之言，一則循宋儒之說也。臣獨以爲不然。按禮經喪服傳曰「何如而可以爲人後，支子可也」。又曰「爲人後者孰後，後大宗也」。「大宗者，尊之統也」。「不可以絕，故族人以支子後大宗也」。適子不得後大宗」。爲是禮者，蓋謂有支子而後可以爲人後，未有絕人之後以爲人後者也。今興獻帝止生陛下一人，別無支庶，乃使絕其後而後孝宗，豈人情哉！且爲人後者，父嘗立之爲子，子嘗事之爲父，故卒而服其服。今孝宗嘗有武宗矣，未嘗以陛下爲子。陛下於孝宗未嘗服三年之服，是實未嘗後孝宗也，而强稱之爲考，豈名實哉！爲是議者，未見其合於禮經之言也。

又按程頤濮議謂「英宗既以仁宗爲父，不當以濮王爲親」。此非宋儒之說不善，實今日之事不同。蓋仁宗嘗育英宗於宮中，是實爲父子。孝宗未嘗育陛下於宮中，其不同者一。孝宗有武宗爲子矣，仁宗未嘗有子也，其不同者二。濮王別有子可以不絕，興獻帝無別子也，其不同者三。豈得以濮王之事比今日之事哉？爲是議者，未見其善述宋儒之說也。

若謂孝宗不可無後，故必欲陛下爲子，此尤不達於大道者也。推孝宗之心，所以必欲有後者，在不絕祖宗之祀，不失天下社稷之重而已，豈必拘拘父子之稱，而後爲有後哉。孝宗有武宗，武宗有陛下，是不絕祖宗之祀，不失天下社稷之重矣，是實爲有後也。且武宗君天下十有六年。不忍孝宗之無後，獨忍武宗之無後乎？此尤不通之說也。夫興獻帝當父也，而不得父。孝宗不當父也，而强稱爲父。武宗當繼也，而不得繼。是一舉而三失焉，臣未見其可也。

且天下未嘗有無父之國也。瞽瞍殺人，舜竊負而逃。今使陛下舍其父而有天下，陛下何以爲心哉！臣知陛下純孝之心，寧不有天下，決不忍不父其父也。說者又謂興獻帝不當稱帝，此尤不達於大道者也。孟子曰「孝子之至，莫大乎尊親」。周公追王太王王季，子思以爲達孝。豈有子爲天子，父不得稱帝者乎？

今日之事，臣嘗爲之說曰：陛下之繼二宗，當繼統而不繼嗣。興獻之異羣廟，在稱帝而不稱宗。夫帝王之體，與士庶不同。繼統者，天下之公，三王之道也。繼嗣者，一人之私，後世之事也。興獻之得稱帝者，以陛下爲天子也。不得稱宗者，以實未嘗在位也。伏乞宣示朝臣，復稱孝宗曰皇伯，興獻帝曰皇考，別立廟祀之。夫然後合於人情，當乎名實，非唯得先王制禮之意，抑亦遂陛下純孝之心矣。疏具，見廷臣方觝排異議，懼不敢上。爲桂萼所見，與席書疏並表上之。帝大喜，立下廷議。廷臣遂目獻夫爲奸邪，至不與往還。獻夫乃杜門乞假，既不得請，則進大禮上下二論，其說益詳。時已召張璁、桂萼於南京，至即用爲翰林學士，而用獻夫爲侍講學士。攻者四起，獻夫亦力辭。帝卒用諸人議定「大禮」，由是荷帝眷與璁、萼埒。四年冬進少詹事。獻夫終不自安，謝病歸。

六年召修明倫大典。獻夫與霍韜同里，以議禮相親善，又同赴召，乃合疏言：「自古力主爲後之議者，宋莫甚於司馬光，漢莫甚於王莽。主濮議者，光爲首，呂誨、范純仁、呂大防附之，而光之說惑人最甚。主哀帝議者，莽爲首，師丹、甄邯、劉歆附之，而莽之說流毒最深。宋儒祖述王莽之說以惑萬世，誤後學。臣等謹按漢書、魏志、宋史，略采王莽、師丹、甄邯之奏，與其事始末，及魏明帝之詔，濮園之議，論正以附其後。乞付纂修官，參互考訂，俾天下臣子知爲後之議實起於莽，宋儒之論實出於莽，下洗羣疑，上彰聖孝。」詔下其書於史館。還朝未幾，命署大理寺事，與璁、萼覆讞李福達獄。萼等議馬錄重辟，獻夫力爭得減死。其年九月拜禮部右侍郎，仍兼學士，直經筵日講。尋代萼爲吏部左侍郎，復代爲禮部尚書。明倫大典成，加太子太保。

獻夫視璁、萼性寬平，遇事亦間有執持，不盡與附會。萼反陳洸獄，請盡逮問官葉應驄等，以獻夫言多免逮。思恩、田州比歲亂，獻夫請專任王守仁，而罷鎮守中官鄭潤、總兵官朱騏，帝乃召潤、騏還。思、田既平，守仁議築城建邑，萼痛詆之。獻夫歷陳其功狀，築城得毋止。璁、萼與楊一清搆，獻夫因災異進和衷之說，且請收召謫戍削籍余寬、馬明衡輩，而倍取進士之數。帝優詔答之，寬等卒不用。獻夫以尼僧、道姑傷風化，請勒令改嫁，帝從之。又因霍韜言，盡汰僧道無牒、毀寺觀私創者。帝欲殺陳后喪，獻夫引禮固爭。尋復代萼爲吏部尚書。萼、璁罷政，詔吏部核兩人私黨。獻夫言：「陸粲等所劾百十人，誣者不少。昔攻璁、萼者，以爲黨而去之。今附璁、萼者，又以爲黨而去之。縉紳之禍何時已。」乃奏留黃綰等二十三人，而黜儲良才等十二人。良才者，初爲御史，以考察黜。上疏詆楊廷和，指吏部侍郎孟春等爲奸黨，萼因請復其職。至是斥去，時論快之。安昌伯錢維圻卒，庶兄維垣請嗣爵。獻夫言外戚之封不當世及，歷引漢、唐、宋事爲證。帝善其言，下廷議，外戚遂永絕世封。

璁、萼既召還，羽林指揮劉永昌劾都督桂勇，語侵萼及兵部尚書李承勛。又劾御史廖自顯，自顯坐逮。已，又訐兵部郎中盧襄等。獻夫請按治永昌，毋令奸人以蜚語中善類，帝不從。獻夫遂求退，帝亦不允。給事中孫應奎劾獻夫私其親故大理少卿洗光、太常卿彭澤，帝不聽。都給事中夏言亦劾獻夫壞選法，徙張璁所惡浙江參政黃卿於陝西，而用璁所愛党以平代，邪回之彭澤踰等躐遷太常，及他所私昵，皆有迹，疑獻夫交通賄賂。疏入，帝令卿等還故官。獻夫及璁疏辨，因引退。帝重違二人意，復令卿等如前擬。

頃之，給事中薛甲言：「劉永昌以武夫劾冢宰，張瀾以軍餘劾勛臣，下凌上替，不知所止，願存廉遠堂高之義，俾小人不得肆攻訐。」章下吏部。獻夫等請從甲言，敕都察院嚴禁吏民，毋得譸張亂政，幷飭兩京給事御史及天下撫按官論事，先大體毋責小疵。當是時，帝方欲廣耳目，周知百僚情僞，得獻夫議不懌，報罷。於是給事中饒秀劾甲阿附：「自劉永昌後，言官未聞議大臣，獨夏言、孫應奎、趙漢議及璁、獻夫耳。漢已蒙詰譴，言、應奎所奏皆用人行政之失，甲乃指爲毛舉細故，而頌大臣不已。貪縱如郭勛，亦不欲人言。必使大臣橫行，羣臣緘口。萬一有逆人廁其間，奈何！」奏入，帝心善其言，下吏部再議。甲具疏自明，帝惡其不俟部奏，命削二官出之外。部謂甲已處分，不復更議。帝責令置對，停獻夫俸一月，郎官倍之。獻夫不自得，兩疏引疾。帝卽報允，然猶虛位以俟。

十年秋有詔召還。獻夫疏辭，舉梁材、汪鋐、王廷相自代。帝手詔褒答，遣行人蔡靉趣之。靉及門，獻夫潛入西樵，以疾辭。旣而使命再至，云將別用，乃就道。明年五月至京，命以故官兼武英殿大學士入閣輔政。初，賜獻夫銀章曰「忠誠直諒」，令有事密封奏聞。獻夫歸，上之朝，至是復賜如故。吏部尚書王瓊卒，命獻夫掌之。獻夫家居，引體自尊，監司謁見，輒稱疾不報。家人姻黨橫於郡中，鄉人屢訐告，僉事龔大稔聽之。獻夫還朝，囑大稔。會大稔坐事落職，疑獻夫爲之，遂上疏列其不法數事，詞連霍韜。獻夫疏辨，帝方眷獻夫，大稔遂被逮削籍。十月彗見東井。御史馮恩詆獻夫兇奸肆巧辨，播弄威福，將不利於國家，故獻夫掌吏部而彗見。帝怒，下之獄。獻夫亦引疾乞休，優詔不允。

獻夫飾恬退名，連被劾，中恧。雖執大政，氣厭厭不振。獨帝欲殺張延齡，常力爭。而其時桂萼已前卒。張璁最寵，罷相者屢矣。霍韜、黃宗明言事一不當，輒下之吏。獻夫見帝恩威不測，居職二歲，三疏引疾。帝優詔許之，令乘傳，予道里費。家居十年卒。先已加柱國、少保，乃贈太保，謚文襄。

獻夫緣議禮驟貴。與璁、萼共事，持論頗平恕，故人不甚惡之。

夏言，字公謹，貴溪人。父鼎，臨清知州。言舉正德十二年進士，授行人，擢兵科給事中。性警敏，善屬文。及居言路，謇諤自負。世宗嗣位，疏言：「正德以來，壅蔽已極。今陛下維新庶政，請日視朝後，御文華殿閱章疏，召閣臣面決。或事關大利害，則下廷臣集議。

不宜謀及褻近，徑發中旨。聖意所予奪，亦必下內閣議而後行，絕壅蔽矯詐之弊。」帝嘉納之。奉詔偕御史鄭本公、主事汪文盛覈親軍及京衞冗員，汰三千二百人，復條九事以上。輦下爲肅淸。

嘉靖初，偕御史樊繼祖等出按莊田，悉奪還民產。劾中官趙霦、建昌侯張延齡，疏凡七上。請改後宮負郭莊田爲親蠶廠、公桑園，一切禁戚里求請及河南、山東奸人獻民田王府者。救被逮永平知府郭九皐。莊奉夫人弟邢福海、肅奉夫人弟顧福，傳旨授錦衣世千戶，言力爭不可。諸疏率諤諤，爲人傳誦。屢遷兵科都給事中。勘靑羊山平賊功罪，論奏悉當。副使牛鸞獲賊中交通名籍，言請毀之以安衆心。孝宗朝，令吏、兵二部每季具兩京大臣及在外文武方面官履歷進御，正德後漸廢，以言請復之。七年，調吏科。

當是時，帝銳意禮文事。以天地合祀非禮，欲分建二郊，幷日月而四。大學士張孚敬不敢決，帝卜之太祖亦不吉，議且寢。會言上疏請帝親耕南郊，后親蠶北郊，爲天下倡。帝以南北郊之說，與分建二郊合，令孚敬諭旨，言乃請分祀天地。廷臣持不可，孚敬亦難之，詹事霍韜詆尤力。帝大怒，下韜獄。降璽書獎言，賜四品服俸，卒從其請。又贊成二郊配饗議，語詳禮志。言自是大蒙帝眷。郊壇工興，卽命言監之。延綏饑，言薦僉都御史李如圭爲巡撫。吏部推代如圭者，帝不用，再推及言。御史熊爵謂言出如圭爲己地，至比之張綵。

帝切責爵，令言毋辨。而言不平，訐爵且辭新命，帝乃止。

孚敬頤指百僚，無敢與抗者。言自以受帝知，獨不爲下。孚敬乃大害言寵，言亦怨孚敬驟用彭澤爲太常卿不右己，兩人遂有隙。言抗疏劾孚敬及吏部尚書方獻夫。孚敬、獻夫皆疏辨求去。帝顧諸人厚，爲兩解之。言既顯，與孚敬、獻夫、韜爲難，益以强直厚自結。帝欲輯郊禮爲成書，擢言侍讀學士，充纂修官，直經筵日講，仍兼吏科都給事中。言又贊帝更定文廟祀典及大禘禮，帝益喜。十年三月遂擢少詹事，兼翰林學士，掌院事，直講如故。言眉目疎朗，美鬚髯，音吐弘暢，不操鄉音。每進講，帝必目屬，欲大用之。孚敬忌彌甚，遂與彭澤搆薛侃獄，下言法司。已，帝覺孚敬曲，乃罷孚敬而釋言。八月，四郊工成，進言禮部左侍郎，仍掌院事。踰月，代李時爲本部尚書。去諫官未浹歲拜六卿，前此未有也。

時士大夫猶惡孚敬，恃言抗之。言既以開敏結帝知，又折節下士。御史喻希禮、石金請宥「大禮」大獄得罪諸臣。帝大怒，令言劾。言謂希禮、金無他腸，請帝寬恕。帝責言對狀，逮二人詔獄，遠竄之，言引罪乃已。以是大得公卿間聲。帝制作禮樂，多言爲尚書時所議，閣臣李時、翟鑾取充位。帝每作詩，輒賜言，悉酬和勒石以進，帝益喜。奏對應制，倚待立辨。數召見，諮政事，善窺帝旨，有所傅會。賜銀章一，俾密封言事，文曰「學博才優」。先後賜繡蟒飛魚麒麟服、玉帶、兼金、上尊、珍饌、時物無虛月。

孚敬、獻夫復相繼入輔。知帝眷言厚，亦不敢與較。已而皆謝事，議禮諸人獨霍韜在，讎言不置。十五年以順天府尹劉淑相事，韜、言相攻訐。韜卒不勝，事詳韜傳中。言由是氣遂驕。郎中張元孝、李遂與小忤，即奏謫之。皇子生，帝賜言甚渥。初加太子太保，進少傅兼太子太傅。〔三〕閏十二月遂兼武英殿大學士入參機務。扈蹕謁陵，還至沙河，言庖中火，延郭勛、李時帳，帝付言疏六亦焚。言當獨引罪，與勛等合謝，被譙責焉。時李時爲首輔，政多自言出。顧鼎臣入，恃先達且年長，頗欲有所可否。言意不悅，鼎臣遂不敢與爭。其冬，時卒，言爲首輔。十八年，以祗薦皇天上帝册表，加少師、特進光祿大夫、上柱國。明世人臣無加上柱國者，言所自擬也。

武定侯郭勛得幸，害言寵。而禮部尚書嚴嵩亦心妒言。言與嵩扈蹕承天，帝謁顯陵畢，嵩再請表賀，言乞俟還京。帝報罷，意大不懌。嵩知帝指，固以請，帝乃曰：「禮樂自天子出可也。」令表賀，帝自是不悅言。帝幸大峪山，言進居守敕稍遲。帝責讓，言懼請罪。帝大怒曰：「言自卑官，因孚敬議郊禮進，乃怠慢不恭，進密疏不用賜章，其悉還累所降手敕。」言益懼，疏謝。請免追銀章、手敕，爲子孫百世榮，詞甚哀。帝怒不解，疑言毀損，令禮部追取。削少師勳階，以少保尚書大學士致仕。言乃以手敕四百餘，并銀章上之。居數日，怒解，命止行。復以少傅、太子太傅入直，言疏謝。帝悅，諭令勵初忠，秉公持正，免衆怨。言心知所云衆怨者，郭勛輩也，再疏謝。謂自處不敢後他人，一志孤立，爲衆所忌。帝復不悅，詰責之。惶恐謝，乃已。未幾，雷震奉天殿。召言及鼎臣，不時至。帝復詰讓，令禮部劾之。言等請罪，帝復讓言傲慢，并責鼎臣。已，乃還所追銀章、御書。陝西奏捷，復少師、太子太師，進吏部尚書，華蓋殿。江淮賊平，璽書獎勵，賜金幣，兼支大學士俸。

鼎臣已歿，翟鑾再入，恂恂若屬吏然，不敢少齟齬。而霍韜入掌詹事府，數修怨。以郭勛與言有隙，結令助己，三人日相搆。既而韜死，言、勛交惡自若。九廟災，言方以疾在告，乞罷，不允。昭聖太后崩，詔問太子服制，言報疏有譌字。帝切責言，言謝罪且乞還家治疾。帝益怒，令以少保、尚書、大學士致仕。言始聞帝怒己，上御邊十四策，冀以解。帝曰：「言既蘊忠謀，何堅自愛，負朕眷倚，姑不問。」初，言撰青詞及他文，最當帝意。言罷，獨翟鑾在，非帝所急也。及將出都，詣西苑齋宮叩首謝。帝聞而憐之，特賜酒饌，俾還私第治疾，俟後命。會郭勛以言官重劾，亦引疾在告。京山侯崔元新有寵，直內苑，忌勛。帝從容問元：「言、勛皆朕股肱，相妒何也？」元不對。帝問言歸何時，曰：「俟聖誕後，始敢請。」又問勛何疾，曰：「勛無疾，言歸卽出耳。」帝頷之。言官知帝眷言惡勛，因共劾勛。勛辨語誖謾，帝怒，削勛同事王廷相籍。給事中高時者，言所厚也，盡發勛貪縱不法十數事。遂下勛獄，復言少傅、太子太師、禮部尚書、武英殿大學士，疾愈入直。言雖在告，閣事多取裁。治勛獄，悉其指授。二十一年春，一品九年滿，遣中使賜銀幣、寶鈔、羊酒、內饌，盡復其官階，璽書獎美，賜宴禮部，尚書、侍郎、都御史陪侍。當是時，帝雖優禮言，然恩眷不及初矣。

慈慶、慈寧兩宮宴駕，勛嘗請改其一居太子。言不可，合帝意。至是帝猝問太子當何居，言忘前語，念興作費煩，對如勛指。帝不悅。又疑言官劾勛出言意。及建大享殿，命中官高忠監視，言不進敕稾。入直西苑諸臣，帝皆令乘馬，又賜香葉束髮巾，用皮帛爲履。言謂非人臣法服，不受，又獨乘腰輿。帝積數憾欲去言，而嚴嵩因得間之。

嵩與言同鄉，稱先達，事言甚謹。言入閣援嵩自代，以門客畜之，嵩心恨甚。言既失帝意，嵩日以柔佞寵。言懼斥，呼嵩與謀。嵩則已潛造陶仲文第，謀齮言代其位。言知甚慍，諷言官屢劾嵩。帝方憐嵩不聽也，兩人遂大郄。六月，嵩燕見，頓首雨泣，愬言見凌狀。帝使悉陳言罪，嵩因振暴其短。帝大怒，手敕禮部，歷數言罪，且曰：「郭勛已下獄，猶千羅百織。言官爲朝廷耳目，專聽言主使。朕不早朝，言亦不入閣。軍國重事，取裁私家。王言要密，視等戲玩。言官不一言，徒欺謗君上，致神鬼怒，雨甚傷禾。」言大懼，請罪。居十餘日，獻帝諱辰，猶召入拜，候直西苑。言因謝恩乞骸骨，語極哀。疏留八日，會七月朔日食既，下手詔曰：「日食過分，正坐下慢上之咎，其落言職閒住。」帝又自引三失，布告天下。御史喬佑、給事中沈良才等皆具疏論言，且請罪。帝大怒，貶黜十三人。高時以劾勛故，獨謫遠邊。

於是嚴嵩遂代言入閣。

言久貴用事，家富厚，服用豪侈，多通問遺。久之不召，監司府縣吏亦稍慢易之，悒悒不樂。遇元旦、聖壽必上表賀，稱草土臣。帝亦漸憐之，復尙書、大學士。至二十四年，帝微覺嵩貪恣，復思言，遣官齎敕召還，盡復少師諸官階，亦加嵩少師，若與言並者。言至，直陵嵩出其上。凡所批答，略不顧嵩，嵩噤不敢吐一語。所引用私人，言斥逐之，亦不敢救，銜次骨。海內士大夫方怨嵩貪忮，謂言能壓嵩制其命，深以爲快。而言以廢棄久，務張權。文選郎高簡之戍，唐龍、許成名、崔桐、王用賓、黃佐之罷，王杲、王暐、孫繼魯之獄，皆言主之。貴州巡撫王學益、山東巡撫何鰲爲言官論劾，輒擬旨逮訊。龍故與嵩善，暐事牽世蕃，其他所譴逐不盡當，朝士仄目。最後御史陳其學以鹽法事劾崔元及錦衣都督陸炳，言擬旨令陳狀，皆造言請死，炳長跪乃得解。二人與嵩比而構言，言未之悟也。帝數使小內豎詣言所，言負氣岸，奴視之。嵩必延坐，親納金錢袖中。以故日譽嵩而短言。言進青詞往往失帝旨，嵩聞益精治其事。

未幾，河套議起。言故慷慨以經濟自許，思建立不世功。因陝西總督曾銑請復河套，贊決之。嵩與元、炳媒孽其間，竟以此敗。江都人蘇綱者，言繼妻父也，雅與銑善。銑方請復河套，綱亟稱於言。言倚銑可辦，密疏薦之，謂羣臣無如銑忠者。帝令言擬旨，優奬之者再。

銑喜，益銳意出師。帝忽降旨詰責，語甚厲。嵩揣知帝意，遂力言河套不可復，語侵言。言始大懼謝罪，且言嵩未嘗異議，今乃盡諉於臣。帝責言強君脅衆，嵩復騰疏攻言，言亦力辨。而帝已入嵩譖，怒不可解。二十七年正月盡奪言官階，以尚書致仕，猶無意殺之也。會有蜚語聞禁中，謂言去時怨謗。嵩復代仇鸞草奏訐言納銑金，交關爲奸利，事連蘇綱，遂下銑、綱詔獄。嵩與元、炳謀，坐銑交結近侍律斬，綱戍邊，遣官校逮言。言抵通州，聞銑所坐，大驚墮車曰：「噫！吾死矣。」再疏訟冤，言：「鸞方就逮，上降諭不兩日，鸞何以知上語，又何知嵩疏而附麗若此。蓋嵩與崔元輩詐爲之以傾臣。嵩靜言庸違似共工，謙恭下士似王莽，奸巧弄權父子專政似司馬懿。在內諸臣受其牢籠，知有嵩不知有陛下。在外諸臣受其箝制，亦知有嵩不知有陛下。臣生死係嵩掌握，惟歸命聖慈，曲賜保全。」帝不省。獄成，刑部尚書喻茂堅、左都御史屠僑等當言死，援議貴議能條以上。帝不從，切責茂堅等，奪其俸，猶及言前不戴香冠事。其年十月竟棄言市。妻蘇流廣西，從子主事克承、從孫尚寶丞朝慶，削籍爲民。言死時年六十有七。

言豪邁有俊才，縱橫辨博，人莫能屈。既受特眷，揣帝意不欲臣下黨比，遂日與諸議禮貴人抗。帝以爲不黨，遇益厚，然卒爲嚴嵩所擠。言死，嵩禍及天下，久乃多惜言者。而言所推轂徐階，後卒能去嵩爲名相。隆慶初，其家上書白冤狀，詔復其官，賜祭葬，謚文愍。言始無子。妾有身，妻忌而嫁之，生一子。言死，妻逆之歸，貌甚類言。且得官矣，忽病死。言竟無後。

贊曰：璁、蕚、獻夫議尊興獻帝，本人子至情，故其說易入。原其初議未嘗不準情禮之中，乃至遭時得君，動引議禮自固，務快恩讎。於是知其建議之心，非有惓惓忠愛之實，欲引其君於當道也。言所奏定典禮，亦多可採。而志驕氣溢，卒爲嵩所擠。究觀諸人立身本末與所言是非，固兩不相掩云。

校勘記

〔一〕張錄　明史稿傳七七張璁傳、世宗實錄卷六六嘉靖五年七月戊子條均作「張祿」。

〔二〕嘗稱少師羅山而不名　羅山，原作「蘿山」，據明史稿傳七七張璁傳、世宗實錄卷二二一嘉靖十八年二月乙巳條、國朝獻徵錄卷一六張文忠公孚敬傳改。

〔三〕兼太子太傅　本書卷一一〇宰輔年表、世宗實錄卷一九三嘉靖十五年十一月己卯條都作「兼太子太師」。

明史卷一百九十七

列傳第八十五

席書 弟春 篆 霍韜 子與瑕 熊浹 黃宗明 黃綰 陸澄

席書，字文同，遂寧人。弘治三年進士。授郯城知縣。入爲工部主事，移戶部，進員外郎。十六年，雲南晝晦地震，命侍郎樊瑩巡視，奏黜監司以下三百餘人。書上疏言：「災異係朝廷，不係雲南。如人元氣內損，然後瘡瘍發四肢。朝廷，元氣也。雲南，四肢也。豈可舍致毒之源，專治四肢之末？今內府供應數倍往年，冗食官數千，投充校尉數萬，齋醮寺觀無停日，織造頻煩，賞賚踰度；皇親奪民田，宦官增遣不已；大獄據招詞不敢辯，刑官亦不敢伸；大臣賢者未起用，小臣言事謫者未復；文武官傳陞，名器大濫。災異之警，偶泄雲南，欲以遠方外吏當之，此何理也？漢遣八使巡行天下，張綱獨曰：『豺狼當道，安問狐狸。』今樊瑩職巡察，不能劾戚畹、大臣，獨考黜雲南官吏，舍本而治末。乞陛下以臣所言弊政，一切釐革。他大害當祛，大政當舉者，悉令所司條奏而興革之。」時不能用。

武宗時，歷河南僉事、貴州提學副使。時王守仁謫龍場驛丞，書擇州縣子弟，延守仁教之，士始知學。屢遷福建左布政使。寧王宸濠反，急募兵二萬討之。至則賊已平，乃返。尋以右副都御史巡撫湖廣。中官李鎭、張暘假進貢及御鹽名斂財十餘萬，書疏發之。嘉靖元年改南京兵部右侍郎。江南北大饑，奉命振江北。令州縣十里一廠，煮糜哺之，全活無算。

初，書在湖廣，見中朝議「大禮」未定，揣帝向張璁、霍韜，獻議言：「昔宋英宗以濮王第十三子出爲人後，今上以興獻王長子入承大統。英宗入嗣在袞衣臨御之時，今上入繼在宮車晏駕之後。議者以陛下繼統武宗，仍爲興獻帝之子，別立廟祀，張璁、霍韜之議未爲非也。然尊無二帝。陛下於武宗親則兄弟，分則君臣。既奉孝宗爲宗廟主，可復有他稱乎？宜稱曰『皇考興獻王』，此萬世不刊之典。禮臣三四執奏，未爲失也。然禮本人情，陛下尊爲天子，慈聖設無尊稱，可乎？故尊所生曰帝后，上慰慈闈，此情之不能已也。爲今日議，宜定號曰『皇考興獻帝』。別立廟大內，歲時祀太廟畢，仍祭以天子之禮，似或一道也。蓋別以廟祀則大統正而昭穆不紊，隆以殊稱則至愛篤而本支不淪，尊尊親親，並行不悖。至慈聖宜稱皇母某后，不可以興獻加之。獻，謚也，豈宜加於今日。」

議既具，會中朝競詆張璁爲邪說，書懼不敢上，而密以示桂萼，萼然其議。三年正月，萼具疏并上之。帝大喜，趣召入對。無何，詔改稱獻帝爲本生皇考，遂寢召命。會禮部尚書汪俊以爭建廟去位，特旨用書代之。故事，禮部長貳率用翰林官。是時廷臣排異議益力，書進又不由廷推，因交章詆書，至訾其振荒無狀，多侵漁。書亦屢辭新命，并錄上大禮考議，且乞遣官勘振荒狀。帝爲遣司禮中官，戶、刑二部侍郎，錦衣指揮往勘，而趣書入朝益急。比至德州，則廷臣已伏闕哭爭，盡繫詔獄。書馳疏言：「議禮之家，名爲聚訟。兩議相持，必有一是。陛下擇其是者，而非者不必深較。乞宥其愆失，俾獲自新。」不允。

其年八月入朝，帝慰勞有加。踰月乃會廷臣大議，上奏曰：

三代之法，父死子繼，兄終弟及，自夏歷漢二千年，未有立從子爲皇子者也。漢成帝以私意立定陶王，始壞三代傳統之禮。宋仁宗立濮王子，英宗卽位，始終不稱濮王爲伯。今陛下生於孝宗崩後二年，乃不繼武宗大統，超越十有六年上考孝宗，天倫大義固已乖悖。又未嘗立爲皇子，與漢、宋不同。自古天子無大宗、小宗，亦無所生、所後。禮經所載，乃大夫士之禮，不可語於帝王。伯父子姪皆天經地義，不可改易。今以伯爲父，以父爲叔，倫理易常，是爲大變。

夫得三代傳統之義，遠出漢、唐繼嗣之私者，莫若祖訓。祖訓曰「朝廷無皇子，必兄終弟及」。則嗣位者實繼統，非繼嗣也。伯自宜稱皇伯考，父自宜稱皇考，兄自宜稱皇兄。今陛下於獻帝、章聖已去本生之稱，復下臣等大議。臣書、臣璁、臣萼、臣獻夫及文武諸臣皆議曰：世無二道，人無二本。孝宗皇帝，伯也，宜稱皇伯考。昭聖皇太后，伯母也，宜稱皇伯母。獻皇帝，父也，宜稱皇考。章聖皇太后，母也，宜稱聖母。武宗仍稱皇兄，莊肅皇后宜稱皇嫂。尤願陛下仰遵孝宗仁聖之德，念昭聖擁翊之功，孝敬益隆，始終無間，大倫大統兩有歸矣。奉神主而別立禰室，於至親不廢，隆尊號而不入太廟，於正統無干，尊親兩不悖矣。一遵祖訓，允合聖經。復三代數千年未明之典禮，洗漢、宋悖經違禮之陋習，非聖人其孰能之。

議上，詔布告天下，尊稱遂定。

帝既加隆所生，中外獻諛希恩者紛然逕至。錦衣百戶隨全、光祿錄事錢子勛既以罪褫，希旨請遷獻帝顯陵梓宮北葬天壽山。工部尚書趙璜等斥其謬，帝復下廷議。書乃會廷臣上言：「顯陵，先帝體魄所藏，不可輕動。昔高皇帝不遷祖陵，文皇帝不遷孝陵。全等諂諛小人，妄論山陵，宜下法司按問。」帝報曰：「先帝陵寢在遠，朕朝夕思望，不勝哀痛，其再詳議以聞。」書復集衆議，極言不可，乃已。

書以「大禮」告成，宜有以答天下望，乃條新政十二事以獻，帝優旨報焉。大同軍變，殺巡撫張文錦，燬總兵官江桓印，而出故帥朱振於獄，令代桓。帝因而命之，諭禮部鑄新印。書持不可，請討之，與政府忤。時執政者費宏、石珤、賈詠，書心弗善也，乃力薦楊一清、王守仁入閣，且曰：「今諸大臣皆中材，無足與計天下事。定亂濟時，非守仁不可。」帝曰：「書爲大臣，當抒猷略，共濟時艱，何以中材自諉。」守仁迄不獲柄用。

四年，光祿寺丞何淵請建世室，祀獻皇帝於太廟。帝命禮官集議，書等上議：「王制，『天子七廟，三昭三穆』。周以文、武有大功德，乃立世室，與后稷廟皆百世不遷。我太祖立四親廟，德祖居北，後改同堂異室。議祧則以太祖擬文世室，太宗擬武世室。今獻皇帝以藩王追崇帝號，何淵乃欲比之太祖、太宗，立世室於太廟，甚無據。」不報。頃之，張璁特奏上，力言不可，書亦三疏如璁議。帝遣中官卽其家諭之，書復密疏切諫。帝不悅，責以畏衆飾奸。乃議別立禰廟，而世室之議竟寢。

五年秋，章聖太后將謁世廟，禮官議不合。書以目眚在告，上言：「母后謁廟，事出創聞，禮官實無所據，惟聖明裁酌。且世廟既成，宜有肆赦之典，請盡還議禮遣戍諸臣。所謂合萬國之歡心以祀先王，此天子大孝也。」報聞。

書以議禮受帝知，倚爲親臣。初進大禮集議，加太子太保，尋以獻帝實錄成，進少保。眷顧隆異，雖諸輔臣莫敢望。而書得疾不能視事，屢疏乞休，舉羅欽順自代，帝輒慰留不允。其後疾篤，請益力，詔加武英殿大學士，賜第京師，支俸如故。甫聞命而卒。贈太傅，諡文襄，任一子尙寶丞，異數也。

書遇事敢爲，性頗偏愎。初，長沙人李鑑爲盜，知府宋卿論之死。書方巡撫湖廣，發卿贓私，因劾卿故入鑑罪。帝遣大臣按，不如書言。而書時已得幸，乃命逮鑑入京再訊。書遂言：「臣以議禮犯衆怒，故刑官率右卿而重鑑罪，請敕法司辨雪。」及法司讞上無異詞，帝重違書意，特減鑑死遣戍。其他庇陳洸，排費宏，率恣行私意，爲時論所斥。

弟春、篆。春由庶吉士授御史，巡雲南。以兄爲都御史，改翰林檢討。預修武宗實錄成，當進秩。內閣費宏以春由他官入，與檢討劉夔並擬按察僉事。夔亦故御史，以避兄侍郎龍改授者也。書大怒，疏言：「故事，無纂修書成，出爲外任者。」帝以書故留春，擢修撰，而夔亦留，擢編修。書由是怨宏，數詆諆。及書卒，帝念其議禮功，累進春翰林學士。嘉靖十二年由禮部右侍郎改吏部。詔舉堪翰林者，春欲召還故翰林楊惟聰、陳沂，尙書汪鋐不可，遂有隙。後鋐有所推舉，不與春議，春怒詬鋐。鋐訐春前附楊廷和排議禮諸臣，遂落職。卒於家。

篆爲戶科給事中。黔國公沐崑劾按察使沈恩等，篆與同官李長私語崑奏多誣，長卽劾崑。武宗責長誣重臣，下詔獄。詞連篆，幷繫治謫外，篆得夷陵判官。世宗嗣位，復故官，未上卒。予祭，贈光祿少卿。

霍韜，字渭先，南海人。舉正德九年會試第一。謁歸成婚，讀書西樵山，經史淹洽。世宗踐阼，除職方主事。楊廷和方柄政，韜上言：「閣臣職參機務，今止票擬，而裁決歸近習。輔臣失參贊之權，近習起干政之漸。自今章奏，請召大臣面決施行，講官、臺諫，班列左右，衆議而公駁之。宰相得取善之名，內臣免招權之謗。」因言錦衣不當典刑獄，東廠不當預朝議，撫按兵備官不當以軍功授秩廕，興府護衞軍不當盡取入京概授官職，御史謝源、伍希儒赴難有功不當罷黜，平逆藩功自安慶、南昌外，不當濫敍。帝嘉納之。

及「大禮」議起，禮部尚書毛澄力持考孝宗，韜私爲大禮議駁之。澄貽書相質難，韜三上書極辨其非。已，知澄意不可回，其年十月上疏曰：

按廷議謂陛下宜以孝宗爲父，興獻王爲叔，別擇崇仁王子爲獻王後，考之古禮則不合，質之聖賢之道則不通，揆之今日之事體則不順。

考儀禮喪服章云「斬衰爲所後者」。又云「爲人後者，爲其父母報」。是於所後者，蓋無稱爲父母之說，而於本生父母又無改稱伯叔父母之云也。漢儒不明其義，謬爲邪說曰「爲人後者爲之子」。果如其言，則漢宣帝當爲昭帝後矣。然昭帝從祖也，宣帝從孫也，孫將謂祖爲父，可乎？唐宣宗當爲武宗後矣，然武宗姪也，宣宗叔也，叔反謂姪爲父，可乎？吳諸樊兄弟四人以國相授受，蓋迭相爲後矣，是兄弟自具高曾祖考也，而可乎？故曰考之古禮則不合也。

天下者，天下之天下，非一人所得私也。宋人之告其君曰：「仁宗於宗室中特簡聖明，授以大業，陛下所以負扆端冕，富有四海，子孫萬世相承，皆先帝之德。」蓋謂仁宗以天下授英宗，宜舍本生父母而以仁宗爲父母也。臣以聖賢之道觀之，孟子言舜爲天子，瞽瞍殺人，皋陶執之，舜則竊負而逃，是父母重而天下輕也。若宋儒之說，則天下重而父母輕矣。故曰求之聖賢之道則不通也。

武宗嗣孝宗歷十有六年，孝宗非無嗣也。今强欲陛下重爲孝宗之嗣，何爲也哉？夫陛下爲孝宗子矣，誰爲武宗子乎？孝宗有兩嗣子矣，武宗獨無嗣子，可乎？臣子於君父一也，既不忍孝宗之無嗣，獨忍武宗之無嗣乎？若曰武宗以兄，固得享弟之祀，則孝宗以伯，獨不得享姪之祀乎？既可越武宗直繼孝宗矣，獨不可并越孝宗直繼憲宗乎？武宗無嗣，無可如何矣。孝宗有嗣，復强繼其嗣，而絕興獻之嗣，是於孝宗無所益，而於興獻不大有損乎？故曰揆之今日之事體則不順也。

然臣下之爲此議也，其故有三：曰前代故事之拘也，曰不忘孝宗之德也，曰避迎合之嫌也。今陛下既考孝宗矣，尊興獻王以帝號矣，則將如斯而已乎？臣竊謂帝王之相繼也，繼其統而已矣，固不屑屑於父子之稱也。惟繼其統，則不惟孝宗之統不絕，卽武宗之統亦不絕矣。然則如之何而可乎？惟陛下於興獻王得正父子之稱，以不絕天性之恩。於國母之迎，得正天子之母之禮。復於昭聖太后、武宗皇后處之有其道，事之盡其誠，則於尊尊親親兩不悖矣。

帝得疏喜甚，迫羣議不遽行。而朝士咸指目韜爲邪說。韜意不自得，尋謝病歸。

嘉靖三年，帝議尊崇所生益急，兩詔召韜。韜辭疾不赴，馳疏言：

今日大禮之議，兩端而已。曰崇正統之大義也，曰正天倫之大經也。徒尊正統，其弊至於利天下而棄父母；徒重天倫，其弊至於小加大而卑踰尊。故臣謂陛下宜稱孝宗曰皇伯考，獻帝曰皇考，此天倫之當辨者也。尊崇之議，則姑在所緩，此大統之當崇者也。乃廷議欲陛下上考孝宗，又兼考獻帝，此漢人兩統之失也。本原既差，則愈議愈失。臣之愚慮，則願陛下預防未然之失，毋重將來之悔而已。始陛下尊昭聖皇太后爲母，雖於禮未合，然宮闈之內亦既相安。今一旦改稱，大非人情所堪。願陛下以臣等建議之情，上啓皇太后，必中心悅豫無疑貳之隙。萬一未喩，亦得歸罪臣等，加賜誅斥，然後委曲申請，務得其歡心。陛下朝夕所以承迎其意，慰釋其憂者，亦無所不用其極，庶名分正而嫌隙消，天下萬世無所非議，此臣愚慮者一也。

昭聖之嫡嗣，武宗一人而已。武宗無嗣，莊肅皇后之屬望已矣。臣謂陛下之事昭聖，禮秩雖極尊崇，然其勢日輕。陛下之事聖母，尊稱雖或未至，然其勢日重。故今日廷臣惓惓以尊大統，母昭聖爲請者，蓋預防陛下將來之失，而追報孝宗之職分也。臣嘗伏讀明詔，正統大義，不敢有違，知陛下尊昭聖，敬莊肅，此心可上質天地，下信士庶矣。但恐左右之人不達聖意，妄生疑間，或以彌文小節，遂構兩宮之隙，此不可不早慮而預防之也。願陛下以臣等建議之情，上啓聖母曰，昭聖皇太后實大統嫡宗，至尊無對，伏願聖母時自謙抑，示尊敬至意。莊肅皇后母儀天下十六年，聖母接見之儀，不可輕忽，凡正旦、賀壽，聖母每致謙讓不敢受納之意，俾宮闈大權一歸昭聖，而聖母若無與焉，則天下萬世稱頌懿德與天無極。萬一聖母意猶未喩，亦得歸罪臣等，加賜誅斥，然後委曲申請，務得允從，庶宗統正而嫌隙消，天下萬世無所非議，此臣愚慮者二也。

帝深嘉其忠義，趣令趨朝。明年擢少詹事兼侍講學士。韜固辭，且請令六部長貳、翰林、給事、御史俱調外任，練政體；監司、守令政績卓異，卽擢卿丞，有文學者擢翰林；舉貢入仕皆得擢翰林，陞部院，不宜困資格。帝不允辭，趣令赴職。下其奏於有司，悉格不用。

六年，還朝，命直經筵日講。韜自以南音力辭日講，請撰古今政要及詩書直解以進。帝褒許之。其年九月遷詹事兼翰林學士，韜復固辭，言：「自楊榮、楊士奇、楊溥以及李東陽、楊廷和顓權植黨，籠翰林爲屬官，中書爲門吏，故翰林遷擢不由吏部，而中書至有進秩尚書者。臣嘗建議，謂翰林去留，盡屬吏部，庶不陰倚內閣爲腹心，內閣亦不陰結翰林爲羽翼。且欲京官補外以均勞逸，議未卽行，躬自蹈之，而又躐居學士徐縉上，何愧如之。」帝優詔不允。

明年四月進禮部右侍郎。韜力辭，且舉康海、王九思、李夢陽、魏校、顏木、王廷陳、何瑭自代，帝不允。再辭，乃允之。六月，「大禮」成，超拜禮部尚書，掌詹事府事。韜因言翰林院修書遷官、日講廕子、及巡撫子弟廕武職之非，而以爲己不能力挽，不可隨衆趨。且稱給事中陳洸冤，薦監生陳雲章才可用。帝優詔褒答，不允辭。韜復奏曰：「今異議者謂陛下特欲尊崇皇考，遂以官爵餌其臣，臣等二三臣苟圖官爵，遂阿順陛下之意。臣嘗自慨，若得禮定，決不受官，俾天下萬世知議禮者非利官也。苟疑議禮者爲利官，則所議雖是，彼猶以爲非，何以塞天下口。」因固辭不拜，帝猶不允。三辭，乃允之。

韜先後薦王守仁、王瓊諸人，帝皆納用。嘗因災異陳時弊十餘事，多議行。張璁、桂蕚之罷政也，韜謂言官陸粲等受楊一淸指使，兩疏力攻一淸，奪其職，而璁、蕚召還。帝從夏言議，將分祀天地，建二郊，韜極言其非。帝不悅，責韜罔上自恣。言亦疏辨，力詆韜。韜素護前自遂，見帝怒，不敢辨，乃遺言書，痛詆之，復錄其書送法司。言怒，疏陳其狀，且劾韜無君七罪，幷以其書進呈。帝大怒，責韜謗訕君上，醜正懷邪，遂下都察院獄。韜從獄中上書祈哀，璁亦再申救，帝皆不納。南京御史鄧文憲言，宜察韜心，容其戇，且天地分祀是置父母異處，郊外親蠶是廢內外防閑。帝怒，謫之邊方。韜繫獄踰月，帝終念其議禮功，令輸贖還職。尋以母喪歸。廣東僉事龔大稔訐韜及方獻夫居鄉不法事，大稔反被遠削籍。

十二年，韜起歷吏部左、右侍郎。時部事多主於尙書，兩侍郎率不預。韜爭於尙書汪鋐，侍郎始獲參部事。韜素剛愎，屢與鋐爭，鋐等亦嚴憚之。既而鋐罷，帝久不置尙書，以韜掌部事。閣臣李時傳旨，用鴻臚卿王道中爲順天府丞。韜言：「輔臣承天語無可疑，然臣等猶當奏請，用杜矯僞。」因守故事，列道中及應天府丞郭登庸二人名上。帝嘉其守法，乃用登庸，而改道中大理少卿。久之，出韜爲南京禮部尙書。

順天府尹劉淑相坐所親贓私被鞫，疑禮部尙書夏言姻通判費完陷之，訐言請屬事。帝怒，下淑相詔獄。淑相與韜善，言亦疑韜主之，遂訐韜扈蹕謁陵，遠遊銀山寺大不敬。韜自訴，因論言：「請謚故少師費宏爲文憲，不敍宏累被劾狀，按律，增減緊關情節者斬。且『憲』乃純皇帝廟號，人臣安得用。」會南京給事中曾鈞騎馬，不避尙書劉龍、潘珍轎，龍與鈞互訐奏。韜劾鈞，且請禁小臣乘轎。給事中李充濁、曹邁等交章，言近侍之臣不當避道，雜擧公會宴次得與尙書同列以證，語頗侵韜。韜疑充濁倚言爲內主，訐充濁爲奸黨，復摭言他事。言益怒，奏韜大罪十餘事。且言彭時、宋濂皆於正德間謚文憲，不避廟號，韜陋不知故事。帝方不直韜，淑相復從獄中摭言他事，帝益怒，考訊之。辭服韜主使，乃斥淑相爲民，降韜俸一級。當議乘轎時，言被劾不預，都御史王廷相會禮部侍郎黃宗明、張璧請禁飭小臣如韜奏，而南京諸給事、御史自如。韜以爲言，帝復申飭，衆情滋不悅。曹邁及同官尹相等遂與韜忿爭。相劾韜遷南部怨望，擅取海子魚，與鄉人羣飮郊壇松下；侍郎袁宗儒期喪不當進表，逼使行。韜上疏自理。下廷議。帝爲停韜俸四月，相等亦停二月。

韜既與言交惡，及言柄用，韜每欲因事陷之。上言：「頃吏部選劉文光等爲給事中，尋忽報罷，人皆曰閣臣抑之。給事中李鶴鳴考察謫官，尋復故，人皆曰賄得。宜諭吏部毋受當事頤指，使天下知威福出朝廷，而大臣有李林甫、秦檜者，不得播弄於左右。」其意爲言發也。於是鶴鳴上疏自白，並摭韜居鄉不法諸事。帝兩置之。無何，韜劾南京御史龔湜、郭本。湜等自辨，亦劾韜。帝並置不問。

十八年簡補宮僚，命韜以太子少保、禮部尚書協掌詹事府事。疏辭加秩，且詆大臣受祿不讓，晉秩不辭，或有狐鼠鑽結，陰固寵權，怨氣召災，實有所自。其意亦爲言發。既屢擊言不勝，最後見郭勛與言有隙，乃陰比勛，與共齮齕言。時中外訛言帝復南幸，韜因顯頌勛，言：「六飛南狩時，臣下多納賄不法。文官惟袁宗儒，武官惟郭勛不受饋。今訛言復播，宜有以禁戢之。」帝既下詔安羣情，乃詰韜曰：「朕昨南巡，卿不在行，受賄事得自何人？據實以奏。」韜對，請問諸郭勛。帝責其支詞，務令指實。韜窘，乃言：「扈從諸臣無不受餽遺，折取夫隸直者，第問之夏言，令自述。至各官取賄實跡，勛具悉始末，當不欺。如必欲臣言，請假臣風憲職，循途按之，當備列以奏。」章下所司。韜懼不當帝旨，尋赴京，列所遇進鮮船內臣貪橫狀，帝亦不問。明年十月卒於官，年五十有四。贈太子太保，謚文敏。

韜學博才高，量褊隘，所至與人競。帝頗心厭之，故不大用。先後多所建白，亦頗涉國家大計。且嘗薦「大禮」大獄得罪諸臣，及廢籍李夢陽、康海等。在南都，禁喪家宴飲，絕婦女入寺觀，罪娼戶市良人女，毀淫祠，建社學，散僧尼，表忠節。既去，士民思之。始與璁、萼結，既而比郭勛。舉進士出毛澄門下，素執弟子禮，議禮不合，遂不復稱爲座主。及總裁己丑會試，亦遂不以唐順之等爲門生。其議禮時，詆司馬光。後議薛瑄從祀，至追論光不可祀孔廟。其不顧公論如此。

子與瑕，舉進士。授慈谿知縣。鄢懋卿巡鹽行部，與瑕不禮，爲所劾罷。起知鄞縣，終廣西僉事。

熊浹，字悅之，南昌人。正德九年進士。授禮科給事中。寧王宸濠將爲變，浹與同邑御史熊蘭草奏，授御史蕭淮上之。濠倉卒舉事，卒敗，本兩人早發之力。出核松潘邊餉。副總兵張傑倚江彬勢，贓累鉅萬，誘殺熟番上功啓邊釁，箠死千戶以下至五百人。又嘗率家衆遮擊副使胡灃。撫、按莫敢言。浹至，盡發其狀，傑遂褫職。

世宗踐阼，廷議追崇禮未定。浹馳疏言：「陛下起自藩服，入登大寶，倘必執爲後之說，考孝宗而母慈壽，則興獻母妃當降稱伯叔父母矣。不知陛下承懽內庭時，將仍舊稱乎，抑改而從今稱乎？若仍舊稱，而不得尊之爲后，則於慈壽徒有爲後之虛文，於母妃則又缺尊崇之大典，無一而可也。臣愚謂興獻王尊以帝號，別建一廟，以示不敢上躋於列聖。母妃則尊爲皇太后，而少殺其徽稱，以示不敢上同於慈壽。此於大統固無所妨，而天性之恩亦得以兼盡。」疏至，會興王及妃已稱爲帝后，下之禮官。

嘉靖初，由右給事中出爲河南參議。外艱歸。六年，服闋，召修明倫大典。超擢右僉都御史，協理院事。明年四月遷大理寺卿，俄遷右副都御史。大典成，轉左。八年二月遂擢右都御史，掌院事。

京師民張福訴里人張柱殺其母，東廠以聞，刑部坐柱死。不服，福姊亦泣訴官，謂母福自殺之，其鄰人之詞亦然。詔郎中魏應召覆按，改坐福。東廠奏法司妄出人罪，帝怒，下應召詔獄。浹是應召議，執如初。帝愈怒，褫浹職。給事中陸粲、劉希簡爭之，帝大怒，並下兩人詔獄。侍郎許讚等遂抵柱死，應召及鄰人俱充軍，杖福姊百，人以爲冤。當是時，帝方深疾孝、武兩后家，柱實武宗后家夏氏僕，故帝必欲殺之。

浹家居十年。至帝幸承天與近臣論舊人，乃召爲南京禮部尚書，改兵部，參贊機務。二十一年召爲兵部尚書，掌都察院事。居二年，代許讚爲吏部尚書。

帝於禁中築乩仙臺，間用其言決威福，浹論其妄。帝大怒，欲罪之，以前議禮故不遽斥。二品六年滿，加太子太保，坐事奪俸者再。浹知帝意終不釋，遂稱病乞休。帝大怒，褫職爲民。又十年卒。

浹少有志節，自守嚴。雖由議禮顯，然不甚黨比，尤愛護人才。故其去吏部也，善類多思之。隆慶初，復官，予祭葬，謚恭肅。

黃宗明，字誠甫，鄞人。正德九年進士。除南京兵部主事，進員外郎。嘗從王守仁論學。寧王宸濠反，上江防三策。武宗南征，抗疏諫，尋請告歸。

嘉靖二年起南京刑部郎中。張璁、桂萼爭「大禮」，自南京召入都，未上。三年四月，璁、萼、黃綰及宗明聯疏奏曰：「今日尊崇之議，以陛下與爲人後者，禮官附和之私也。以陛下爲入繼大統者，臣等考經之論也。人之言曰，兩議相持，有大小衆寡不敵之勢。臣等則曰，惟理而已。大哉舜之爲君，視天下悅而歸己，猶草芥也，惟不順於父母，如窮人無所歸。今言者徇私植黨，奪天子之父母而不顧，在陛下可一日安其位而不之圖乎？此聖諭令廷臣集議，終日相視莫敢先發者，勢有所壓，理有所屈故也。臣等大懼欺蔽因循，終不能贊成大孝。陛下何不親御朝堂，進百官而詢之曰：『朕以憲宗皇帝之孫，孝宗皇帝之姪，獻帝之子，遵太祖兄終弟及之文，奉武宗倫序當立之詔，入承大統，非與爲人後者也。前者未及詳稽，遽詔天下，尊孝宗皇帝爲皇考，昭聖太后爲聖母，而與獻帝后別加本生之稱，朕深用悔艾。今當明父子大倫，繼統大義，改稱孝宗爲皇伯考，昭聖爲皇伯母，而去本生之稱，爲皇考恭穆獻皇帝，聖母章聖皇太后，此萬世通禮。爾文武廷臣尙念父子之親，君臣之義，與朕共明大倫於天下。』如此，在朝百工有不感泣而奉詔者乎，更以此告於天下萬姓，其有不感泣而奉詔者乎，此卽周禮詢羣臣詢萬民之意也。」奏入，帝大悅，卒如其言。宗明亦遂蒙帝眷。

明年出爲吉安知府，遷福建鹽運使。六年召修明倫大典，以母憂歸。服闋，徵拜光祿卿。十一年擢兵部右侍郎。其冬，編修楊名以劾汪鋐下詔獄，詞連同官程文德，亦坐繫。詔書責主謀者益急。宗明抗疏救，且曰：「連坐非善政。今以一人妄言，必究主使，廷臣孰不懼。況名搒掠已極，當嚴冬或困斃，將爲仁明累。」帝大怒，謂宗明卽其主使，並下詔獄，謫福建右參政。帝終念宗明議禮功，明年召拜禮部右侍郎。

遼東兵變，捶辱巡撫呂經。而帝務姑息，納鎮守中官王純等言，將逮經。宗明言：「前者遼陽之變，生於有激。今重賦苛徭悉已釐正，廣寧復變，又誰激之？法不宜復赦。請令新撫臣韓邦奇勒兵壓境，揚聲討罪，取其首惡，用振國威，不得專事姑息。」帝不從，經卒被逮。宗明尋轉左侍郎，卒於官。

初，議禮諸臣恃帝恩眷，驅駕氣勢，恣行胸臆。宗明雖由是驟顯，持論頗平，於諸人中獨無畏惡之者。

黃綰，字宗賢，黃巖人，侍郎孔昭孫也。承祖廕官後府都事。嘗師謝鐸、王守仁。嘉靖初，爲南京都察院經歷。

張璁、桂萼爭「大禮」，帝心嚮之。三年二月，綰亦上言曰：「武宗承孝宗之統十有六年，今復以陛下爲孝宗之子，繼孝宗之統，則武宗不應有廟矣。是使孝宗不得子武宗，乃所以絕孝宗也。由是，使興獻帝不得子陛下，乃所以絕興獻帝也。不幾於三綱淪，九法斁哉！」奏入，帝大喜，下之所司。其月，再上疏申前說。俄聞帝下詔稱本生皇考，復抗疏極辨。又與璁、萼及黃宗明合疏爭，「大禮」乃定。綰自是大受帝知。及明年，何淵請建世室，綰與宗明斥其謬。尋遷南京刑部員外郎，再謝病歸。帝念其議禮功，六年六月召擢光祿少卿，預修明倫大典。

王守仁中忌者，雖封伯，不給誥劵歲祿；諸有功若知府邢珣、徐璉、陳槐，御史伍希儒、謝源，多以考察黜。綰訟之於朝，且請召守仁輔政。守仁得給賜如制，珣等亦敍錄。綰尋遷大理左少卿。其年十月，璁、萼逐諸翰林於外，引己所善者補之，遂用綰爲少詹事兼侍講學士，直經筵。以任子官翰林，前此未有也。

明年，大典成，進詹事。錦衣僉事聶能遷者，初附錢寧得官，用登極詔例還爲百戶。後附璁、萼議「大禮」，且交關中貴崔文，得復故職。大典成，諸人皆進秩，能遷獨不與，大恨。

囑罷閒主事翁洪草奏，誣王守仁賄席書得召用，詞連緒及璁。緒疏辨，且乞引避。帝優旨留之，而下能還法司，遣之戍，洪亦編原籍爲民。

緒與璁輩深相得。璁欲用爲吏部侍郎，且令典試南京，並爲楊一淸所抑，又以其南音不令與經筵。緒大恚，上疏醜詆一淸而不斥其名。帝心知其爲一淸也，以浮詞責之。其年十月出爲南京禮部右侍郎，徧攝諸部印。十二年召拜禮部左侍郎。

初，緒與璁深相結。至是，夏言長禮部，帝方嚮用，緒乃潛附之，與璁左。其佐南禮部也，郎中鄒守益引疾，詔緒覈實。久不報，而守益竟去。吏部尙書汪鋐希璁指疏發其事，詔奪守益官，令鋐覆覈，鋐遂劾緒欺蔽。璁調旨削三秩出之外。會禮部請祈穀導引官，帝留緒供事。鋐於是再疏攻緒，且掇及他事，帝復命調外。緒上疏自理，因詆鋐爲璁鷹犬，乞賜罷黜以避禍。帝終念緒議禮功，仍留任如故。緒自是顯與璁貳矣。

初，大同軍變，殺總兵官李瑾，據城拒守。總制侍郎劉源淸、提督郤永議屠之。城中恟懼，外勾蒙古爲助，塞上大震。巡撫潘倣急請止兵，源淸怒，馳疏力詆倣。璁及廷議並右源淸，緒獨言非策。及源淸罷，侍郎張瓚往代。未至，而郎中詹榮等已定亂。叛卒未盡獲，軍民瘡痍甚，代王請遣大臣綏輯之。疏下禮部，夏言以爲宜許，而極詆前用兵之謬，語侵璁。璁怒，力持不欲遣。帝委曲諭解之，乃特以命緒，且令察軍情，勘功罪，得便宜行事。

綰馳至大同，宗室軍民牒訴官軍暴掠者以百數，無告叛軍者。綰一無所問，以安其心。有爲叛軍使蒙古歸者，綰執戮之，反側者復相煽。綰大集軍民，曉以禍福。罹害者陳牒，綰佯不問，而密以牒授給振官，按里核實，一日捕首惡數十人。卒尚欽殺一家三人，懼不免，夜鳴金倡亂，無應者，遂就擒。綰復圖形購首惡數人，軍民乃不復虞詿誤。遂令有司樹木柵，設保甲四隅，創社學，敎軍民子弟，城中大安。還朝，列上文武將吏功罪，極詆源清、永。綰以勞增俸一等，璁及兵部庇源清，陰抑綰。綰累疏論，帝亦意嚮之，源清、永卒被逮。綰尋以母憂歸。

十八年，禮官以恭上皇天上帝大號及皇祖謚號，請遣官詔諭朝鮮。時帝方議討安南，欲因以覘之，乃曰：「安南亦朝貢之國，不可以邇年叛服故，不使與聞。其擇大臣有學識者往。」廷臣屢以名上，皆不用。特起綰禮部尚書兼翰林學士爲正使，諭德張治副之。帝方幸承天，趣綰詣行在受命。綰憚往，至徐州先馳使奏疾不能前，致失期。帝責綰不馳赴行在，而舟詣京師爲大不敬，令陳狀，已而釋之。綰數陳便宜，請得節制兩廣、雲、貴重臣，遣給事御史同事，吏、禮、兵三部擇郎官二人備任使。帝悉從之。最後爲其父母請贈，且援建儲恩例請給誥命如其官。帝怒，褫尚書新命，令以侍郎閒住，使事亦竟寢。久之卒於家。

綰起家任子，致位卿貳。初附張璁，晚背璁附夏言，時皆以傾狡目之。

方「大禮」之興也，首繼璁上疏者爲襄府棗陽王祐楒。其言曰：「孝廟止宜稱『皇伯考』，聖父宜稱『皇考興獻大王』。即興國之陵廟祀用天子禮樂，祝稱孝子皇帝某。聖母宜上徽號稱太妃，迎養宮中。庶繼體之道不失，天性之親不泯。」時世宗登極歲之八月也。自時厥後，諸希寵干進之徒，紛然而起。失職武夫、罷閒小吏亦皆攘臂努目，抗論廟謨。即璁、萼輩亦羞稱之，不與爲伍。故自璁等八人外，率無殊擢。至致仕教諭王价，遂請加諸臣貶竄誅戮之刑，懲朋黨欺蔽之罪。而最陋者南京刑部主事歸安陸澄。初極言追尊之非，逮服闋入都，明倫大典已定，璁、萼大用事，澄乃言初爲人誤，質之臣師王守仁乃大悔恨。萼悅其言，請除禮部主事。而帝見澄前疏惡之，謫高州通判以去。

嘉靖四年七月，席書將輯大禮集議，因言：「近題請刊布，多繫建言於三年以前，若臣書及璁、萼、獻夫、韜，所正取者不過五人。禮科右給事中熊浹、南京刑部郎中黃宗明、都察院經歷黃綰、通政司經歷金述、監生陳雲章、儒士張少連及楚王、棗陽王二宗室外，所附取者不過六人。有同時建議，若監生何淵、主事王國光、同知馬時中、巡檢房濬，言或未純，義多未正，亦在不取。其他罷職投閒之夫，建言於璁、萼等召用後者，皆望風希旨，有所覬覦，亦一切不錄。其錦衣百戶聶能遷、昌平致仕教諭王价建言三年二三月，未經採入。今二臣奏乞附名，應如其請。」帝從之。因詔「大禮」已定，自今有假言陳奏者，必罪不宥。

至十二年正月，蒲州諸生秦鏜伏闕上書，言：「孝宗之統訖於武宗，則獻皇帝於孝宗實爲兄終弟及。陛下承獻皇帝之統，當奉之於太廟，而張孚敬議禮，乃別創世廟以祀之，使不得預昭穆之次，是幽之也。」又謂：「分祀天地日月於四郊，失尊卑大小之序。去先師王號，撤其塑像，損其禮樂，增啓聖祠，皆非聖祖之意。請復其初。」帝得奏，大怒。責以毀上不道，下詔獄嚴訊，令供主謀。鏜服妄議希恩，實無主使者。乃坐妖言律論死，繫獄。其後又從豐坊之請，入廟稱宗，以配上帝，則璁輩已死，不及見矣。

贊曰：席書等亦由議禮受知，而持論差平。然事以激成，末流多變。蓋至入廟稱宗，則亦非諸人倡議之初心矣。書、韜在官頗有所建樹，淶、宗明能自斂戢，時論爲優。至綰之傾狡，乃不足道矣。

明史卷一百九十八

列傳第八十六

楊一清　王瓊　彭澤　毛伯溫 汪文盛 鮑象賢　翁萬達

楊一清，字應寧，其先雲南安寧人。父景，以化州同知致仕，攜之居巴陵。少能文，以奇童薦爲翰林秀才。憲宗命內閣擇師教之。年十四舉鄉試，登成化八年進士。父喪葬丹徒，遂家焉。

服除，授中書舍人。久之，遷山西按察僉事，以副使督學陝西。一清貌寢而性警敏，好談經濟大略。在陝八年，以其暇究邊事甚悉。入爲太常寺少卿，進南京太常寺卿。

弘治十五年用劉大夏薦，擢都察院左副都御史，督理陝西馬政。西番故饒馬，而仰給中國茶飲以去疾。太祖著令，以蜀茶易番馬資軍中用。久而寖弛，奸人多挾私茶闌出爲利，番馬不時至。一清嚴爲禁，盡籠茶利於官，以服致諸番，番馬大集。會寇大入花馬池，帝命一清巡撫陝西，仍督馬政。甫受事，寇已退。乃選卒練兵，創平虜、紅古二城以援固原，築垣瀕河以捍靖虜，劾罷貪庸總兵武安侯鄭宏，裁鎮守中官冗費，軍紀肅然。

武宗初立，寇數萬騎抵固原，總兵曹雄軍隔絕不相聞。一清帥輕騎自平涼晝夜行，抵雄軍為之節度，多張疑兵脅寇，寇移犯隆德。一清夜發火礮，響應山谷間。寇疑大兵至，遁出塞。一清以延綏、寧夏、甘肅有警不相援，患無所統攝，請遣大臣兼領之。大夏請即命一清總制三鎮軍務。尋進右都御史。一清遂建議修邊，其略曰：

陝西各邊，延綏據險，寧夏、甘肅扼河山，惟花馬池至靈州地寬延，城堡復疏。寇毀牆入，則固原、慶陽、平涼、鞏昌皆受患。成化初，寧夏巡撫徐廷璋築邊牆綿亙二百餘里。在延綏者，余子俊修之甚固。由是，寇不入套二十餘年。後邊備疏，牆塹日夷。弘治末至今，寇連歲侵略。都御史史琳請於花馬池、韋州設營衞，總制尚書秦紘僅修四五小堡及靖虜至環慶治塹七百里，謂可無患。不一二年，寇復深入。是紘所修不足捍敵。臣久官陝西，頗諳形勢。寇動稱數萬，往來倏忽。未至徵兵多擾費，既至召援輒後時。欲戰則彼不來，持久則我師坐老。臣以為防邊之策，大要有四：修濬牆塹，以固邊防；增設衞所，以壯邊兵；經理靈、夏，以安內附；整飭韋州，以遏外侵。

今河套即周朔方，漢定襄，赫連勃勃統萬城也。唐張仁愿築三受降城，置烽堠千八百所，突厥不敢踰山牧馬。古之舉大事者，未嘗不勞於先，逸於後。夫受降據三面險，當千里之蔽。國初舍受降而衞東勝，已失一面之險。其後又輟東勝以就延綏，則以一面而遮千餘里之衝，遂使河套沃壤爲寇巢穴。深山大河，勢乃在彼，而寧夏外險反南備河。此邊患所以相尋而不可解也。誠宜復守東勝，因河爲固，東接大同，西屬寧夏，使河套方千里之地，歸我耕牧，屯田數百萬畝，省內地轉輸，策之上也。如或不能，及今增築防邊，敵來有以待之，猶愈無策。

因條具便宜：延綏安邊營石澇池至橫城三百里，宜設墩臺九百座，暖譙九百間，守軍四千五百人；石澇池至定邊營百六十三里，平衍宜牆者百三十一里，險崖峻阜可剷削者三十二里，宜爲墩臺，連接寧夏東路；花馬池無險，敵至仰客兵，宜置衞；興武營守禦所兵不足，宜召募；自環慶以西至寧州，宜增兵備一人；橫城以北，黃河南岸有墩三十六，宜修復。帝可其議。大發帑金數十萬，使一清築牆。而劉瑾憾一清不附己，一清遂引疾歸。其成者，在要害間僅四十里。瑾誣一清冒破邊費，逮下錦衣獄。大學士李東陽、王鏊力救得解。仍致仕歸，先後罰米六百石。

安化王寘鐇反。詔起一清總制軍務，與總兵官神英西討，中官張永監其軍。未至，一清故部將仇鉞已捕執之。一清馳至鎮，宣布德意。張永旋亦至，一清與結納，相得甚歡。

知永與瑾有隙，乘間扼腕言曰：「賴公力定反側。然此易除也，如國家內患何。」永曰：「何謂也？」一清遂促席畫掌作「瑾」字。永難之曰：「是家晨夕上前，枝附根據，耳目廣矣。」一清慷慨曰：「公亦上信臣，討賊不付他人而付公，意可知。今功成奏捷，請間論軍事，因發瑾奸，極陳海內愁怨，懼變起心腹。上英武，必聽公誅瑾。瑾誅，公益柄用，悉矯前弊，收天下心。呂强、張承業暨公，千載三人耳。」永曰：「脫不濟，奈何？」一清曰：「言出於公必濟。萬一不信，公頓首據地泣，請死上前，剖心以明不妄，上必爲公動。苟得請，卽行事，毋須臾緩。」於是永勃然起曰：「嗟乎，老奴何惜餘年不以報主哉！」竟如一清策誅瑾。永以是德一清，左右之，得召還，拜戶部尚書。論功，加太子少保，賜金幣。尋改吏部。

一清於時政最通練，而性闊大。愛樂賢士大夫，與共功名。凡爲瑾所搆陷者，率見甄錄。朝有所知，夕卽登薦，門生徧天下。嘗再帥關中，起偏裨至大將封侯者，累累然不絕。饋謝有所入，緣手卽散之。大盜躪中原，一清疏請命將調兵。前後凡數上，皆報可。盜平，加少保、太子太保，廕錦衣百戶。再推內閣，不用。用尚書靳貴，而進一清少傅、太子太傅。給事中王昂論選法弊，指一清植私黨，帝爲謫昂。一清更申救，優旨報聞。乾清宮災，詔求直言。一清上書言視朝太遲，享祀太慢，西內創梵宇，禁中宿邊兵，畿內皇店之害，江南織造之擾。因引疾乞歸，帝慰留之。大學士楊廷和憂去，命一清兼武英殿大學士入參機務。

張永尋得罪罷，而義子錢寧用事。寧故善一清，有搆之者因蓄怨。會災異，一清自劾，極陳時政，中有「狂言惑聖聽，匹夫搖國是，禁廷雜介冑之夫，京師無藩籬之託」語，譏切近倖，帝弗省。寧與江彬輩聞之，大怒。使優人於帝前爲蜚語，刺譏一清。時有考察罷官者，嗾武學生朱大周訐一清陰事，而以寧爲內主。給事御史周金、陳軾等交章劾大周妄言，請究主使，帝不聽。一清乃力請骸骨歸，賜敕褒諭，給夫廩如制。帝南征，幸一清第，樂飲兩晝夜，賦詩賡和以十數。一清從容諷止，帝遂不爲江、浙行。

世宗爲世子時，獻王嘗言楚有三傑，劉大夏、李東陽及一清也，心識之。及卽位，廷臣交薦一清，乃遣官賜金幣存問，諭以宣召期，趣使有言。一清陳謝，特予一子官中書舍人。嘉靖三年十二月戊午詔一清以少傅、太子太傅改兵部尚書、左都御史，總制陝西三邊軍務。故相行邊，自一清始。溫詔褒美，比之郭子儀。一清至是三爲總制，部曲皆踴躍喜。亦不刺竄西海，爲西寧洮河害，金獻民言撫便，獨一清請剿。土魯番求貢，陳九疇欲絕之，一清則請撫。時帥諸將肄習行陣，嘗曰：「無事時當如有事隄防，有事時當如無事鎭靜。」

會張璁等力排費宏，御史吉棠因請還一清內閣。給事中章僑、御史侯秩等爭之。帝譎秩官，召一清爲吏部尚書、武英殿大學士。既入見，加少師，仍兼太子太傅，非故事也。亡何，獻皇帝實錄成，加太子太師、謹身殿大學士。一清以不預纂修辭，不許。王憲奏捷，推功一清，加特進左柱國、華蓋殿大學士。費宏已去，一清遂爲首輔。帝賜銀章二，曰「耆德忠正」，曰「繩愆糾違」，令密封言事。與張璁論張永前功，起爲提督團營。給事中陸粲請增築邊牆，推明一清曩時議，一清因力從臾之。帝爲發帑金，命侍郎王廷相往，然久之亦竟止。明倫大典成，加正一品俸。

初，「大禮」議起，一清方家居，見張璁疏，寓書門人喬宇曰：「張生此議，聖人復起，不能易也。」又勸席書早赴召，以定大議。璁等既驟顯，頗引一清。帝亦以一清老臣，恩禮加渥。免常朝日講侍班，朔望朝參，令晨初始入閣視事。御書、和章及金幣、牢醴之賜甚渥。所言邊事、國計，大小無不傾聽。

璁與桂萼既攻去費宏，意一清必援己，一清顧請召謝遷，心怨之。遷未至，璁已入內閣，多所更建。一清引故事稍裁抑，其黨積不平。錦衣聶能遷訐璁，璁欲置之死，一清不可。璁怒，上疏陰詆一清，又嗾黃綰排之甚力。一清疏辨，言璁以能遷故排己，且傍及璁他語。因乞骸骨。帝爲兩解之。一清又因災變請戒飭百官和衷，復乞宥議禮諸臣罪，璁益憾。桂萼入內閣，亦不相能。一清屢求去，且言：「今持論者尚紛更，臣獨主安靜；尚刻覈，臣獨主寬平。用是多齟齬，願避賢者路。」帝復溫旨襃之。而給事中王準、陸粲發璁、萼招權納賄狀，帝立罷璁、萼，且暴其罪。其黨霍韜攘臂曰：「張、桂行，勢且及我。」遂上疏力攻一清，言其受張永、蕭敬賄。一清再疏辨，乞罷。帝雖慰留之，而璁復召還，韜攻益急，且言法司承一清風指，搆成蕚罪。帝果怒，令法司會廷臣雜議。出刑部尚書周倫於南京，以侍郎許讚代。讚乃實韜言，請削一清籍，帝令一清自陳。璁乃三上密疏，引一清贊禮功，乞賜寬假，實以堅帝意俾之去。帝果允致仕，馳驛歸，仍賜金幣。明年，璁等搆朱繼宗獄，坐一清受張永弟容金錢，爲永誌墓，又與容世錦衣指揮，遂落職閒住。一清大恨曰：「老矣，乃爲孺子所賣！」疽發背死。遺疏言身被汚衊，死且不瞑，帝令釋贓罪不問。後數年復故官。久之，贈太保，謚文襄。

一清生而隱宮，貌寺人，無子。博學善權變，尤曉暢邊事。羽書旁午，一夕占十疏，悉中機宜。人或訾己，反薦揚之。惟晚與璁、蕚異，爲所軋，不獲以恩禮終。然其才一時無兩，或比之姚崇云。

王瓊，字德華，太原人。成化二十年進士。授工部主事，進郎中。出治漕河三年，臚其事爲志。繼者按稽之，不爽毫髮，由是以敏練稱。改戶部，歷河南右布政使。正德元年擢右副都御史督漕運。〔一〕明年入爲戶部右侍郎。衡府有賜地，蕪不可耕，勒民出租以爲常，王反誣民趙賢等侵據。瓊往按，奪旁近民地予之，賢等戍邊，民多怨者。三年春，廷推吏部侍郎，前後六人，皆不允。最後以瓊上，許之。坐任戶部時邊臣借太倉銀未償，所司奏遲，尚書顧佐奪俸，而瓊改南京。已，復改戶部。八年進尚書。瓊爲人有心計，善鈎校。爲郎時悉錄故牘條例，盡得其斂散盈縮狀。及爲尚書，益明習國計。邊帥請芻糗，則屈指計某倉、某場庤糧草幾何，諸郡歲輸、邊卒歲採秋青幾何，曰：「足矣。重索妄也。」人益以瓊爲才。

十年代陸完爲兵部尚書。時四方盜起，將士以首功進秩。瓊言：「此嬴秦弊政。行之邊方猶可，未有內地而論首功者。今江西、四川妄殺平民千萬，縱賊貽禍，皆此議所致。自今內地征討，惟以蕩平爲功，不計首級。」從之。帝時遠遊塞外，經歲不還，近畿盜竊發。瓊請於河間設總兵一人，大名、武定各設兵備副使一人，責以平賊，而檄順天、保定兩巡撫，嚴要害爲外防，集遼東、延綏士馬於行在，以護車駕。中外恃以無恐。孝豐賊湯麻九反，有司請發兵剿。瓊請密敕勘糧都御史許廷光，出不意擒之，無一脫者。四方捷奏上，多推功瓊，數受廕賚，累加至少師兼太子太師，子錦衣世千戶。及營建乾清宮，又廕錦衣千戶者二，寵遇冠諸尚書。

十四年，寧王宸濠反。瓊請敕南和伯方壽祥督操江兵防南都，南贛巡撫王守仁、湖廣巡撫秦金各率所部趨南昌，應天巡撫李充嗣鎮京口，淮揚巡撫叢蘭扼儀眞。奏上，帝意欲親征，持三日不下。大學士楊廷和趣之，竟下親征詔，命瓊與廷和等居守。先是，瓊用王守仁撫南、贛，假便宜提督軍務。比宸濠反，書聞，舉朝惴惴。瓊曰：「諸君勿憂，吾用王伯安贛州，正爲今日，賊旦夕擒耳。」未幾，果如其言。

瓊才高，善結納。厚事錢寧、江彬等，因得自展，所奏請輒行。其能爲功於兵部者，亦彬等力也。陸完敗，代爲吏部尚書。瓊忌彭澤平流賊，聲望出己上，搆於錢寧，中澤危法。又陷雲南巡撫范鏞、甘肅巡撫李昆、副使陳九疇於獄，中外多畏瓊。而大學士廷和亦以瓊所誅賞，多取中旨，不關內閣，弗能堪。明年，世宗入繼，言官交劾瓊，繫都察院獄。瓊力訐廷和，帝愈不直瓊，下廷臣雜議。坐交結近侍律論死，命戍莊浪。瓊復訴年老，改戍綏德。

張璁、桂萼、霍韜用事，以瓊與廷和讎，首薦之，不納。至嘉靖六年有邊警，萼力請用瓊，不果。帝亦憫瓊老病，令還籍爲民。御史胡松因劾萼謫外任，其同官周在請宥松，並下詔獄。萼復言瓊前攻廷和，故廷臣羣起排之。帝乃命復瓊尙書待用。明年遂以兵部尙書兼右都御史代王憲督陝西三邊軍務。

土魯番據哈密，廷議閉關絕其貢，四年矣。至是，其將牙木蘭爲酋速檀滿速兒所疑，率衆二千求內屬。沙州番人帖木哥、土巴等，素爲土魯番役屬者，苦其徵求，亦率五千餘人入附。番人來寇，連爲參將雲昌等所敗。其引瓦剌寇肅州者，遊擊彭濬擊退之。賊既失援，又數失利，乃獻還哈密，求通貢，乞歸羈留使臣，而語多謾。瓊奏乞撫納，帝從兵部尚書王時中議，如瓊請。霍韜難之，瓊再疏請詔還番使，通貢如故。自是西域復定，而北寇常爲邊患。初入犯莊浪，瓊部諸將遮擊之，斬數十級。俄由紅城子入，殺部餉主簿張文明。明年以數萬騎寇寧夏。已又犯靈州，瓊督遊擊梁震等邀斬七十餘人。其秋，集諸道精卒三萬，按行塞下。寇聞，徙帳遠遁。諸軍分道出，縱野燒，耀兵而還。

先是，南京給事中丘九仞劾瓊，帝慰留之。及璁、萼罷政，諸劾璁、萼黨者咸首瓊，乃令致仕。俄寢前詔，遣慰諭。會番大掠臨洮，瓊集兵討若籠、板爾諸族，〔三〕焚其巢，斬首三百六十，撫降七十餘族。錄功，加太子太保。瓊在邊，戎備甚飭。寇嘗入山西得利，踰歲復獵境上，陽欲東，瓊令備其西。寇果入，大敗之。諸番蕩平，西陲益靖。甘肅軍民素苦土魯番侵暴，恐瓊去，相率乞守臣奏留。於是巡撫唐澤、巡按胡明善具陳其功，乞如軍民請。優詔奬之。

初，帝惡楊廷和，疑廷臣悉其黨，故違用桂萼、方獻夫爲吏部。及獻夫去，帝不欲授他人，久不補。至十年冬，遣行人齎敕召瓊爲吏部尚書。南京御史馬敭等十人力詆瓊先朝遺奸。帝大怒，盡逮敭等下詔獄，慰諭瓊。未幾，敭等亦還職。花馬池有警，兵部尚書王憲請發兵。瓊言花馬池備嚴，寇不能入，大軍至，且先退，徒耗中國。憲竟發六千人，比至彰德，寇果遁。明年秋卒官。贈太師，謚恭襄。是年，彭澤已先卒矣。

當正、嘉間，澤、瓊並有才略，相中傷不已，亦迭爲進退。而瓊險忮，公論尤不予。然在本兵時功多。而其督三邊也，人以比楊一清云。

彭澤，字濟物，蘭州人。幼學於外祖段堅，有志節。會試二場畢，聞母病，徑歸，母病亦已。登弘治三年進士，授工部主事，歷刑部郎中。勢豪殺人，澤置之辟。中貴爲祈免，執不聽。出爲徽州知府。澤將遣女，治漆器數十，使吏送其家。澤父大怒，趣焚之，徒步詣徽。澤驚出迓，目吏負其裝。父怒曰：「吾負此數千里，汝不能負數步耶？」入，杖澤堂下。杖已，持裝徑去。澤益痛砥礪。政最，人以方前守孫遇。遇見循吏傳中。父喪歸。

正德初，起知眞定。閹人數撓禁，澤治一棺於廳事，以死怵之，其人不敢逞。遷浙江副使，歷河南按察使，所至以威猛稱。擢右僉都御史，巡撫遼東。進右副都御史，改保定。未赴，而劉惠、趙鐩等亂河南，命澤與咸寧伯仇鉞提督軍務討之。陳便宜十一事，厚賞峻罰，以激勸將吏。澤體幹修偉，腰帶十一圍，大音聲，與人語若叱咤。始至，大陳軍容，引見諸將校，責以畏縮當死。諸將校股栗伏罪，良久乃釋。遂下令鼓行薄賊，大小數十戰，連破之。甫四月，賊盡平，語詳鉞傳。錄功，進右都御史、太子少保，廕子錦衣世百戶。尋代洪鍾總督川、陝諸軍，討四川賊。時鄢本恕、藍廷瑞、廖惠、曹甫已平，惟廖麻子、喻思俸猖獗如故。澤偕總兵官時源數敗賊，部將閻勳追擒麻子於劍州。思俸竄通、巴間，勢復振。澤督諸軍圍之，卒就擒。澤遂移漢中，請班師。未報，而內江、榮昌賊復熾。澤又移師討平之，且平成都亂卒之執知州、指揮者。請班師益力，詔暫留保寧鎮撫。進左都御史、太子太保，廕子如初。

澤復請還者再，乃召還。未行，會土魯番據哈密，執忠順王速檀拜牙郎，[三]以其印去，投謾書甘肅，要索金幣。總制鄧璋、甘肅巡撫趙鑑以聞，請遣大臣經略。大學士楊廷和等共薦澤。澤久在兵間，厭之。以鄉土爲辭，且引疾，推璋及咸寧侯鉞可任。帝優詔慰勉，乃行。澤材武知兵，然性疎闊負氣。經略哈密事頗不當，錢寧、王瓊等交齮齕之，遂因此得罪。澤至甘州，土魯番方寇赤斤、苦峪諸衛，遣使索金幣，請還哈密。澤以番人可利啗也，與鑑謀，遣哈密都督寫亦虎仙以幣二千、銀酒鎗一，賂之，令還哈密城印。未得報，輒奏事平，乞骸骨。召還理院事。巡按御史馮時雍言城未歸，澤不宜遽召。不納。

初，兵部缺尚書，廷臣共推澤，而王瓊得之，且陰阻澤。言官多劾瓊者，由是有隙。澤又使酒常凌瓊，瓊愈欲傾之。澤時時罵錢寧，瓊以語寧，寧未信。瓊乃邀澤飲，匿寧所親屏間，挑澤醉罵使聞之，寧果大怒。會寇大入宣府，廷議以許泰將兵，澤總制東西兩邊軍務。及詔下，罷泰不遣，又不命澤總制，獨令提督兩遊擊兵六千人以行，意以困澤。澤言：「臣文臣，摧鋒陷陣非臣所能獨任。」瓊乃奏遣成國公朱輔。會寇遁，澤還理院事。

寫亦虎仙者，素桀黠。雖居肅州，陰通土魯番酋速檀滿速兒，爲之耳目，據城奪印皆其謀。澤初不知而遣之。滿速兒以城印來歸，留速檀拜牙郎如故。虎仙復啗使入寇，曰：「肅州可得也。」滿速兒悅，使其壻馬黑木隨入貢，以覘虛實，且徵賄。澤已還，鑑亦遷去，李昆代巡撫，慮他變，質其使於甘州，而驅虎仙出關。虎仙懼弗去。滿速兒聞之怒，復取哈密，分兵據沙州，自率萬騎寇嘉峪關。遊擊芮寧與參將蔣存禮禦之。寧以七百人先遇寇沙子壩。寇圍寧，而分兵綴存禮軍。寧軍盡沒，遂墮城堡，縱殺掠。詔澤提督三邊軍務往禦。會副使陳九疇繫其使失拜煙答及虎仙等，內應絕，乃復求和。澤兵遂罷。尋乞骸骨歸，馳驛給夫廩如制。澤既去，瓊追論嘉峪之敗，請窮詰增幣者主名。錢寧從中下其事，大學士梁儲等持之，乃已。會失拜煙答子訟父冤，下法司議，釋寫亦虎仙等。瓊因請遣給事御史勘失事狀，還報無所引。瓊遂劾澤妄增金幣，遺書議和，失信啓釁，辱國喪師，昆、九疇俱宜罪。詔斥澤爲民，昆、九疇逮訊。昆謫官，九疇除名。

世宗入繼，錢寧敗，瓊亦得罪。御史楊秉中請召澤，遂即家起兵部尚書、太子太保。昆、九疇亦復官。部事積壞久，澤覈功罪，杜干請，兵政一新。初，正德時，廷臣建白戎務奉俞旨者，多廢格。澤請臚列成書，次第修舉。又請敕九邊守臣，策防禦方略，毋畫境自保。鎮、巡居中調度，毋相牽制。諸邊各以農隙築牆濬濠，修墩臺，飭屯堡，爲經久計。內地盜甫息，敕守臣練卒伍，立保甲，懲匿盜不舉者。且撫西南諸苗蠻，申海禁，汰京軍老弱。帝咸嘉納。詔遣中官楊金、鄭斌、安川更代鎮守，復令張弼、劉瑤守涼州、居庸。澤持不可，罷弗遣。四川巡撫胡世寧劾分守中官趙欽，澤因請盡罷諸鎮守。時雖不從，其後鎮守竟罷。

嘉靖元年，澤言天下軍官，部皆有帖黃籍，用以黜陟，錦衣獨無，於是置籍如諸衞。錦衣千戶劉瓚等，詔書黜汰，復求還官，司禮中官蕭敬請補監局工匠千五百人，澤皆持不可，帝並從之。帝將授外戚蔣泰等五人爲錦衣，澤爭，不納。在部多所執持。會御史史道以訐楊廷和下獄，澤復劾道。帝因諭言官，惟大奸及機密事專疏奏，餘只具公疏，毋挾私中傷善類。詔下，給事御史交章劾澤阻言路，壞祖宗法。帝乃從吏部言，停前諭。澤不自安，累疏乞休。言者復交劾之，乃加少保，賜敕乘傳歸。錦衣百戶王邦奇憾澤嘗抑己，上書言哈密失國，由澤賂番求和所致，語侵楊廷和、陳九疇等。張璁、桂萼方疾廷和，遂逮九疇廷訊，戍邊。澤復奪官爲民，家居鬱鬱以卒。

總制尚書唐龍言：「澤孝友廉直，先後討平羣盜，功在盟府。陛下起之田間，俾掌邦政。澤孜孜奉國，復爲讒言搆罷。今歿已五年，所遺二妾，衣食不給。請覈澤往勞，復官加卹，以作忠臣之氣。」不從。隆慶初，復官，諡襄毅。

毛伯溫，字汝厲，吉水人。祖超，廣西知府。伯溫登正德三年進士，授紹興府推官。擢御史，巡按福建、河南。世宗卽位，中官張銳、張忠等論死，其黨蕭敬、韋霦陰緩之。伯溫請幷誅敬、霦，中官爲屏氣。

嘉靖初，遷大理寺丞。擢右僉都御史，巡撫寧夏。李福達獄起，坐爲大理時失入，褫職歸。用薦起故官，撫山西，移順天，皆未赴。改理院事，進左副都御史。爲趙府宗人祐棕所訐，解官候勘。已，復褫職。

十五年冬，皇嗣生，將頒詔外國。禮部尚書夏言以安南久失朝貢，不當遣使，請討之。遂起伯溫右都御史，與咸寧侯仇鸞治兵待命。以父喪辭，不許。明年五月至京，上方略六事。會安南世孫黎寧遣陪臣鄭惟僚等愬莫登庸弒逆，請興師復讐。帝疑其不實，命暫緩師，敕兩廣、雲南守臣勘報，而命伯溫協理院事。御史何維柏請聽伯溫終制，不許。伯溫引疾不出，至禫除始起視事。其冬遷工部尚書。

十七年春，黔國公沐朝輔等以登庸降表至，請宥罪許貢。先是，雲南巡撫汪文盛奏登庸聞發兵進討，遣使潛覘。帝已敕遵前詔進兵，文盛又納安南降人武文淵策，具言登庸可破狀，復傳檄安南令奉表獻地。及是，下朝輔奏付廷議，僉言不可許。乃改伯溫兵部尚書兼右都御史，刻期啓行。帝以用兵事重，無必討意，特欲威服之。而兵部尚書張瓚無所畫，視帝意爲可否。朝論多主不當興師，顧不敢顯諫。制下數月，兩廣總督侍郎張經以用兵方略上，且言須兵三十萬，餉百六十萬石。欽州知州林希元則極言登庸易取，請卽日出師。瓚不敢決，復請廷議。議上無成策，帝不懌，讓瓚，師復止。命伯溫仍協理院事。

明年二月，帝幸承天。詔伯溫總督宣、大、山西軍務。俄選宮僚，加兼太子賓客。大同所轄鎭邊、鎭川、弘賜、鎭河、鎭虜五堡，相距二百餘里，極邊近賊帳。自巡撫張文錦以築堡致亂後，無敢議修者。伯溫曰：「變所由生，以任用匪人，非建議謬也。」卒營之。募軍三千防守，給以閒田，永除其賦。邊防賴焉。錄功，加太子少保。

是時登庸懼討，數上表乞降。帝亦欲因撫之，遣侍郎黃綰招諭。綰多所要求，帝怒，罷綰。再下廷議，咸言當討，帝從之。閏七月命伯溫、鸞南征。文武三品以下不用命者，許軍令從事。伯溫等至廣西，會總督張經，總兵官安遠侯柳珣，參政翁萬達、張岳等議，徵兩廣、福建、湖廣狼土官兵凡十二萬五千餘人，分三哨，自憑祥、龍峒、思陵州入；而以奇兵二爲聲援。檄雲南巡撫汪文盛帥兵駐蓮花灘，亦分三道進。部署已定，會鸞有罪召還，即以珣代。十九年秋，伯溫等進駐南寧，檄安南臣民，諭以天朝興滅繼絕之義，罪止登庸父子，舉郡縣降者以其地授之。懸重購購登庸父子，而宣諭登庸籍土地、人民納款，即如詔書宥罪。登庸大懼，遣使詣萬達乞降，詞甚哀。萬達送之伯溫所。伯溫承制許之，宣天子恩威，納其圖籍，幷所還欽州四峒地。權令還國聽命。馳疏以聞，帝大悅。詔改安南國爲安南都統使司，以登庸爲都統使，世襲，置十三宣撫司，令自署置。伯溫受命歲餘，不發一矢，而安南定，由帝本不欲用兵故也。論功，加太子太保。

二十一年正月還朝，復理院事。邊關數有警，伯溫請築京師外城。帝已報可，給事中劉養直言，廟工方興，物力難繼，乃命暫止。其年十月，張瓚卒，伯溫代爲兵部。瓚貪黷，在部八年，戎備盡隳。伯溫會廷臣議上防邊二十四事，軍令一新。言官建議，請覈實新軍、京軍及內府力士、匠役，以裕國儲。伯溫因上宂濫當革者二十餘條，凡錦衣、騰驤諸衞，御馬、內官、尚膳諸監，素爲中貴盤踞者，盡在革中。帝稱善，立命淸汰。宿弊頗釐，而左右近習多不悅。

二十三年秋，順天巡撫朱方以防秋畢請撤客兵。未幾，寇大入，直逼畿輔。帝震怒，并械總督翟鵬遣戍，斃方杖下。御史舒汀言，方止議撤薊兵，而并撤宣、大，則伯溫與職方郎韓最也。帝遂削伯溫籍，杖最八十，戍極邊。伯溫歸，疽發背卒。穆宗立，復官，賜卹。天啓初，追諡襄愍。

伯溫氣宇沉毅，飲啖兼十人。臨事決機，不動聲色。安南之役，萬達、岳策爲多。伯溫力薦於朝，二人遂得任用。

汪文盛，字希周，崇陽人。正德六年進士。授饒州推官。有顧嵩者，挾刃入淮王祐棨府，被執，誣文盛使刺王。下獄訊治，久之得白，還官。事詳淮王傳。入爲兵部主事，偕官諫武宗南巡，杖闕下。嘉靖初，歷福州知府，遷浙江、陝西副使，皆督學校。擢雲南按察使。

十五年冬，廷議將討安南。以文盛才，就拜右僉都御史，巡撫其地。黔國公沐朝輔幼，兵事一決於文盛。副使鮑象賢言剿不如撫，文盛然之。會聞莫登庸已篡位，安南舊臣不服，多據地搆兵。有武文淵者，據宣光，以所部萬人降。獻進兵地圖，且言舊臣阮仁蓮、黎景瑁等皆分據一方與登庸抗，天兵至，號召國中義士，諸方並起，登庸可擒也。文盛以聞。

授文淵四品章服，子弟給冠帶。文盛又招安南旁近諸國助討，皆聽命。乃奏言：「老撾地廣兵衆，可使當一面。八百、車里、孟艮多兵象，可備徵調。酋長俱未襲職，乞免其保勘，先授以官，彼必鼓勇爲用。」帝悉從之。文盛乃檄安南所部以土地歸者，仍故職，幷諭登庸歸命。攻破鎮守營，方瀛救之失利。登庸部衆多來附，文盛列營樹柵蓮花灘處之。蓮花灘者，蒙自縣地，當交、廣水陸衝，爲安南腹裏。登庸益懼，請降，願修貢，因言黎寧阮氏子，所持印亦僞。文盛以聞，朝議不許。既而毛伯溫至南寧，受登庸降如文盛議，安南遂定。是役也，功成於伯溫，然伐謀制勝，文盛功爲多。及論功，伯溫及兩廣鎮巡官俱進秩，而文盛止賚銀幣。奸人唐弼請開大理銀礦，帝許之。文盛斥其妄，下之吏。召爲大理卿。九廟災，道病，自陳疏少緩，令致仕。卒，賜卹如制。

從子宗伊，字子衡，爲文盛後。嘉靖十七年進士。除浮梁知縣，累官兵部郎中。楊繼盛劾嚴嵩及其孫鵠冒功事，宗伊議不撓。忤嵩，自免歸。隆慶初，起南京吏部郎中，歷應天府尹。裁諸司供億，歲省民財萬計。萬曆初，進南京大理卿。三遷戶部尚書總督倉場，致仕，卒。天啓初，追謚恭惠。

鮑象賢，歙人。由進士授御史，歷雲南副使。毛伯溫檄文盛會師，以象賢領中哨。屢遷右副都御史，巡撫陝西，代石簡撫雲南。初，元江土舍那鑑殺知府那憲以叛，布政使徐樾往招降被殺。簡攻之未克，坐樾事罷，而象賢代之。乃集土、漢兵七萬以討，鑑懼，仰藥死，擇那氏後立之。遷兵部右侍郎，總督兩廣軍務。賊魁徐銓等糾倭橫海上，檄副使汪柏等擊斬之。廣西賊黃父將等擾慶遠，擣其巢，大獲。予象賢一子官。入佐南京兵部。被劾，回籍聽勘。家居十年，起太僕卿。復以右副都御史巡撫山東。召拜兵部左侍郎。年老引去。隆慶初卒。

翁萬達，字仁夫，揭陽人。嘉靖五年進士。授戶部主事。再遷郎中，出爲梧州知府。咸寧侯仇鸞鎮兩廣，縱部卒爲虐。萬達縛其尤橫者，杖之。閱四年，聲績大著。會朝議將討安南，擢萬達廣西副使，專辦安南事。萬達請於總督張經曰：「莫登庸大言『中國不能正土官弒逆罪，安能問我。』今憑祥州土舍李寰弒其土官珍，思恩府土目盧回煽九司亂，龍州土舍趙楷殺從子燧、煖，又結田州人韋應殺燧弟寶，斷藤峽瑤侯公丁負固。此曹同惡共濟，一旦約爲內應，我且不自保。先擒此數人問罪，安南易下耳。」經曰：「然，惟君之所爲。」於是誅寰、應，擒回，招還九司，誘殺楷，佯繫訟公丁者紿公丁，執諸坐，以兩軍破平其巢。又議割四峒屬南寧，降峒豪黄賢相。登庸始懼。遷浙江右參政。經以征安南非萬達不可，奏留之，乃命以參政涖廣西。已而毛伯溫集兵進剿，萬達上書伯溫，言：「揖讓而告成功，上策也。懾之以不敢不從，中策也。芟夷絕滅，終爲下策。」伯溫然之。會獲安南諜者丁南傑，萬達解其縛，厚遇，遣之去，怵以天朝兵威。登庸大懼，乃詣伯溫乞降。是役也，萬達功最，賞不逾常格。然帝知其能，遷四川按察使。歷陝西左、右布政使。

二十三年擢右副都御史，巡撫陝西。尋進兵部右侍郎兼右僉都御史，代翟鵬總督宣、大、山西、保定軍務。劾罷宣府總兵官郤永、副總兵姜奭，薦何卿、趙卿、沈希儀。趙卿遂代永。萬達謹偵候，明賞罰。每當防秋，發卒乘障，陰遣卒傾硃於油，察離次者硃其處。卒歸輒縛，毋敢復離次者。嚴殺降禁，違輒抵死。得降人，撫之如所親，以是益知敵情。寇數萬騎犯大同中路，入鐵裹門，故總兵官張達力戰卻之。又犯鵓鴿谷，參將張鳳、諸生王邦直等戰死。萬達與總兵官周尚文備陽和，而遣騎四出邀擊，頗有斬獲。寇登山，見官兵大集，乃引去。事聞，賜敕獎賚。屢疏請修築邊牆，議自大同東路陽和口至宣府西陽河，須帑銀二十九萬。帝已許之，兵部撓其議，以大同舊有二邊，不當復於邊內築牆。帝不聽。乃自大同東路天城、陽和、開山口諸處爲牆百二十八里，堡七，墩臺百五十四；宣府西路西陽河、洗馬林、張家口諸處爲牆六十四里，敵臺十。斬崖削坡五十里。工五十餘日成。進右都御史。發代府宗室充灼等叛謀，進左都御史。

已，會宣、大、山西鎮巡官議上邊防修守事宜，其略曰：

山西起保德州黃河岸，歷偏頭，抵老營，二百五十四里。大同西路起丫角山，歷中北二路，東抵東陽河鎮口臺，六百四十七里。宣府起西陽河，歷中北二路，東抵永寧四海治，千二十三里。凡千九百二十四里，皆逼巨寇，險在外，所謂極邊也。山西老營堡轉南而東，歷寧武、雁門，至平刑關八百里。〔四〕又轉南而東，歷龍泉、倒馬、紫荊之吳王口、插箭嶺、浮圖峪，至沿河口千七十餘里。又東北，歷高崖、白羊，至居庸關一百八十餘里。凡二千五十餘里，皆峻山層岡，險在內，所謂次邊也。外邊，大同最難守，次宣府，次山西之偏、老。大同最難守者，北路。宣府最難守者，西路。山西偏關以西百五十里，恃河爲險，偏關以東百有四里，略與大同西路等。內邊，紫荊、寧武、雁門爲要，次則居庸、倒馬、龍泉、平刑。邇年寇犯山西，必自大同；犯紫荊，必自宣府。

先年山西防秋，止守外邊偏、老一帶，歲發班軍六千人備禦，大同仍置兵，寧、雁爲聲援。比棄極衝，守次邊，非守要之意。宣府亦專備西、中二路，而北路空虛。且連年三鎮防秋，徵調遼、陝兵馬，糜糧賞不訾，恐難持久。併守之議，實爲善經。外邊四時皆防，城堡兵各有分地，冬春徂夏，不必參錯徵發。若泥往事臨時調遣，近者數十里，遠者百餘里，首尾不相應。萬一如往年潰牆而入，越關而南，京師震駭，方始徵調，何益事機。擺邊之兵，未可遽罷。

易曰「王公設險以守其國」。「設」之云者，築垣乘障、資人力之謂也。山川之險，險與彼共。垣塹之險，險爲我專。百人之堡，非千人不能攻，以有垣塹可憑也。修邊之役，必當再舉。

夫定規畫，度工費，二者修邊之事。愼防秋，倂兵力，重責成，量徵調，實邊堡，明出塞，計供億，節財用，八者守邊之事。

因條十事上之，帝悉報許。乃請帑銀六十萬兩，修大同西路、宣府東路邊牆，凡八百里。工成，予一子官。

萬達精心計，善鉤校，牆堞近遠，濠塹深廣，曲盡其宜。寇乃不敢輕犯。牆內戍者得以暇耕牧，邊費亦日省。初，客兵防秋，歲帑金一百五十餘萬，添發且數十萬，其後減省幾半。又議掣山西兵幷力守大同，巡撫孫繼魯沮之。帝爲逮繼魯，悉納萬達言。

萬達更事久，帝深倚之，所請無不從，獨言俺答貢事與帝意左。先是，二十一年，俺答阿不孩使石天爵等款鎭遠堡求貢。言小王子等九部牧青山，豔中國縑帛，入掠止人畜，所得寡，且不能無亡失，故令天爵輸誠。朝議不納。天爵等復至，巡撫龍大有執之。大有進一官，將吏悉遷擢，磔天爵於市。寇怒，大入屠村堡，信使絕五年。會玉林衞百戶楊威爲所掠，威詭能定貢市，遂釋還。俺答阿不孩復遣使款大同左衞塞，邊帥家丁董寶等狃天爵前事，復殺之，以首功報。萬達言：「北敵，弘治前歲入貢，疆埸稍寧。自虞臺嶺之戰覆我師，漸輕中國，侵犯四十餘年。石天爵之事，臣嘗痛邊臣失計。今復通款，卽不許，當善相諭遣。誘而殺之，此何理也。請亟誅寶等，榜塞上，明告以朝廷德意，解其蓄怨搆兵之謀。」帝不聽。

未幾，俺答阿不孩復奉印信番文，欲詣邊陳款。萬達爲奏曰：「今屆秋，彼可一逞。乃屢被殺戮，猶請貢不已者，緣入犯則利在部落，獲貢則利歸其長。處之克當，邊患可弭。若臣等封疆臣，貢亦備，不貢亦備，不緣此懈也。」兵部尙書陳經等言敵難信，請敕邊臣詰實，責萬達十日內回奏。萬達還其使，與約。至期，使者不至。萬達慮帝督過，以使者去無可究爲辭。已而使狎至，牢拒之，好言慰答而已。俺答以通好，散處其衆，不設備，亦不殺哨卒。頃之，復至，詞益恭。萬達又爲奏曰：「敵懇懇求貢，去而復來。今宣、大興版築，正當羈縻，使無擾。請限以地、以人、以時。悉聽，卽許之貢，不聽則曲在彼，卽拒絕之。」帝責其瀆奏，卒不許。蓋是時曾銑有復套之議，夏言主之，故力絀貢議，且以復套事行諸邊臣議之。

萬達議曰：

河套本中國故壤。成祖三犂王庭，殘其部落，舍黃河，衞東勝。後又撤東勝以就延綏，套地遂淪失。然正統、弘治間，我未守，彼亦未取。乃因循畫地守，捐天險，失沃野之利。弘治前，我猶歲搜套，後乃任彼出入，盤據其中，畜牧生養。譬之爲家，成業久矣，欲一舉復之，毋乃不易乎！提軍深入，山川之險易，途徑之迂直，水草之有無，皆未熟知。我馬出塞三日已疲，彼騎一呼可集。我軍數萬衆，緩行持重則備益固，疾行趨利則輜重在後。卽得小利，歸師尙艱。倘失嚮導，全軍殆矣。彼遷徙遠近靡常。一戰之後，彼或保聚，或佯遁，笳角時動，壁壘相持，已離復合，終不渡河。我軍於此，戰耶，退耶，兩相守耶？數萬衆出塞，亦必數萬衆援之，又以驍將通糧道，是皆至難而不可任者也。

夫馳擊者彼所長，守險者我所便。弓矢利馳擊，火器利守險。舍火器守險，與之馳擊於黃沙白草間，大非計。議者欲整六萬衆，爲三歲期。春夏馬瘦，彼弱，我利於征，秋冬馬肥，彼强，我利於守。春蒐套，秋守邊，三舉彼必遠遁，我乃拒河守。夫馬肥瘦，我與敵共之。卽彼弱，然坐以待，懼其擾擊我，及彼强，又懼其報復我。且六萬之衆，千里襲人，一舉失利，議論蜂起，烏能待三。卽三舉三勝，彼敗而守，終不渡河，版築亦無日。

議者見近時搗巢，恒獲首功，昔年城大同五堡，寇不深競，以爲套易復。然搗巢，因其近塞，乘不備，勝則倏歸，舉足南向卽家門。復套，則深入其地，後援不繼，事勢異也。往城諸邊，近我土，彼原不以爲利。套，自其四時駐牧地，肯晏然已乎？事體異也。曰伺彼出套，據河守，先亟築渡口垣牆，以次移置邊堡。彼控弦十餘萬，豈肯空套出。築垣二千餘里，豈不日可成。堡非百數十不相聯絡，堡兵非千人不可居，而遊徼瞭望者不與，當三十萬衆不止也。況循邊距河，動輒千里，一歲食糜億萬。自內輸邊，自邊輸河，飛輓之艱不可不深慮。若令彼有其隙，我乘其敝，從而圖之，未嘗不可。今塞下喘息未定，邊卒瘡痍未起，横挑强寇以事非常，愚所不解也。

議上，不省。

其後，俺答與小王子隙。小王子欲寇遼東，俺答以其謀告，請與中國夾攻以立信。萬達不敢聞。使者再至，爲言於朝，帝不許。

二十七年三月，萬達又言諸部求貢不遂，慚且憤，聲言大舉犯邊，乞令邊臣得便宜從事。帝怒，切責之，通貢議乃絶。其年八月，俺答犯大同不克，退攻五堡，官軍戰彌陀山却之。趨山西，復敗還。踰月，犯宣府，大掠永寧、隆慶、懷來，軍民死者數萬。萬達坐停俸二級，俄錄彌陀山功，還其俸。俺答將復寇宣府，總兵官趙卿怯，萬達奏以周尙文代。未至，寇犯滴水崖，指揮董暘、江瀚、〔五〕唐臣、張淮等戰死，遂南下駐隆慶石河營，分遊騎東掠。遊擊王鑰、大同遊擊袁正卻之，寇移而南。會尙文萬騎至，參將田琦騎千餘與合，連戰曹家莊，斬四首，搴其旗，寇據險不退。萬達督參將姜應熊等馳赴，順風鼓譟，揚沙蔽天。寇驚曰：「翁太師至矣！」是夜東去。諸將追擊，連敗之。帝偵萬達督戰狀，大喜，立進兵部尙書兼右副都御史。尋召理部事。以父憂歸。

明年秋，大同失事，督撫郭宗皐、陳燿被逮，詔起萬達代宗皐。萬達方病疽，廬墓間，疏請終制。未達，而俺答犯都城。兵部尙書丁汝夔得罪，遂卽以萬達代之。萬達家嶺南，距京師八千里，倍道行四十日抵近京。時寇氛熾，帝日夕徯萬達至。遲之，以問嚴嵩。嵩故不悅萬達，言寇患在肘腋，諸臣觀望，非君召不俟駕之義。帝遂用王邦瑞於兵部。不數日萬達至，具疏自明。帝責其欺慢，念守制，姑奪職聽別用。仇鸞時爲大將軍，寵方盛，銜宿怨，讒言搆於帝。萬達遂失眷，降兵部右侍郎兼右僉都御史，經略紫荆諸關。

三十年二月，京察，自陳乞終制。帝疑其避事，免歸。瀕行疏謝，復摘譌字爲不敬，斥爲民。明年十月，兵部尙書趙錦以附仇鸞戍邊，復起萬達代之。未聞命卒，年五十五。

萬達事親孝。父歿，負土成墳。好談性命之學，與歐陽德、羅洪先、唐順之、王畿、魏良政善。通古今，操筆頃刻萬言。爲人剛介坦直，勇於任事，履艱危，意氣彌厲。臨陣嘗身先士卒，尤善御將士，得其死力。嘉靖中，邊臣行事適機宜、建言中肯窾者，萬達稱首。隆慶中，追謚襄毅。

贊曰：楊一清、王瓊俱負才略，著績邊陲。有人倫鑒，鋤奸定難因以成功。亦俱任智數。然瓊，其權譎之尤歟！彭澤望甚偉，顧處置哈密，抑何舛也。毛伯溫能任翁萬達、張岳，以成安南之功，不失爲持重將。萬達飭邊備，整軍實，其爭復套，知彼知己，尤深識遠慮云。

校勘記

〔一〕擢右副都御史督漕運　督漕運，明史稿傳四一王瓊傳作「治鹽兩淮」。

〔二〕瓊集兵討若籠板爾諸族　若籠，原脫「若」字，據本書卷三三〇西番諸衞傳、明史稿傳四一王瓊傳、世宗實錄卷一一四嘉靖九年六月庚辰條補。

〔三〕執忠順王速檀拜牙郎　拜牙郎，本書卷三二九土魯番傳、武宗實錄卷六弘治十八年十月丙辰條都作「拜牙即」。

〔四〕至平刑關八百里　平刑關，原作「平邢關」，據明史稿傳七四翁萬達傳、世宗實錄卷三二〇嘉靖二十六年二月辛丑條改。下同。

〔五〕江瀚　原作「江潮」，據本書卷三二七韃靼傳、國榷卷五九頁三七二九改。世宗實錄卷三七五嘉靖二十八年二月壬子條作「江翰」。

明史卷一百九十九

列傳第八十七

李鉞 子惠　王憲　胡世寧 子純 繼　李承勛

王以旂　范鏓　王邦瑞 子正國　鄭曉

李鉞，字虔甫，祥符人。弘治九年進士。除御史。巡視中城，理河東鹽政，歷有聲績。正德改元，天鳴星變。偕同官陳數事，論中官李興、甯謹、苗逵、高鳳等罪，而請斥尚書李孟暘、都督神英。武宗不能用。以喪歸。劉瑾惡鉞劾其黨，假他事罰米五百石輸邊。瑾敗，起故官，出爲鞏昌知府，尋遷四川副使。巡撫林俊委鉞與副使何珊討敗流賊方四等，賜金加俸。遷陝西按察使，擢右僉都御史巡撫山西。寇入白羊口。鉞度宣、大有備，必窺岢嵐、五臺間，乃亟畫戰守。寇果犯岢嵐，鉞與延綏援將安國、杭雄敗之。加俸一級。尋討平內寇武廷章等。召入理院事。

世宗卽位，歷兵部左、右侍郎，出總制陝西三邊軍務。鉞長軍旅，料敵多中。初至固原，寇入犯，援兵未集。鉞下令大開諸營門，晝夜不閉。寇疑有備，未敢逼。乃礮擊之，寇引去。以其間增築墩堡，謹烽堠，廣儲蓄，選壯勇爲備。未幾，寇復深入平涼、邠州。鉞令遊擊時陳、周尙文等，分伏要害遏其歸，斬獲多。鉞策寇失利必東犯延綏，檄諸將設伏待。寇果至，又敗去。已而言官論邠州失事罪，請罷總兵官劉淮、巡撫王珝等，並及鉞。詔奪淮職，責鉞圖後效。鉞自劾乞休，不許。盜楊錦等剽延綏，殺指揮翟相，鉞討擒之。

嘉靖二年，以塞上無警召還。給事中劉世揚請留鉞陝西，而久任諸邊巡撫。帝卒召鉞，進右都御史，總督漕運，巡撫鳳陽諸府，入掌都察院事。

四年代金獻民爲兵部尙書兼督團營。中官刁永等多所陳乞，帝皆許之。又錄司禮扶安家八人官錦衣。南京守備已三人，復命卜春添注以往。御馬監閻洪因軍政，請自考騰驤四衞及牧馬所官。鉞累疏力爭，帝皆不納，至責以抗旨，令對狀。鉞引罪乃罷。武定侯郭勛以會武宴列尙書下，疏爭之。鉞言：「中府官之有會武宴，猶禮部之有恩榮宴也。恩榮，禮部爲主，會武，中府爲主，故皆列諸尙書之次。宴圖可徵，不得引團營故事。」帝竟從勛言。錦衣革職百戶李全奏乞復任，鉞請治其違旨罪，帝不問。於是官旗鄭彪等皆援全例以請，鉞執奏如初，而疏有「猿攀狐媚」語。帝惡之，復責對狀，奪俸一月。

鉞既屢諫不用，失上意，且知爲近倖所嫉。會病，遂再疏乞休，許馳驛，未行卒。贈太子少保，遣官護喪歸葬。久之，賜謚恭簡。

子惠，正德十二年進士，官行人。諫武宗南巡，死於廷杖。贈監察御史。

王憲，字維綱，東平人。弘治三年進士。歷知阜平、滑二縣。召拜御史。正德初，擢大理寺丞。遷右僉都御史，清理甘肅屯田。進右副都御史，巡撫遼東，歷鄖陽、大同。以應州禦寇功，廕錦衣世百戶。遷戶部右侍郎，改撫陝西，入爲兵部右侍郎。近畿盜起，偕太監張忠、都督朱泰捕之，復以功廕錦衣。武宗南征，命率戶、兵、工三部郎各一人督理軍儲。駕旋，以中旨代王瓊爲兵部尚書。世宗卽位，爲給事中史道劾罷。

嘉靖四年，廷推鄧璋及憲爲三邊總制，〔一〕言官持不可，帝竟用憲。部將王宰、史經連敗寇，璽書褒諭。吉囊數萬騎渡河從石臼墩深入，憲督總兵官鄭卿、杭雄、趙瑛等分據要害擊之，都指揮卜雲斷其歸路。寇至青羊嶺，大敗去。五日四捷，斬首三百餘級，獲馬駝器仗無算。帝大喜，加憲太子太保，復予一子廕。至是凡三廕錦衣世百戶矣。中官織花絨於陝，憲請罷之。又因九廟成請釋還議禮得罪者，頗爲士大夫所稱。張璁、桂萼欲用王瓊爲總制，乃改憲南京兵部尚書。已，入爲左都御史。朔州告急，廷推憲總督宣、大。憲不肯行，曰：「我甫入中臺，何見驅亟也。」給事中夏言、趙廷瑞劾憲託疾避難，復罷歸。

未幾，帝追念憲，召爲兵部尚書。小王子入寇，條上平戎及諸邊防禦事宜。又請立京營分伍操練法，諸將不得藉內府供事，規避營操。帝皆嘉納。舊制，軍功論敍，有生擒、斬首、當先、殿後、奇功、頭功諸等，其後濫冒日多。憲定軍功襲替格，自永樂至正德，酌其輕重大小之差，臚析以上。詔著之會典爲成式。尋兼督團營。西番諸國來貢，稱王號者百餘人。憲與禮臣夏言等請如成化、弘治間例，答敕止國王一人，仍限貢期、人數。議乃定。

大同兵變，憲初言首亂當誅，餘宜散遣。而大學士張孚敬與總督劉源清力主用兵，憲乃不敢堅前議。源清攻城不能下，北寇又內侵，請別遣大臣禦北寇，己得專攻城。憲亦議從其奏，論者多尤憲。會帝悟大同重鎭，不宜破壞，乃寢其事，亂亦旋定。源清竟得罪去。居數年，憲引年歸，卒。贈少保，謚康毅。子汝孝，副都御史。見丁汝夔傳。

胡世寧，字永清，仁和人。弘治六年進士。性剛直，不畏强禦，且知兵。除德安推官。

岐王初就藩，從官驕，世寧裁之。他日復請湖田，持不可。遷南京刑部主事。應詔陳邊備十策，復上書極言時政闕失。時孝宗已不豫，猶頷之。再遷郎中。與李承勛、魏校、余祐善，〔三〕時稱「南都四君子」。

遷廣西太平知府。太平知州李濬數殺掠吏民，世寧密檄龍英知州趙元瑤擒之。思明叛族黄文昌四世殺知府，占三州二十七村。副總兵康泰偕世寧入思明，執其兄弟三人。而泰畏文昌夜遯，委世寧空城中，危甚。諸土酋德世寧，發兵援，乃得還。文昌懼，歸所侵地降。土官承襲，長吏率要賄不時奏，以故諸酋怨叛。世寧令：「生子即聞府。應世及者，年十歲以上，朔望謁府。父兄有故，按籍請官於朝。」土官大悅。

母喪歸。服闋赴京。道滄州，流寇攻城急。世寧即馳入城，畫防守計。賊攻七日夜，不能拔，引去。再知寶慶府。岷王及鎮守中官王潤皆嚴憚之。遷江西副使。與都御史俞諫畫策擒盜，討平王浩八。以暇城廣昌、南豐、新城。

當是時，寧王宸濠驕橫有異志，莫敢言，世寧憤甚。正德九年三月上疏曰：「江西之盜，剿撫二說相持，臣愚以爲無難決也。已撫者不誅，再叛者毋赦，初起者亟剿，如是而已。顧江西患非盜賊。寧府威日張，不逞之徒羣聚而導以非法，上下諸司承奉太過。數假火災奪民廛地，採辦擾旁郡，蹂籍偏窮鄉。臣恐良民不安，皆起爲盜。臣下畏禍，多懷二心，禮樂刑政漸不自朝廷出矣。請於都御史俞諫、任漢中專委一人，或別選公忠大臣鎮撫。敕王止治其國，毋撓有司，以靖亂源，銷意外變。」章下兵部。尚書陸完議，令諫往計賊情撫剿之宜，至所言違制擾民，疑出僞託，宜令王約束之。得旨報可。

宸濠聞，大怒。列世寧罪，徧賂權幸，必殺世寧。章下都察院。右都御史李士實，宸濠黨也，與左都御史石玠等上言，世寧狂率當治。命未下，宸濠奏復至，指世寧爲妖言。乃命錦衣官校逮捕世寧。世寧已遷福建按察使，取道還里。宸濠遂誣世寧逃，馳使令浙江巡按潘鵬執送江西。鵬盡繫世寧家人，索之急。李承勛爲按察使，保護之。世寧乃亡命抵京師，自投錦衣獄。獄中三上書言宸濠逆狀，卒不省。繫歲餘，言官程啓充、徐文華、蕭鳴鳳、邢寰等交章救，楊一清復以危言動錢寧，乃謫戍瀋陽。

居四年，宸濠果反。世寧起戍中爲湖廣按察使。尋擢右僉都御史巡撫四川。道聞世宗卽位，疏以司馬光仁、明、武三言進，因薦魏校、何瑭、邵銳可講官，林俊、楊一清、劉忠、林廷玉可輔弼，知府劉菃、徐鈺先爲諫官有直聲宜擢用。時韙其言。松潘所部熟番，將吏久不能制，率輸貨以假道。番殺官軍，憚不敢詰。官軍殺番，輒抵罪。世寧陳方略，請選將益兵，立賞罰格，嚴隱匿禁，修烽堠，時巡徼，以振軍威，通道路。詔悉行之。又劾罷副總兵張傑、中官趙欽。甫兩月，召爲吏部右侍郎。未上，以父憂歸。

既免喪家居，朝廷方議「大禮」，異議者多得罪。世寧意是張璁等，疏乞早定追崇「大禮」。未上，語聞京師。既有議遷顯陵祔天壽山者，世寧極言不可，乃並前疏上之。帝深嘉歎。無何，聞廷臣伏闕爭，有杖死者，馳疏言：「臣向以仁、明、武三言進，然尤以仁爲本。仁，生成之德，明，日月之臨，皆不可一日無。武則雷霆之威，但可一震而已。今廷臣忤旨，陛下赫然示威，辱以箠楚，體羸弱者輒斃。傳之天下，書之史册，謂鞭撲行殿陛，刑辱及士夫，非所以光聖德。新進一言偶合，後難保必當。舊德老成一事偶忤，後未必皆非。望陛下以三無私之心，照臨於上，無先存適莫於中。」帝雖不能從，亦不忤。

尋召爲兵部左侍郎。條戍邊時所見險塞利害二十五事以上。又請善保聖躬，毋輕餌藥物。獻大學秦誓章、洪範「惟辟威福」、繫辭節初爻講義，並乞留中。給事中余經遂劾世寧啓告密之漸。世寧乞罷，不許。「大禮」成，進秩一等。復陳用人二十事。工匠趙奎等五十四人以中官請，悉授職。世寧言賞過濫，不納。屢疏引疾。改南京吏部，就遷工部尙書。

已，復召爲左都御史，加太子少保。辭宮銜，許之。世寧故方嚴。及掌憲，務持大體。條上憲綱十餘條，末言：「近士習忌刻，一遭讒毁，則終身廢棄。僉事彭祺發豪强罪，受謗奪官。諸如此者，宜許大臣申理。」帝採其言，惟祺報寢。執政請禁私謁，世寧曰：「臣官以察爲名。人非接其貌，聽其言，無由悉其才行。」帝以爲然，遂弗禁。俄改刑部尚書。每重獄，別白爲帝言之，帝輒感悟。中官劉聰誣漕卒掠御服，坐二千人，世寧劾其妄。已，聽情得抵罪，帝乃益信世寧。王瓊修郤陳九疇，將致之死。以世寧救，得戍。

兵部尚書王時中罷，以世寧代，加太子太保。再辭不得命，乃陳兵政十事，曰定武略、崇憲職、重將權、增武備、更賞罰、馭士夷、足邊備、絕弊源、正謬誤、惜人才。所言多破常格，帝優旨答之。土魯番貢使乞歸哈密城，易降人牙木蘭。王瓊上其事。世寧言：「先朝不惜棄大寧、交阯，何有於哈密。況初封忠順爲我外藩，而自罕愼以來三爲土魯番所執，遂狎與戎比，以疲我中國，耗財老師，戎得挾以邀索。臣以爲此與國初所封元孽和順、寧順、安定三王等耳。安定在哈密內，近甘肅，今存亡不可知，我一切不問，獨重哈密何也？宜專守河西，謝絕哈密。牙木蘭本曲先衞人，反正歸順，非納降比，彼安得索之，唐悉怛謀事可鑑也。」張璁等皆主瓊議，格不用，獨留牙木蘭不遣。居兵部三月求去，帝不許，免朝參。世寧又上備邊三事。固稱疾篤，乃聽乘傳歸，給廩隸如制。歸數月，復起南京兵部尚書，固辭不拜。九年秋卒。贈少保，諡端敏。

世寧風格峻整，居官廉。疾惡若讎，而薦達賢士如不及。都御史馬昊、陳九疇坐累廢，副使施儒、楊必進考察被黜，御史李潤、副使范輅爲時所抑，連章薦之。與人語，吶不出口。

及具疏，援据古今，洞中窾會。與李承勛善，而持議不苟合。承勛欲授隴勝官，復芒部故地，世寧言勝非隴氏子，芒氏不當復立。始以議禮與張璁、桂蕚合，璁、蕚德之，欲援以自助。世寧不肯附會，論事多牴牾。蕚議欲銷兵，世寧力折之。昌化伯以他姓子冒封，下廷議。世寧言吾輩不得以厚賂故，誣朝廷，蕚爲色變。蕚方爲吏部，而世寧引疾，言：「天變人窮，盜賊滋起，咎在吏、戶、兵三部不得人。兵部尤重，請避賢路。」又以哈密議，語侵璁，諸大臣皆忌之。帝始終優禮不替。

子純、繼。純以父任知肇慶府，有才行。繼幼不慧，不爲世寧知。世寧在江西出討賊，部將入見繼。繼爲指陣法，進退離合甚詳，凡三日。世寧歸聞，大異之。知其故，嘆曰：「吾有子不自識，何也？」自是擊賊，輒令繼從，與策方略。世寧十不失三，繼十不失一。世寧方草疏論宸濠，繼請曰：「是且重得禍。」世寧曰：「吾已許國，遑恤其他。」及世寧下獄，繼念其父，病死。

李承勛，字立卿，嘉魚人。父田，進士，官右副都御史，巡撫順天。有操執，爲政不苛。

承勛舉弘治六年進士。由太湖知縣遷南京刑部主事。歷工部郎中，遷南昌知府。

正德六年，贛州賊犯新淦，執參政趙士賢。靖安賊據越王嶺瑪瑙岸，〔三〕華林賊又陷瑞州。諸道兵不敢前。承勛督民兵剿，數有功。華林賊殺副使周憲，憲軍大潰。承勛單騎入憲營，衆乃復集。都御史陳金卽檄承勛討之。賊黨王奇聽撫，搜得其吏刃，縱使還。奇感泣，誓以死報。承勛令奇密入砦，說降其黨爲內應，而親率所部登山。奇夜拔柵，官軍奮而前，降者自內出，賊遂潰。已，從金斬賊渠羅光權、胡雪二，華林賊平。鎮守中貴黎安誣承勛擅易賊首王浩八獄詞，坐下吏。大理卿燕忠卽訊，得白。

舉治行卓異，超遷浙江按察使。歷陝西、河南左、右布政使，以右副都御史巡撫遼東。邊備久弛，開原尤甚。士馬纔十二，牆堡墩臺圮殆盡。將士依城塹自守，城外數百里悉爲諸部射獵地，承勛疏請修築。會世宗立，發帑銀四十餘萬兩。承勛命步將四人各一軍守要害，身負畚鍤先士卒。凡爲城塹各九萬一千四百餘丈，墩堡百八十有一。招逋逃三千二百人，開屯田千五百頃。又城中固、鐵嶺，斷陰山、遼河之交，城蒲河、撫順，扼要衝，邊防甚固。錄功，進秩一等。又數陳軍民利病，咸報可。以疾歸。起故官，蒞南院。三遷刑部尚書，加太子少保。

帝以京營多弊，欲振飭之。遂加承勛太子太保，改兵部尚書兼左都御史，專督團營。尋兼掌都察院。以疾，三疏乞休，且言：「山西潞城賊以四道兵討之，不統於一人，故無功。川、貴芒部之役措置乖方，再勝再叛，宜命伍文定深計，毋專用兵。豐、沛河工，二年三易大臣，工不就，宜令知水利者各陳所見，而俾侍郎潘希曾度可否。其尤要者，在決壅蔽患。倣唐、宋轉對、次對故事，不時召見大臣。」帝不允辭，下其議於所司。時秦、晉、楚、蜀歲祲，詔免田賦。承勛言：「有司例十月始徵賦。今九月矣，恐官吏督趣，陰圖乾沒。宜及其未徵，遣官馳告以所蠲數。山陬僻壤，俾悉戶曉。有司不能奉宣德意者，罪之。撫按失舉奏，并坐。」帝褒納之。奏奪京營把總湯清職。郭勛爲求復，語侵承勛。承勛因求退，給事中王準等劾勛恣。乃敕責勛，而下清法司。

兵部尚書胡世寧致仕，詔承勛還部代之。疏言：「朝廷有大政及推舉文武大臣，必下廷議。議者率相顧不發，拱手聽。宜及未議前，備條所議，布告與議者，俾先諗其故，然後平心商質，各盡所懷。議苟不合，聽其別奏。庶足盡諸臣之見，而所議者公。」帝然其言，下詔申飭。尋命兼督團營。言官攻張璁、桂萼黨，并及承勛。承勛連章求退，帝復溫旨答之。中官出鎮者，率暴橫。承勛因諫官李鳳毛等言，先後裁二十七人，又革錦衣官五百人，監局冒役數千人。獨御馬監未汰，復因給事中田秋奏，多所裁減。而請以騰驤四衛屬部，覈詭冒，制可。中官言曩彰義門破也先，東市剮曹賊，皆四衛功，以直內故易集，隸兵部不便。

承勛言：「彰義門之戰，禍由王振。東市作賊，即曹吉祥也。」帝卒從承勛議，歸兵部。寇犯大同，議遣大臣督兵。衆推都御史王憲，憲不肯行。給事中夏言謂承勛曰：「事急，公當請行。」承勛竟不請。給事中趙廷瑞並劾之。會寇退，罷。

十年春，大風晝晦，帝憂邊事。承勛言：「去歲冰合，敵騎盡入河套。延、寧、固原皆當警備。甘肅軍餉專仰河東，宜於蘭州糴貯，以備緩急。曩河西患土魯番，今亦卜喇又深入。兩寇雲擾，孤危益甚。套寇出入，並經莊浪。急宜繕塞設險，斷臂截踵，使不得相合。兀良哈最近京師，不善撫，即門庭寇。雲南安鳳之叛，軍民困敝，臨安、蒙自盜賊復興，曠日淹時，恐釀大患。交阯世子流寓老撾，異日歸命請援，或據地求封，皆未可測。惟急用人理財，俾邊鄙無虞。」帝嘉納焉。

承勛沉毅有大略。帝所信任，自輔臣外，獨承勛與胡世寧，大事輒咨訪。二人亦孜孜奉國，知無不言。世寧卒半歲，承勛亦卒，帝深嗟悼。贈少保，謚康惠。所賚予，常典外，特賜白金、綵幣、米蔬諸物。承勛官四十年，家無餘貲。其議「大禮」，亦與世寧相合云。

王以旂，字士招，江寧人。正德六年進士。除上高知縣。華林賊方熾，以旂訓鄉兵禦之，賊不敢犯。徵授御史，出按河南。宸濠反，鎮守太監劉璟倡議停鄉試。以旂言河南去江西遠，罷試無名。乃止。璟又言，帝親征，道且出汴，牒取供頓銀四萬兩。巡撫議予之，以旂執不予。

世宗卽位，欲加興獻帝皇號，以旂抗言不可。已，上弭災要務，言：「司禮取中旨免張漢贓科，臣不預聞，此啓矯僞之漸也。」帝不聽。累遷兵部右侍郎。徐、呂二洪竭，漕舟膠。命兼右僉都御史總理河漕。踰年，渠水通，進秩一等。尋拜南京右都御史。召爲工部尙書，改左都御史，代陳經爲兵部尙書兼督團營。

三邊總督曾銑議復河套，大學士夏言主之。數下優旨奬銑，令以旂集廷臣議。以旂等力主銑議。議上，帝意忽變，嚴旨咎銑，令再議。以旂等惶恐，盡反前說。帝逮銑，令以旂代之。套寇自西海還，肆掠永昌，鎭羌總兵官王繼祖禦却之。已，復來犯，幷及鎭番、山丹。部將蔡勳、馬宗援三戰皆捷。前後斬首一百四十餘級。論功，廕以旂一子。已而寇數萬復屯寧夏塞外，將大入。官軍擊之，斬首六十餘級，寇宵遁。延綏、寧夏開馬市，二鎭市五千匹。其長狠台吉等約束所部，終市無譁。以旂以聞。詔大賚二鎭文武將吏，以旂復賜金幣。錄延綏將士破敵功，再廕一子。

在鎭六年，修延綏城堡四千五百餘所，又築蘭州邊垣，加官至太子太保。比卒，軍民爲罷市。贈少保，諡襄敏，再予一子官。

范鏓，字平甫，其先江西樂平人，遷瀋陽。鏓登正德十二年進士，授工部主事，遷員外郎。嘉靖三年伏闕爭「大禮」，下獄廷杖。由戶部郎中改長蘆鹽運司同知，遷河南知府。歲大饑，巡撫都御史潘塤駁諸請振文牒，候勘實乃發。鏓不待報，輒開倉振之，全活十餘萬。民爭謳頌鏓，語聞禁中。帝爲責戶部及塤與巡按御史匿災狀。塤歸罪鏓以自解，被劾罷去，鏓名由此顯。遷兩淮鹽運使，條上鹺政十要。歷四川參政，湖廣按察使，浙江、河南左、右布政使。

二十年擢右副都御史，巡撫寧夏。鏓爲人持重，有方略。既涖重鎮，不上首功。一意練步騎，廣儲蓄，繕治關隘亭障，寇爲遠徙，俘歸者五百人。上疏言：「邊將各有常祿，無給田之制。自武定侯郭勛奏以軍餘開墾田園給將領，委奸軍爲莊頭，害殊大。宜給還軍民，任耕種便。」帝從其請。

居數年，引疾歸。起故官，撫河南。尋召爲兵部右侍郎，轉左。尚書王以旂出督三邊，鏓署部事。頃之，奉詔總理邊關阨隘。奏上經略潮河川、居庸關諸處事宜，請於古道門外蜂窩嶺增墩臺一爲外屏，濬濠設橋，以防衝突。川西南兩山對處，各設敵臺，以控中流，分戍兵番直守要害。又薊鎮五里𠁣、刬車、开連口、〔四〕慕田谷等地，宜設墩臺。惡谷、紅土谷、〔五〕香鑪石等地，宜斬崖塹。居庸關外諸口，在宣府爲內地，在居庸則爲邊藩，宜敕東中路文武臣修築。加潮河川提督爲守備，增副將居庸關，領天壽山、黃花鎮。設橫嶺守備，塞懷來路，增置新軍二千餘人，資團練。又議紫荊、倒馬、龍泉等關及山海關、古北口經略事宜，請於紫荊之桑谷，倒馬之中窯關峪，龍泉之陡石嶺諸要害，創築城垣，增設敵樓營舍。薊州所轄燕河、太平、馬蘭、密雲四路，修築未竟者，括諸司贖鍰竣之。而浮圖峪、插箭嶺尤爲紫荊、倒馬二關衝，移參將分駐石門杜家莊，俾保定總兵駐紫荊。薊、遼懸絕千里，移建昌營遊擊於山海關。三屯等營缺軍，應速募，馬不足者補入。其常戍之兵介胄不備，量給鎧仗，番上者悉予行糧，毋俾荷戈枵腹。又言：「諸路緩急，以密雲之分守爲最。各關要害，以密雲之迤西爲最。若燕河之冷口，馬蘭之黃崖，太平之榆木嶺、擦崖子，皆所急也。宜敕撫鎮督諸將領分各營士馬，兼側近按伏之兵，迭爲戰守。」兵部言：「軍戍久，戀土。猝移置，恐他變。莫若山海關增置能將一員，募軍三千屯駐，聽薊、遼撫臣調度，援燕河。」餘如鏓言，下守臣議。

帝才鏓甚。會兵部尚書趙廷瑞罷，卽命鏓入代。鏓以老辭，且言隨事通變，乏將順之宜。帝怒，責鏓不恭，削其籍。時嚴嵩當國，而鏓本由徐階薦，天下推爲長者，惜其去不以罪。然鏓罷，帝召翁萬達，甫至以憂去，丁汝夔代之。明年，俺答逼都城，汝夔遂誅死，而鏓歸久之乃卒。隆慶元年復官。

王邦瑞，字惟賢，宜陽人。早有器識。爲諸生，山東盜起，上剿寇十四策於知府。正德十二年成進士。改庶吉士。與王府有連，出爲廣德知州。

嘉靖初，祖憂去。補滁州。屢遷南京吏部郎中，出爲陝西提學僉事。坐歲貢不中式五名以上，貶濱州知州。再遷固原兵備副使。涇、邠巨盜李孟春，流劫河東、西，剿平之。以祖母憂去。服除，復提學陝西，轉參政。母憂解職。起擢右僉都御史，巡撫寧夏。寇乘冰入犯，設伏敗之。改南京大理卿。未上，召爲兵部右侍郎。改吏部，進左。

俺答犯都城，命邦瑞總督九門。邦瑞屯禁軍郭外，以巡捕軍營東、西長安街，大啓郭門，納四郊避寇者。兵部尚書丁汝夔下獄，命邦瑞攝其事，兼督團營。寇退，請治諸將功罪，且濬九門濠塹，皆報可。邦瑞見營制久弛，極陳其弊。遂罷十二團營，悉歸三大營，以咸寧侯仇鸞統之。邦瑞亦改兵部左侍郎，專督營務。復條上興革六事。中言宦官典兵，古今大患，請盡撤提督監槍者。帝報從之。又舉前編修趙時春、工部主事申𪐝知兵，並改兵部，分理京營事。未幾，帝召兵部尚書翁萬達未至，遲之，遂命邦瑞代。條上安攘十二事。

仇鸞搆邦瑞於帝，帝眷漸移。會鸞奏革薊州總兵官李鳳鳴、大同總兵官徐珏任，而薦京營副將成勳代鳳鳴，密雲副將徐仁代珏。旨從中下。邦瑞言：「朝廷易置將帥，必采之公卿，斷自宸衷，所以愼防杜漸，示臣下不敢專也。且京營大將與列鎭將不相統攝，何緣京營，乃黜陟各鎭。今曲徇鸞請，臣恐九邊將帥悉奔走托附，非國之福也。」帝不悅，下旨譙讓。鸞又欲節制邊將，罷築薊鎭邊垣。邦瑞皆以爲不可。鸞大憾，益肆讒搆。會邦瑞復陳安攘大計，遂嚴旨落職，以冠帶辦事。居數日，大計自陳。竟除名，以趙錦代。

邦瑞去，鸞益橫，明年誅死，錦亦坐黨比遣戍，於是帝漸思之。踰十年，京營缺人，帝曰：「非邦瑞不可。」乃起故官。旣至，疏便宜數事，悉允行。踰年卒。贈太子少保，謚襄毅，遣行人護喪歸葬。

邦瑞嚴毅有識量。歷官四十年，以廉節著。子正國，南京刑部侍郎。

鄭曉，字窒甫，海鹽人。嘉靖元年舉鄉試第一。明年成進士，授職方主事。日披故牘，盡知天下阨塞，士馬虛實強弱之數。尚書金獻民屬撰九邊圖志，人爭傳寫之。以爭「大禮」廷杖。大同兵變，上疏極言不可赦。張孚敬柄政，器之，欲改置翰林及言路，曉皆不應。父憂歸，久之不起。

許讚爲吏部尚書，調之吏部。歷考功郎中。夏言罷相，帝惡言官不糾劾，詔考察去留。大學士嚴嵩因欲去所不悅者，而曉去喬佑等十三人，多嵩所厚。嵩大憾曉，調文選。嵩欲用趙文華爲考功，曉言於讚曰：「昔黃禎爲文選，調李開先考功，皆山東人，詔不許。今調文華，曉避位而已。」讚以謝嵩。嵩欲以子世蕃爲尚寶丞，曉曰：「治中遷知府，例也。遷尚寶丞，無故事。」嵩益怒。以推謫降官周鈇等，貶曉和州同知。稍遷太僕丞，歷南京太常卿。召拜刑部右侍郎。俄改兵部，兼副都御史總督漕運。

大江南北皆中倭，漕艘幾阻。曉請發帑金數十萬，造戰舸，築城堡，練兵將，積芻糗。詔從之。中國奸民利倭賄，多與通。通州人顧表者尤桀黠，爲倭導。以故營砦皆據要害，盡知官兵虛實。曉懸重賞捕戮之。募鹽徒驍悍者爲兵，增設泰州海防副使，築瓜洲城，〔六〕廟灣、麻洋、雲梯諸海口皆增兵設堠。遂破倭於通州，連敗之如皋、海門，襲其軍呂泗，圍之狼山，前後斬首九百餘。賊潰去。錄功，再增秩，三賚銀幣。

時賊多中國人。曉言：「武健才諝之徒，困無所逞，甘心作賊。非國家廣行網羅，使有出身之階，恐有如孫恩、盧循輩出乎其間，禍滋大矣。洪武時倭寇近海州縣。以高皇帝威靈，兼謀臣宿將，築城練兵，經略數年，猶未乂安。乃招漁丁、島人、鹽徒、蜑戶籍爲水軍至數萬人，又遣使出海宣布威德。久之，倭始不爲患。今江北雖平，而風帆出沒，倏忽千里。倭恃華人爲耳目，華人借倭爲爪牙，非詳爲區畫，後患未易弭也。」帝頗採納之。

尋召爲吏部左侍郎，遷南京吏部尚書。帝以曉知兵，改右都御史協理戎政。尋拜刑部尚書。俺答圍大同右衞急，帝命兵部尚書楊博往督大師，乃以曉攝兵部。曉言：「今兵事方棘，而所簡聽征京軍三萬五千人，乃令執役赴工，何以備戰守。乞歸之營伍。」帝立從之。

尋還視刑部事。嚴嵩勢益熾。曉素不善嵩。而其時大獄如總督王忬以失律，中允郭希顏以言事，曉並予輕比，嵩則置重典。南都叛卒周山等殺侍郎黃懋官，海寇汪直通倭爲亂，曉置重典，嵩故寬假之。惟巡撫阮鶚、總督楊順、御史路楷，以嵩曲庇，曉不能盡法，議者譏其失出云。

故事，在京軍民訟，俱投牒通政司送法司問斷。諸司有應鞫者，亦參送法司，無自決遣者。後諸司不復遵守，獄訟紛拏。曉奏循故事，帝報許，於是刑部間捕囚畿府。而巡按御史鄭存仁謂訟當自下而上，檄州縣，法司有追取，毋輒發。曉聞，率侍郎趙大祐、傅頤守故事爭，存仁亦據律執奏。章俱下都察院會刑科平議。議未上，曉疏辨。嵩激帝怒切讓，遂落曉職，兩侍郎亦貶二秩。

曉通經術，習國家典故，時望蔚然。爲權貴所扼，志不盡行。既歸，角巾布衣與鄉里父老遊處，見者不知其貴人也。既卒，子履淳等訟曉禦倭功於朝，詔復職。隆慶初，贈太子少保，謚端簡。履淳自有傳。

贊曰：李鉞諸人皆以威略幹濟顯於時。鉞與王憲、王以旂之治軍旅，李承勛、范鏓之畫邊計，才力均有過人者。胡世寧奮不顧身，首發奸逆，危言正色，始終一節。易稱「王臣蹇蹇」，世寧近之矣。王邦瑞抵抗權倖，躓而復起，鄭曉諳悉掌故，博洽多聞，兼資文武，所在著效，亦不愧名臣云。

校勘記

〔一〕廷推鄧璋及憲爲三邊總制　鄧璋，原作「鄧廷璋」，據本書卷二〇二廖紀傳，明史稿傳七九廖紀傳、王憲傳及世宗實錄卷五六嘉靖四年十二月丁酉條改。

〔二〕與李承勛魏校余祐善　余祐，原作「余祜」。本書卷二八二及明史稿傳一五九魏校傳都作「余祐」。本書卷二八二及明史稿傳一五八胡居仁傳都附有余祐傳，據改。

〔三〕靖安賊據越王嶺瑪瑙岸　瑪瑙岸，本書卷二八九周憲傳作「瑪瑙砦」，讀史方輿紀要卷八四作「瑪瑙寨」，淸一統志卷二三八作「瑪瑙崖」。

〔四〕开連口　明史稿傳七九范鏓傳作「升連口」，讀史方輿紀要卷一一作「幵連口」。

〔五〕紅土谷　原作「紅生谷」。明史考證攟逸卷一七：「按邊防考，紅土谷在黑谷關八十里，與惡谷、香鑪石等處連接。明嘉靖時始於此緣崖置塹以爲固。此作『紅生谷』誤。」其說是，據改。

〔六〕瓜洲城　原作「瓜州城」。據明史稿傳七三鄭曉傳改。

明史卷二百

列傳第八十八

姚鏌子淶　張嵿　伍文定邢珣等　蔡天祐胡瓚　張文錦

詹榮劉源清　劉天和　楊守禮　張岳李允簡

郭宗皋　趙時春

姚鏌，字英之，慈谿人。弘治六年進士。除禮部主事，進員外郎。擢廣西提學僉事。立宣成書院，延五經師以教士子。桂人祀山魈卓旺。鏌毀像，俗遂變。遷福建副使，未幾改督學政。正德九年擢貴州按察使。十五年拜右副都御史，巡撫延綏。上邊務六事，皆議行。嘉靖元年，吉囊入涇陽。鏌遣遊擊彭楧出西路，釋指揮卜雲於獄，使副之。夜半邀擊，斬其二將，乃遁。璽書褒諭。尋召爲工部右侍郎，出督漕運，改兵部左侍郎。

四年遷右都御史，提督兩廣軍務兼巡撫。田州土官岑猛謀不軌。鏌調永順、保靖兵，使沈希儀與張經、李璋、張佑、程鑒各統兵八萬，〔一〕分道討。而鏌與總兵官朱麒等攻破定羅、丹梁。用希儀計，結猛婦翁岑璋使爲內應，大破之，斬猛子邦彥。璋誘殺猛，獻其首。詔進鏌左都御史，加太子少保，任一子官，諸將進秩有差。鏌請改設流官，陳善後七事，制可。乃命參議汪必東、僉事申惠與參將張經以兵萬人鎭其地。必東、惠移疾他駐。猛黨盧蘇、王受等詐言猛不死，借交阯兵二十萬且至，夷民信之。蘇等薄城，經突圍走，城遂陷。王受亦攻入思恩府。巡按御史石金劾鏌失策罔上，並論前總督盛應期。帝以鏌有功，許便宜撫剿。蘇、受數求赦，鏌不許，將大討之。會廷議起王守仁督兩廣軍，令鏌與同事。鏌引疾乞罷，許馳驛歸。

初，廣東提學道魏校毀諸寺觀田數千畝，盡入霍韜、方獻夫諸家。鏌至廣，追還之官。韜、獻夫恨甚，與張璁、桂萼合排鏌。謂大同當征而反撫，田州當撫而反征，皆費宏謀國不臧，釀成南北患。時宏雖去，猶借鏌以排之也。鏌既得請，方候代，千夫長韋貴、〔二〕徐伍攻復思恩。鏌上其狀。詔先賞貴等，而以撫剿事宜俟守仁處置。既而鏌奏辯石金前疏，詆金阻撓養寇。金亦再疏詆鏌。帝先入璁等言，落鏌職閒住。

其後，蘇、受復叛，帝漸思鏌。十三年，三邊闕總制。大學士費宏、李時同召對。宏薦鏌，時亦助之。遂命以兵部尚書總制三邊軍務。未赴，宏卒，鏌辭。帝不悅，仍落職閒住。鏌既罷，薦者至二十疏，不用。家居數年卒。

子涞，字維東。嘉靖二年殿試第一。授翰林修撰。爭「大禮」，廷杖。又議郊祀合祀，不當輕易。召修明倫大典，懇辭不與。累官侍讀學士。

張嵿，字時俊，蕭山人。成化二十三年進士。弘治初，修憲宗實錄，命往蘇、松諸府採軼事。事竣，授上饒知縣。遷南京兵部主事，就進刑部郎中。正德初，遷興化知府。隆平侯張祐無子，弟祿與族人爭襲，訴於南京法司，久不決，復訴京師。劉瑾方擅政，遂削尚書樊瑩、都御史高銓籍。嵿以郎承勘，爲民。瑾敗，起知南雄。擢江西參政，進右布政使。舉治行卓異，遷左。寧王宸濠欲拓地廣其居，嵿執不可。大恚，遣人餽之。嵿發視，則棗梨薑芥，蓋隱語也。未幾，召爲光祿卿。以右副都御史巡撫保定諸府，忤中貴，移疾歸。

世宗卽位，命以右都御史總督兩廣軍務。廣西上思州賊黃鏐糾峒兵劫州縣，嵿討擒之。廣東新寧、恩平賊蔡猛三等剽掠，衆至數萬。嵿合兵三萬餘人擊新寧諸賊，破巢二百，擒斬一萬四千餘人，俘賊屬五千九百餘人，猛三等皆授首。自嶺南用兵，以寡勝衆未有若是役者。捷聞，獎賚。程鄉賊梁八尺等與福建上杭流賊相應。遣都指揮李皐等會福建官兵夾擊，俘斬五百餘人。歸善李文積聚奸宄拒捕，討之，久弗克。嵿遣參政徐度等剿之，俘斬千餘人。佛郎機國人別都盧剽劫滿剌加諸國，復率其屬疎世利等擁五舟破巴西國，遂入寇新會。嵿遣將出海擒之，獲其二舟，賊乃遁。

尋召掌南京都察院事，就改工部尚書。六年大計京官，拾遺被劾，致仕。後數年卒。

伍文定，字時泰，松滋人。父琇，貴州參議。文定登弘治十二年進士。有膂力，便弓馬，議論慷慨。授常州推官，精敏善決獄，稱强吏。魏國公徐俌與民爭田，文定勘歸之民。劉瑾入俌重賄，興大獄，巡撫艾樸以下十四人悉被逮。文定已遷成都同知，亦下詔獄，斥爲民。瑾敗，起補嘉興。

江西姚源賊王浩八等流劫浙江開化，都御史俞諫檄文定與參將李隆、都指揮江洪、僉事儲珊討之，軍華埠。而都指揮白弘與湖州知府黃衷別營馬金。賊黨劉昌三破執弘，官軍大挫。浩八突華埠，洪、文定擊敗之，追及於孔埠。隆、珊亦追至池淮，〔三〕破其巢，進攻涇田。洪以奇兵深入，中賊誘，與指揮張琳等皆被執。文定等殿後得還，賊亦遁歸江西。諫等上文定忠勇狀，詔所司獎勞。擢河南知府，計擒劇賊張勇、李文簡。以才任治劇，調吉安。計平永豐及大茅山賊。已，佐巡撫王守仁平桶岡、橫水。

宸濠反，吉安士民爭亡匿。文定斬亡者一人，衆乃定。乃迎守仁入城。知府邢珣、徐璉、戴德孺等先後至，共討賊。文定當大帥。丙辰之戰，身犯矢石，火燎鬚不動。賊平，功最，擢江西按察使。張忠、許泰至南昌，欲冒其功，而守仁已俘宸濠赴浙江。忠等失望，大恨。文定出謁，遂縛之。文定罵曰：「吾不恤九族爲國家平大賊，何罪？汝天子腹心，屈辱忠義，爲逆賊報讐，法當斬。」忠益怒，椎文定仆地。文定求解任，不報。

尋遷廣東右布政使。未赴，而世宗嗣位。上忠等罪狀，且曰：「曩忠、泰與劉暉至江西，忠自稱天子弟，暉稱天子兒，泰稱威武副將軍，與天子同僚。折辱命吏，誣害良民，需求萬端，漁獵盈百萬，致餓殍遍野，盜賊縱橫。雖寸斬三人，不足謝江西百姓。今大憝江彬、錢寧皆已伏法，三人實其黨與。乞速正天誅，用章國典。」又請發宸濠貲財，還之江西，以資經費；矜釋忠、泰所陷無辜及寧府宗人不預謀者，以清冤獄。帝並嘉納之。

論功，進右副都御史，提督操江。嘉靖三年討獲海賊董效等二百餘人，賜敕獎勞。尋謝病歸。六年召拜兵部右侍郎。其冬擢右都御史，代胡世寧掌院事。

雲南土酋安銓反，敗參政黃昭道，攻陷尋甸、嵩明。明年，武定土酋鳳朝文亦反，殺同知以下官，與銓合兵圍雲南。詔進文定兵部尚書兼前職，提督雲南、四川、貴州、湖廣軍討之，以侍郎梁材督餉。會芒部叛酋沙保子普奴爲亂，幷以屬文定。文定未至雲南，銓等已爲巡撫歐陽重所破，遂移師征普奴。左都御史李承勛極言川、貴殘破，不當用兵，遂召還，命提督京營。文定至湖廣，疏乞省祭歸。已，四川巡按御史戴金復上言：「叛酋稱亂之初，勢尚可撫。而文定決意進兵，一無顧惜。飛芻輓糧，糜數十萬。及有詔罷師，尙不肯已。又極論土酋阿濟等罪。軍民訛言，幾復生變。臣愚以爲文定可罪也。」尚書方獻夫、李承勛因詆文定好大喜功，傷財動衆，乃令致仕。

文定忠義自許，遇事敢爲，不與時俯仰。芒部之役，憤小醜數亂，欲爲國伸威，爲議者旁撓。廟堂專務姑息，以故功不克就。九年七月卒於家。天啓初，追謚忠襄。

邢珣，當塗人，弘治六年進士。正德初，歷官南京戶部郎中。忤劉瑾，除名。瑾誅，起南京工部，遷贛州知府。招降劇盜滿總等，授廬給田，撫之甚厚。後討他盜，多藉其力。守仁征橫水、桶岡，珣常爲軍鋒。功最，增二秩。宸濠反，以重賞誘總。總執其使送珣，遂從珣共平宸濠。

徐璉，朝邑人。文定同年進士。由戶部郎中出爲袁州知府。從討宸濠，獲首功千餘。事定，珣、璉遷江西右參政。世宗錄功，各增秩二等。嘉靖二年大計，給事御史劾監司不職者二十二人，珣、璉與焉。吏部以軍功未酬，請進秩布政使致仕，從之。二人竟廢。

珣子埴嘗學於張璁。嘉靖初登鄉薦。璁貴顯，屢欲援之，辭不應。授浦城知縣。有徐浦者，役公府。埴一見異之，令與子同學，爲娶妻。後登第爲給事中。其家世世祀埴。弟址，進士，歷御史，終山東鹽運使。以清操聞。

戴德孺，臨海人。弘治十八年進士。歷工部員外郎。監蕪湖稅，有清名。再遷臨江知府。宸濠反，遣使收府印，德孺斬之。與家人誓曰：「吾死守孤城。脫有急，若輩沉池中，吾不負國也。」即日戒嚴。旋與守仁共滅宸濠。以憂去。世宗以德孺馭軍最整，獨增三秩，爲雲南右布政使。舟次徐州，覆水死。後贈光祿寺卿，予一子官。

珣、璉等倡義討賊，月餘成大功。當事者以嫉守仁故，痛裁抑之。或賞或否，又往往借考功法逐之去。守仁之再疏辭爵也，爲諸人訟曰：

宸濠變初起，勢焰猖熾，人心疑懼退阻。當時首從義師，自伍文定、邢珣、徐璉、戴德孺諸人外，又有知府陳槐、曾璵、胡堯元等，知縣劉源清、馬津、傅南喬、李美、李楫及楊材、王冕、顧佖、劉守緒、王軏等，鄉官都御史王懋中，編修鄒守益，御史張鰲山、伍希儒、謝源等。或摧鋒陷陣，或遮邀伏擊，或贊畫謀議，監錄經紀，所謂同功一體者也。帳下之士，若聽選官雷濟，已故義官蕭禹，致仕縣丞龍光，指揮高睿，千戶王佐等，或詐爲兵檄以撓其進止，壞其事機，或僞書反間以離其心腹，散其黨與。今聞紀功文冊，改造者多所刪削。舉人冀元亨爲臣勸說寧王，反爲奸人搆陷，竟死獄中，尤傷心慘目，負之冥冥之中者。

夫宸濠積威凌劫，雖在數千里外，無不震駭失措。而況江西諸郡縣切近剝牀，觸目皆賊兵，隨處有賊黨，非眞有捐軀赴難之義，戮力報主之忠，孰肯甘蘁粉之禍，從赤族之誅，蹈必死之地，以希萬一難冀之功乎！

今臣獨崇封爵，而此同事諸人者，或賞不行而幷削其績，或賞未及而罰已先行，或虛受陞職之名而因使退閑，或冒蒙不忠之號而隨以廢斥，非獨爲已斥諸權奸所誣搆挫辱而已也。羣憎衆嫉，惟事指摘搜羅以爲快，曾未見有鳴其不平、伸其屈抑者，臣竊痛之。

奏入，卒寢不行。

蔡天祐，字成之，睢州人。父晟，濟南知府，以廉惠聞。天祐登弘治十八年進士，改庶吉士，授吏科給事中，出爲福建僉事。歷山東副使，分巡遼陽。歲歉，活饑民萬餘。闢濱海圩田數萬頃，民名之曰「蔡公田」。累遷山西按察使。

嘉靖三年，大同兵亂，巡撫張文錦遇害。詔曲赦亂卒，改巡撫宣府都御史李鐸撫之。鐸以母憂不至，乃擢天祐右僉都御史，巡撫大同。天祐從數騎馳入城，諭軍士獻首惡，衆心稍定。會尚書金獻民、總兵官杭雄出師甘肅，道大同，亂卒疑見討，復鼓譟。天祐懼，急請再赦。兵部言元惡不除無以警後，請特遣大臣總督宣、大軍務，以制其變。乃命戶部侍郎胡瓚偕都督魯綱統京軍三千人以往。瓚等未發而進士李枝齎餉銀至。亂卒曰：「此承密詔盡殺大同人，爲軍犒也。」夜中火起，圍枝館，出牒示之乃解。尋復殺知縣王文昌，圍代王府，脅王奏乞赦。王急攜二郡王走宣府。〔四〕巡按御史王官言：「亂卒方嚣，大兵壓境，是趣之叛也。請亟止禁軍，容臣密圖。」乃命瓚駐兵宣府。頃之，天祐奏總兵官桂勇已捕五十四人，請止京軍勿遣。帝責以阻撓，令必獲首惡郭鑑等。既而瓚次陽和，勇、天祐令千戶苗登擒斬鑑等十一人，函首送瓚，請班師。甫二日，鑑父郭疤子復糾徐氈兒等夜殺勇家人，又燬苗登家。瓚言非盡殲不可。帝乃切讓天祐，召勇還京，以故總兵朱振代之，敕瓚仍駐宣府。

居無何，天祐捕戮徐鼉兒等，瓚等遂班師。明年正月，侍郎李昆、孟春，總兵官馬永交章言疤子潛逃塞外，必爲後患。帝將遣使勘，會瓚還京言逃卒無足患，帝乃罷勘官勿遣。疤子復潛入城，焚振第。明旦，天祐閉城大索。獲疤子及其黨三十四人，悉斬以徇。盡宥脅從，人心乃大定。事聞，賚銀幣。已，進副都御史，巡撫如故。

尋就進兵部右侍郎。久之，召還部。天祐以藩祿久缺，又歲當繕邊垣，用便宜增淮鹽引價，每引萬加銀五千，被訐。帝宥之。至是，御史李宗樞復追論前事，天祐因引疾去。居二年，奉詔起用。未至京，得疾告歸卒。年九十五。

天祐有才智。兵變時，左右皆賊耳目，幕府動靜悉知之。天祐廣招星卜藝士往來軍中，因具得其情，卒賴以成功。在鎮七年，威德大著，父老爲立安輯祠。

胡瓚，字伯珩，永平人。進士。官終南京工部尚書。

張文錦，安丘人。弘治十二年進士，授戶部主事。正德初，爲劉瑾所陷，逮繫詔獄，斥爲民。瑾誅，起故官。再遷郎中。督稅陝西，條上籌邊裕民十事。遷安慶知府。度寧王宸濠必反，與都指揮楊銳爲禦備計。宸濠果反，浮江下。文錦等慮其攻南都，令軍士登城詬之。宸濠乃留攻，卒不能克。事具楊銳傳。璽書褒美，擢太僕少卿。

嘉靖元年拜右副都御史，巡撫大同。文錦性剛。以拒賊得重名，遂銳意振刷，操切頗無序。大同北四望平衍，寇至無可禦。文錦曰：「寇犯宣府不能近鎮城者，以葛谷、白陽諸堡爲外蔽也。今城外卽戰場，何以示重？」議於城北九十里外，增設五堡，曰水口、宣寧、只河、柳溝、樺溝。參將賈鑑督役嚴，卒已怨。及堡成，欲徙鎮卒二千五百家戍之。衆憚行，請募新丁，僚吏咸以爲言。文錦怒曰：「如此，則令不行矣。鎮親兵先往，孰敢後！」親兵素游惰有室。聞當發，大恐。請孑身往，得分番。又不聽，嚴趣之。鑑承風，杖其隊長。諸邊卒自甘州五衞殺巡撫許銘，朝廷處之輕，頗無忌。至是，卒郭鑑、柳忠等乘衆憤，遂倡亂。殺賈鑑，裂其屍，走出塞，屯焦山墩。文錦恐與外寇連，令副將時陳等招之入城，卽索治首亂者。郭鑑等大懼，復聚爲亂，焚大同府門，入行都司縱獄囚，又焚都御史府門。文錦踰垣走，匿博野王府第。亂卒欲燔王宮。王懼，出文錦。郭鑑等殺之，亦裂其屍，遂焚鎮守總兵公署。出故總兵朱振於獄，脅爲帥。時嘉靖三年八月也。

事聞，帝命侍郎李昆赦亂卒。昆爲文錦請卹典，不報。久之，文錦父政訟其子守安慶功，禮部爲之請，終不許。文錦妻李氏復上疏哀請。帝怒，命執齎疏者治之。副都御史陳洪謨言：「文錦僨事，朝廷戮之可也。假手士卒，傳之四方，損國威不小。」復降旨詰責。自是，廷臣不敢言。萬曆中，始贈右都御史。天啓初，追謚忠愍。

詹榮，字仁甫，山海衞人。嘉靖五年進士。授戶部主事，歷郎中。督餉大同，値兵變，殺總兵官李瑾。總督劉源淸率師圍城，久不下。榮素有智略，善應變。叛卒掠城中，無犯榮者。外圍益急，榮密約都指揮紀振、游擊戴濂、鎭撫王寧同盟討賊。察叛卒馬昇、楊麟無逆志，乃陽令寧持官民狀詣源淸所，爲叛卒乞原，而陰以榮謀告，請宥昇、麟死，畀三千金，俾募死士自効。會源淸已罷，巡撫樊繼祖許之。昇、麟遂結心腹，擒首惡黃鎭等九人戮之。榮乃開城門，延繼祖入，復捕斬二十六人。錄功，擢光祿寺少卿，再遷太常寺少卿。

二十二年，以右僉都御史巡撫甘肅。魯迷貢使留甘州者九十餘人，總兵官楊信驅以禦寇，死者十之一。榮言：「彼以好來，而用之鋒鏑，失遠人心，且示中國弱。」詔奪信官，櫬死者送之歸。番人感悅。

踰年，以大同巡撫趙錦與總兵官周尙文不相能，詔榮與錦易任。俺答數萬騎入掠，榮與尙文破之黑山陽，進右副都御史。寇復大舉犯中路，參將張鳳等陣歿。榮與尙文及總督翁萬達嚴兵備陽和，而遣騎邀擊，多所殺傷，寇乃引去。代府奉國將軍充灼行剽，榮奏奪其祿。充灼等結小王子入寇，謀據大同。榮告尙文捕得，皆伏辜。榮以大同無險，乃築東路邊牆百三十八里，堡七，墩臺百五十四。又以守邊當積粟，而近邊弘賜諸堡三十一所，延亙五百餘里，闢治之皆膏腴田，可數十萬頃，乃奏請召軍佃作，復其租徭，移大同一歲市馬費市牛賦之，秋冬則聚而遏寇。帝立從焉。寇入犯，與尙文破之彌陀山，斬一部長。

榮先以靖亂功，進兵部右侍郎，又以繕邊破敵，累被獎賚。召還理部事，進左。尙書趙廷瑞罷，榮署部務，奏行秋防十事。已而翁萬達入爲尙書，遭母喪，榮復當署部務，辭疾乞休。帝怒，奪職閒住。越二年卒。

當榮之撫大同也，萬達爲總督，尙文爲總兵。三人皆有才略，寇數入不能得志。自後代者不能任，寇無歲不入躪邊，人益思榮等。明年，俺答薄京師，萬達、榮皆已去。論者謂二人在，寇未必至此。萬曆中，榮孫延爲順天通判，上書訟榮功。贈工部尙書，予卹如制。

劉源清，字汝澄，東平人。正德九年進士。授進賢知縣。宸濠反，源淸積薪環室，命家人曰：「事急，火吾家。」一僕逸，手刃以徇。縣中諸惡少與賊通者，悉杖殺之。宸濠妃弟婁伯歸上饒募兵，源淸邀戮之。賊檄至，立斬其使。會餘干知縣馬津、龍津驛丞孫天祐亦起兵拒賊。賊七殿下者，奪運舟於龍津，天祐與戰，殺數人。賊黨募兵過龍津，天祐追殺之，焚其舟。婁氏家衆西下，亦爲天祐所遏，擒七十餘人。賊兵不敢經湖東以窺兩浙者，三人力也。賊平，源清徵爲御史。嘉靖改元，津亦入爲御史。津，滁州人。終福建副使。源清尋遷大理丞，謝病歸。

六年夏，以右僉都御史巡撫宣府。滴水崖賊郭春據城叛，稱王。源清遣卒捕之，爲所覺。副總兵劉淵令曰「止擒元惡」，以旗遶城而呼。其黨皆散，春等自剄死。總兵官郤永虐下，源清劾罷之。進副都御史。

十二年，以邊警遷兵部左侍郎，總制宣、大、山西、保定諸鎮軍務。大同總兵官李瑾浚天城左孤店濠四十里，趣工急。卒王福勝等焚殺瑾，因焚巡撫潘倣署。倣奏瑾激變，帝命源清同總兵郤永討之。源清榜令解散。而榜言五堡變，處之過寬，五堡遺孽大懼。師次陽和，倣等密捕亂卒杖死十餘人，繫賊首王保等七十餘人以獻，請旋師。源清懲昔胡瓚事，不欲已，以囚屬御史蘇祐。囚妄言前總兵朱振失職首亂，且多引無辜。源清遣參將趙綱入城大索。城中訛言城且屠，亂卒遂鼓噪，殺千戶張欽。會僉事孫允中自源清所至，諭源清意，撫慰之始定。振前爲亂卒所擁，實不反，詣源清自明。不能白，發憤自殺。

永兵至城下大掠，五堡遺孽遂盡反。迎戰，殺遊擊曹安。官軍攻據四關，晝夜圍擊。亂卒出前參將黃鎭等於獄，奉爲帥，死守。倣與鎭國將軍俊櫍等登城，止毋攻。俊櫍出見永請緩兵，皆不聽。允中縋城出，言將士妄殺狀。源清叱曰：「汝爲賊游說耶！」欲囚之。允中不敢歸。源清因多設邏卒，遏王府及有司軍民章疏，而請益師至五萬。帝命侍郎錢如京、都督江桓統京軍八千以往。已忽悟，罷弗遣，專責源清、永討賊。儆馳疏言，將士妄殺激變，速旋師，亂可已。源清亦詆儆媚賊。張孚敬主源清，侍郎顧鼎臣、黃綰言用兵謬，帝不能決。

城圍久大困，毀王府及諸廨舍供爨。兵部復下安撫令，源清亦樹幟招降，叛卒稍稍自投。首惡黃鎮等亦分日出見，乞通樵採路，永許諾。翌日採薪者出，永悉執之。城中人益懼，亂卒復叛，勾外寇爲助。永遇之，大敗而遁。叛卒遂引寇十餘騎入城，指代府曰：「以此爲那顏居。」「那顏」者，華言大人也。城中人聞之，皆巷哭。明日，外寇攻東南二關，叛卒與犄角，官軍殊死戰，互有殺傷。寇知叛卒不足賴，倒戈擊之，大詬而去。是時，寇游騎南掠至朔、應。源清請募九邊兵，增總制官禦之，已得一意攻城，帝不許。源清乃百道攻，穴城，爲毒烟熏死者相籍。復請壅水灌之。帝大不懌，奪其職閒住，以兵部侍郎張瓚代之。瓚未至，郎中詹榮等已悉捕首惡。

黃綰劾功罪，言源清、永實罪魁，具劾其婪賄不貲狀。兵科曾忭等言，宸濠亂，源清有保障功，當蒙八議之貸。帝怒，下忭等詔獄，逮源清治之。獄久不決，綰憂去，乃減死斥爲民。俺答薄京師，卽家起之，未赴而卒。隆慶初，贈兵部尚書。

劉天和，字養和，麻城人。正德三年進士。授南京禮部主事。劉瑾黜御史十八人，改他曹二十四人補之，天和與焉。出按陝西。鎮守中官廖堂奉詔辦食御物於蘭州，天和謂非所部，辭不往。堂奏天和拒命，詔逮之。部民哭送者萬人。錮詔獄久不釋，吏部尚書楊一清疏救，法司奏當贖杖還職，中旨謫金壇丞。刑部主事孫繼芳抗章救，不報。屢遷湖州知府，多惠政。

嘉靖初，擢山西提學副使。累遷南京太常少卿。以右僉都御史督甘肅屯政。請以肅州丁壯及山、陝流民於近邊耕牧，且推行於諸邊。尋奏當興革者十事，田利大興。改撫陝西。請撤鎭守中官及罷爲民患者三十餘事，帝皆從之。洮、岷番四十二族蠢動，天和誅不順命者。又討平湖店大盜及漢中妖賊，就進右副都御史。

母憂，服闋以故官總理河道。黃河南徙，歷濟、徐皆旁溢。天和疏汴河，自朱仙鎭至沛飛雲橋，殺其下流。疏山東七十二泉，自凫、尼諸山達南旺河，濬其下流。役夫二萬，不三月訖工。加工部右侍郎。故事，河南八府歲役民治河，不赴役者人出銀三兩。天和因歲饑，請盡蠲旁河受役者課，遠河未役者半之。詔可。

十五年改兵部左侍郎，總制三邊軍務。兵車皆雙輪，用二十人，遇險即困，又行遲不適於用。天和請倣前總督秦紘隻輪車，上置砲槍斧戟，廂前樹狻猊牌，左右虎盾，連二車可蔽三四十人。一人輓之，推且翼者各二人。戰則護騎士其中，敵遠則施火器，稍近發弓弩，又近乃出短兵。敵走，則騎兵追。復製隨車小帳，令士不露宿。又毒弩矢，修邊牆濠塹。皆從之。

吉囊十萬衆屯賀蘭山後，遣別部寇涼州，副將王輔逐奪其纛。寇莊浪，總兵官姜奭屢敗之。進天和右都御史。寇復大集兵將入犯。天和策寇瞷西有備必東，密檄延綏副將白爵宵行，與參將吳瑛合。寇果東入黑河墩，遇爵伏兵，大創而去。旣又入蒺藜川，爵尾擊之，寇多死。尋入寇家澗、張家塔，爲爵、瑛所敗。犯寧夏者，總兵官王效復破之。帝大喜，進天和左都御史。吉囊犯河西，天和禦却之，進兵部尚書。寇將入平虜城，天和伏兵花馬池。寇戰不勝，走河上，遇伏兵，多死於水。吉囊乘虛寇固原，剽掠且饜。會涇潦，弓矢盡膠，無鬭志。而諸將多畏縮，天和斬指揮二人，召故總兵周尚文令立功。會陝西總兵官魏時角寇至黑水苑，尙文盡銳夾擊，殺吉囊子小十王。寇退寧夏，巡撫楊守禮、總兵官任傑等復邀擊，敗之鐵柱泉，斬獲共四百四十餘級。論功，加天和太子太保，廕一子錦衣千戶，前後賚銀幣十數。遷南京戶部尚書，召爲兵部尚書督團營。言官論天和衰老，遂乞休歸。家居三年卒。贈少保，謚莊襄。

天和初舉進士，劉瑾欲與敍宗姓，謝不往。晚年內召，陶仲文以刺迎，稱戚屬。天和返其刺曰：「悞矣，吾中外姻連無是人。」仲文恚，其罷官有力焉。

楊守禮，字秉節，蒲州人。正德六年進士。除戶部主事。嘉靖初，屢遷湖廣僉事。以計擒公安賊魁。坐事謫敍州通判。累遷右副都御史，巡撫四川。與副將何卿平諸番亂，賚銀幣。初，守禮貶敍州，爲僉事張文奎所辱。至是，文奎遷四川參議，恐守禮修隙，先以所撫事奏。詔二人俱解職歸。

守禮才器敏達，中外以爲能。居家未久，工部尚書秦金等會薦，起河南參政。再遷右副都御史，巡撫寧夏。寇犯固原，爲總督劉天和所敗。欲自寧夏去，守禮與總兵任傑等邀敗之。會天和召還，進守禮右都御史總督軍務代之。錄前功，進兵部尚書。總兵官李義、楊信連却吉囊，三賜璽書銀幣。尋上疏乞休，帝惡其避難，降俸二級。

其秋，寇三萬騎抵綏德。遊擊張鵬却之，總兵官吳英等追至塞外，東路參將周文兵亦至，夾擊敗之。巡按御史殷學言，寇入內地五百里，請治諸將罪。部議延綏游兵俱調宣、大，寇方避實擊虛，而我能以寡勝衆，宜錄其功。乃加守禮太子少保，學謫外。守禮尋以憂去。俺答薄都城，廷臣首以守禮薦，詔趣上道。寇退，止不行。久之卒。

張岳，字維喬，惠安人。自幼好學，以大儒自期。登正德十一年進士，授行人。武宗寢疾豹房。請令大臣侍從，臺諫輪直起居，視藥餌，防意外變。不報。與同官諫南巡，杖闕下，謫南京國子學正。

世宗嗣位，復故官，遷右司副。母老乞便養，改南京武選員外郎，歷主客郎中。方議大禘禮。張璁求始祖所自出者實之，禮官皆唯唯。岳言於尚書李時曰：「不如爲皇初祖位，毋實以人。」時大喜，告璁。璁不謂然，以初議上。帝竟令題皇初祖主，如岳言。璁銜之，出爲廣西提學僉事。行部柳州，軍缺餉大譁，城閉五日。岳令守城啓門，召詰譁者予餉去。尋以計擒首惡，置之理。入賀，改提學江西。不謝璁，璁黜廣西選貢七人，謫岳廣東鹽課提舉。遷廉州知府。督民墾棄地，敎以桔槔運水。廉民多盜珠池。岳居四年，未嘗入一珠。帝使使往安南詰莫登庸殺主，岳言於總督張經曰：「莫氏篡黎，可無勘而知也。使往受謾詞辱國，請留使者毋前。」經不可。知欽州林希元上書請決討莫氏，岳貽書止之，復條上不可討六事。爲書貽執政曰：「據邊民報，黎賙襲封無嗣，以兄子譓爲子。陳暠作亂，賙遇害，暠篡。未幾國人擁立譓，暠奔諒山。譓立七年爲莫登庸所逼，出居升華。登庸立譓幼弟㢢而相之，卒弒㢢自立，國分爲三。黎在南，莫居中，陳在西北。後諒山亦爲登庸有，陳遂絕。而黎所居卽古日南地，與占城隣，限大海，登庸不能踰之南，故兩存。近登庸又以交州付其孫福海，而自營海東府地都齋居之。蓋安南諸府，惟海東地最大，卽所謂王山郡也。此賊負篡逆名，常練兵備我，又時揚言求入貢。邊人以非故王也，弗敢聞。愚以爲彼內亂未嘗有所侵犯，可且置之，待其亂定乃貢。若必用兵，勝負利鈍非岳所敢知。」執政得書不能決。已，毛伯溫來視師，張經一以軍事委岳。又以翁萬達才，進二人於伯溫。岳與伯溫語數日，伯溫曰：「交事屬君矣。」許登庸如岳議。會岳遷浙江提學副使，又遷參政，伯溫馳奏留之，乃改廣東參政，分守海北。登庸降，加岳俸一級，賜銀幣。尋以征瓊州叛黎功，加俸及賜如之。

塞上多事，言官薦岳邊才。伯溫言：「岳可南，翁萬達可北也。」遂擢岳右僉都御史，撫治鄖陽。旋移撫江西，進右副都御史，總督兩廣軍務兼巡撫。討破廣東封川僮蘇公樂等，進兵部右侍郎。平廣西馬平諸縣猺賊，先後俘斬四千，招撫二萬餘人，誅賊魁韋金田等，增俸一級。召爲刑部右侍郎，以御史徐南金言命留任。連山賊李金與賀縣賊倪仲亮等，出沒衡、永、郴、桂，積三十年不能平，岳大合兵討擒之。蒞鎭四年，巨寇悉平，召拜兵部左侍郎。

湖貴間有山曰蜡爾，諸苗居之。東屬鎭溪千戶所筸子坪長官司，隸湖廣，西屬銅仁、平頭二長官司，隸貴州，北接四川酉陽，廣袤數百里。諸苗數反，官兵不能制。侍郎萬鏜征之，四年不克。乃授其魁龍許保冠帶。湖苗暫息，而貴苗反如故。鏜班師，龍許保及其黨吳黑苗復亂。貴州巡撫李義壯告警，乃命岳總督湖廣、貴州、四川軍務，討之。進右都御史。義壯持鏜議欲撫，岳劾其阻兵，罷之。先義壯撫貴州者，僉都御史王學益與鏜附嚴嵩，主撫議，數從中撓岳。岳持益堅。許保襲執印江知縣徐文伯及石阡推官鄧本忠以去，岳坐停俸。乃使總兵官沈希儀、參將石邦憲等分道進，躬入銅仁督之。先後斬賊魁五十三人，獨許保、黑苗跳不獲。岳以捷聞，言貴苗漸平，湖苗聽撫，請遣土兵歸農，朝議許之。未幾，酉陽宣慰冉元嗾許保、黑苗突思州，劫執知府李允簡。邦憲兵邀奪允簡還，允簡竟死。嵩父子故憾岳，欲逮治之，徐階持不可。乃奪右都御史，以兵部侍郎督師。邦憲等旋破賊。岳搜山箐，餘賊獻思州印及許保。湖廣兵亦破擒首惡李通海等。岳以黑苗未獲，不敢報功。已而冉元謀露，岳發其奸。元賄嚴世蕃責岳絕苗黨。邦憲竟得黑苗以獻，苗患乃息。

岳卒於沅州。喪歸，沅人迎哭者不絕。已，敍功，復右都御史，贈太子少保，諡襄惠。岳博覽工文章，經術湛深，不喜王守仁學，以程、朱爲宗。

李允簡，融縣人。由舉人起家。以郡境多寇，遣孥歸，獨與孫炳文居。祖孫皆被執，許保挾以求厚贖。允簡則傳語邦憲令亟進兵。在賊中自投高崖下，賊拽出，棄之途。思人舁還，至清浪衞而卒。詔贈貴州副使，賜祭葬，官一子。

郭宗皐，字君弼，福山人。嘉靖八年進士。選庶吉士。尋詔與選者皆改除，得刑部主事。擢御史。十二年十月，星隕如雨。未幾，哀沖太子薨，大同兵亂。宗皐勸帝惇崇寬厚，察納忠言，勿專以嚴明爲治。帝大怒，下詔獄，杖四十釋之。歷按蘇、松、順天。行部乘馬，不御肩輿。會廷推保定巡撫劉夔還理院事，宗皐論夔嘗薦大學士李時子，諂媚無行，不任風紀，坐奪俸兩月。尋出爲雁門兵備副使，轉陝西參政，遷大理少卿。

二十三年十月，寇入萬全右衞，抵廣昌，列營四十里。順天巡撫朱方下獄，擢宗皐右僉都御史代之，寇已去。宗皐言：「密雲最要害，宜宿重兵。乞敕馬蘭、太平、燕河三屯歲發千人，以五月赴密雲，有警則總兵官自將赴援。居庸、白楊，地要兵弱，遇警必待部奏，不能及事。請預擬借調之法，令建昌三屯軍，平時則協助密雲，遇警則移駐居庸。」俱報可。久之，宗皐聞敵騎四十萬欲分道入，奏調京營、山東、河南兵爲援。已竟無實，坐奪俸一年。故事，京營歲發五軍詣薊鎮防秋。宗皐請罷三軍，以其犒軍銀充本鎮募兵費。又請發修邊餘銀，增築燕河營、古北口。帝疑有侵冒，令罷歸聽勘。既而事得白，起故官，巡撫大同，與宣府巡撫李仁易鎮。尋進兵部右侍郎，總督宣、大、山西軍務。

俺答三萬騎犯萬全左衞，總兵官陳鳳、副總兵林椿與戰鷂兒嶺，殺傷相當，宗皐坐奪俸。明年再犯大同，總兵官張達及椿皆戰死，宗皐與巡撫陳燿坐奪俸。給事中唐禹追論死事狀，因言全軍悉陷，乃數十年未有之大衄。帝乃逮宗皐及燿，各杖一百，燿遂死，宗皐戍陝西靖虜衞。

隆慶改元，從戍所起刑部右侍郎，改兵部，協理戎政。旋進南京右都御史，就改兵部尚書參贊機務。給事中莊國禎劾宗皐衰庸，宗皐亦自以年老求去，詔許之。萬曆中，再存問，歲給廩隸。十六年，宗皐年九十，又遣行人存問。是年卒。贈太子太保，謚康介。

趙時春，字景仁，平涼人。幼與羣兒嬉，輒列旂幟，部勒如兵法。年十四舉於鄉。踰四年爲嘉靖五年，會試第一。選庶吉士。以張璁言改官，得戶部主事。尋轉兵部。

九年七月上疏曰：「陛下以災變求言已旬月，大小臣工率浮詞面謾。蓋自靈寶知縣言河清受賞，都御史汪鋐繼進甘露，今副都御史徐讚、訓導范仲斌進瑞麥，指揮張楫進嘉禾，鋐及御史楊東又進鹽華，禮部尚書李時再請表賀。仲斌等不足道，鋐、讚司風紀，時典三禮，乃罔上欺君，壞風傷政。」

帝責其妄言，且令獻讜言善策。時春惶恐引咎未對。帝趣之，於是時春上言：

當今之務最大者有四，最急者有三。

最大者，曰崇治本。君之喜怒，賞罰所自出，勿以逆心事爲可怒，則賞罰大公而天下治。曰信號令。無信一人之言，必參諸公論。毋狃一時之近，必稽之永遠。苟利十而害一則利不必興，功百而費半則功不必舉，如是而天下享安靜之福矣。曰廣延訪。宜倣古人輪對及我朝宣召之制，使大臣、臺諫、侍從各得敷納殿陛間，羣吏則以其職事召問之。曰勵廉恥。大臣宜待以禮，取大節略小過，臺諫言是者用之，非者寬容之，庶臣工自愛，不敢不勵。

其最急者，曰惜人才。凡得罪諸臣，其才不當棄，其過或可原，宜霈然發命，召還故秩。且因南郊禮成，除謫戍之罪，與之更始。曰固邊圉。敗軍之律宜嚴，臨陣而退者，裨將得以戮士卒，大將得以戮裨將，總制官得以戮大將，則人心震悚，而所向用命。曰正治教。請復古冠婚、喪祭之禮，絕醮祭、禱祀之術。凡佛老之徒有假引符籙、依託經讖、幻化黃白、飛昇遐景以冒寵祿者，即賜遣斥，則正道修明而民志定。帝覽之，益怒，下詔獄掠治，黜爲民。久之，選東宮官屬，起翰林編修兼司經局校書。

帝有疾，時春與羅洪先、唐順之疏請東宮御殿，受百官正旦朝賀。帝大怒，復黜爲民。京師被寇，朝議以時春知兵，起兵部主事，贊理京營務，統民兵訓練。大將軍仇鸞倡馬市，時春憤曰：「此秦檜續耳。身爲大將，而效市儈，可乎？」忤鸞，爲所搆，幾重得罪。稍遷山東僉事，進副使。

三十二年擢僉都御史，巡撫山西。時春慷慨負奇氣，善騎射。慨寇縱橫，將帥不任戰，數謂人：「使吾領選卒五千，俺答、丘福不足平也。」作禦寇論，論戰守甚悉。既秉節鉞，益思以武功自奮。其年九月，寇入神池、利民諸堡，時春率馬步兵往禦之。至廣武，諸將畢會。諜報寇騎二千餘，去兩舍。時春擐甲欲馳，大將李淶固止之。時春大言曰：「賊知吾來必遁，緩追卽不及。」遂策馬前。及於大蟲嶺，伏兵四起，敗績。倉皇投一墩，守卒縋之上乃得免，淶軍竟覆。被論，解官聽調。時春喜談兵，至是一戰而敗。然當是時將帥率避寇不擊。

爲督撫者安居堅城，遙領軍事，無躬搏寇者。時春功雖不就，天下皆壯其氣。時春讀書善强記，文章豪肆，與唐順之、王愼中齊名。詩，伉浪自喜類其爲人。

贊曰：姚鏌等封疆宣其擘畫，軍務暢其機謀，勳績咸有可紀。伍文定從王守仁平宸濠之難，厥功最懋。趙時春將略自命，一出輒躓。夫危事而易言之，固知兵者所弗取乎。

校勘記

〔一〕使沈希儀與張經李璋張佑程鑒各統兵八萬　各統兵八萬，則共爲四十萬。按本書卷三一八及明史稿傳一九二田州傳都說「鏌偕總兵官朱麟發兵八萬，以都指揮沈希儀、張經等統之」。傳文衍「各」字。

〔二〕千夫長韋貴　韋貴，原作「韋貫」，據本書卷三一八及明史稿傳一九二田州傳、世宗實錄卷七九嘉靖六年八月乙丑條改。下同。

〔三〕珊亦追至池淮　池淮，原作「地淮」，據武宗實錄卷一〇〇正德八年五月癸巳條改。按讀史方輿紀要卷九三金華府開化縣下有「池淮溪」，其地有「池淮畈」。

〔四〕王急攜二郡王走宣府　郡王，原作「郡主」。明史稿傳八一蔡天祐傳作「郡王」。按世宗實錄卷四六嘉靖三年十二月庚子條稱代王「及大順王充燿、河西王充㠘夜亡走宣府以避之」。作「郡主」誤，今改。

明史卷二百一

列傳第八十九

陶琰 子滋　王縝　李充嗣　吳廷舉 弟廷弼　方良永
弟良節　子重杰　王爌　王軏　徐問　張邦奇 族父時徹
韓邦奇 弟邦靖　周金　吳嶽 譚大初

陶琰，字廷信，絳州人。父銓，進士，陝西右參議。琰舉成化七年鄉試第一，〔一〕十七年成進士，授刑部主事。弘治初，進員外郎。歷固原兵備副使。練士卒，廣芻粟。歷九年，部內晏如。遷福建按察使，浙江左布政使。

正德初，以右副都御史巡撫河南，遷刑部右侍郎。陝西遊擊徐謙訐御史李高。謙故劉瑾黨，行厚賂，欲中高危法。琰往按，直高。瑾怒，假他事下琰詔獄，褫其職，又罰米四百石輸邊。瑾誅，起左副都御史，總督漕運兼巡撫淮、揚諸府。六年轉南京刑部侍郎。明年，賊劉七等將犯江南，王浩八又入衢州。進琰右都御史，巡視浙江。至則七等已滅，浩八聽撫。會寧、紹瀕海地颶風大作，居民漂沒萬數。琰出帑金振救，而大築蕭山至會稽堤五萬餘丈。奏設兵備道守要害，防浩八黨出沒，遣將擊斬其渠魁。遂城開化、常山、遂安、蘭谿，境內以靖。復命總督漕運，七疏乞歸。世宗嗣位，起故官。凡三督漕，軍民習其政，不嚴而肅。

琰性清儉，飯惟一蔬。每到官及罷去，行李止三竹笥。尋加戶部尚書。嘉靖元年召拜工部尚書。其冬，改南京兵部，加太子少保。未浹歲，屢引年乞休。加太子太保，乘傳歸，有司歲時存問。又九年卒，年八十有四。贈少保，謚恭介。

子滋，以進士授行人。諫武宗南巡，杖闕下，謫國子學正。嘉靖初，歷兵部郎中。率同官伏闕爭「大禮」，再受杖，謫戍榆林。兵部尚書王時中等言，琰老病呻吟，冀父子一相見，乞改調近衞。不許。十五年赦還，卒。

王縝，字文哲，東莞人。父恪，寶慶知府。縝登弘治六年進士，選庶吉士，授兵科給事中。劾三邊總制王越附汪直、李廣，不可復玷節鉞。出理南畿屯田。有司徵松江白紵六千疋，縝言紵非正供，且請停上清宮役。詔皆罷之。累遷工科都給事中。

武宗初立，內府工匠以營造加恩。縝率同官言：「陛下初登大寶，工匠末技已有以微勞進者，誠不可示後世。宜散遣先朝諸畫士，革工匠所授官。」帝不能用。中官張永請改築通州新城，縝言泰陵工作方興，不當復興無益之役。帝乃止。

正德元年出爲山西右參政。歷福建布政使，遷右副都御史，巡撫蘇、松諸府。協平江西賊王浩八。乾清宮災，疏請養宗室子宮中，定根本，去南京新增內官，召還建言被黜諸臣。不報。已，調鄖陽巡撫，遷南京刑部右侍郎。

世宗卽位，陳正本十事。嘉靖二年就擢戶部尚書。卒官。

李充嗣，字士修，內江人。給事中蕃孫也。登成化二十三年進士，改庶吉士。弘治初，授戶部主事。以從父臨安爲郎中，改刑部。坐累，謫岳州通判。久之，移隨州知州，擢陝西僉事，歷雲南按察使。

正德九年舉治行卓異，累遷右副都御史，巡撫河南。歲大祲。請發帑金移粟振之，不足則勸貸富室。時流民多聚開封，煮糜哺之。踰月，資遣還鄉。初，鎮守中官廖堂黨於劉瑾，假進貢名，要求百端，繼者以爲常。充嗣言：「近中官進貢，有古銅器、窰變盆、黃鷹、角鷹、錦雞、走狗諸物，皆借名科斂。外又有拜見銀、須知銀及侵扣驛傳快手月錢、河夫歇役之屬，無慮十餘事，苛派動數十萬。其左右用事者，又私於境內抑買雜物，擅榷商賈貨利。乞嚴行禁絕。」詔但禁下人科取而已。

十二年移撫應天諸府。寧王宸濠反，充嗣謂尙書喬宇曰：「都城守禦屬於公，畿輔則充嗣任之。」乃自將精兵萬人，西屯采石。遣使入安慶城中，令指揮楊銳等堅守。傳檄部內，聲言京邊兵十萬旦夕至，趣供餉，以紿賊。賊果疑懼。事定，兵部及巡按御史胡潔言其功。時已就進戶部右侍郎，乃賜敕嘉勞。

有建議修蘇、松水利者，進充嗣工部尙書兼領水利事。未幾，世宗嗣位，遣工部郎林文霈、顏如瓌佐之。開白茅港，疏吳淞江，六閱月而訖工。語詳河渠志。

嘉靖元年論平宸濠功，加太子少保。蘇、松白糧輸內府。正德時驟增內使五千人，糧亦加十三萬石。帝用充嗣言，減從故額。又請常賦外盡蠲歲辦之浮額者，內府徵收，監以科道官，毋縱內臣苛索。帝俱從之。尋改南京兵部尚書。七年致仕，卒。久之，詔贈太子太保，諡康和。

吳廷舉，字獻臣，其先嘉魚人，祖戍梧州，遂家焉。成化二十三年登進士，除順德知縣。上官屬修中貴人先祠，廷舉不可。市舶中官市葛，以二葛與之，曰：「非產也。」中官大怒。御史汪宗器亦惡廷舉，曰：「彼專抗上官，市名耳。」會廷舉毀淫祠二百五十所，撤其材作堤，葺學宮、書院。宗器謂有所侵盜，執下獄。按之不得閒，慚而止。

爲縣十年，稍遷成都同知。憂歸，補松江。用尚書馬文升、劉大夏薦，擢廣東僉事。從總督潘蕃討平南海、清遠諸盜。正德初，歷副使。發總鎮中官潘忠二十罪。忠亦訐廷舉他事，逮繫詔獄。劉瑾矯詔，枷之十餘日，幾死。戍雁門，旋赦免。

楊一清薦其才，擢江西右參政。敗華林賊於連河。從陳金大破姚源賊。其黨走裴源，復從俞諫破之。賊首胡浩三既撫復叛，廷舉往諭，爲所執。居三月，盡得其要領，誘使攜及得還，浩三果殺其兄浩二，內亂。官兵乘之，遂擒浩三。

與副使李夢陽不協，奏夢陽侵官，因乞休。不俟命竟去，坐停一歲俸。起廣東右布政使，復佐陳金平府江賊。擢右副都御史，振湖廣饑。已，復出湖南定諸夷疆地。寧王宸濠有逆謀，疏陳江西軍政六事，爲豫防計。

世宗立，召爲工部右侍郎，旋改兵部。上疏詆陸完、王瓊、梁儲及少傅蔣冕，而自以爲己昔居憲職無一言，乞罷黜以儆幸位。時完早得罪，瓊及儲已罷去，廷舉借以傾冕。冕遂求罷。帝頗不直廷舉，調南京工部，而慰諭冕。冕固請留之，不聽。

嘉靖元年，廷舉乞休。尋以災異復自劾求罷，勸帝修德應天，因奏行其部興革十二事。尋就改戶部，遷右都御史，巡撫應天諸府。長洲知縣郭波以事挫織造中官張志聰。志聰伺波出，倒曳之車後。典史蕭景腆操兵教場，急率兵救。百姓登屋，飛瓦擊志聰。志聰奏逮波、景腆，廷舉具白志聰貪黷狀。帝乃降波五級，調景腆遠方，志聰亦召還。

三年，以「大禮」議未定，請如洪武中修孝慈錄故事，令兩京部、寺、臺、省及天下督、撫各條所見，並詢家居老臣，采而行之，彙爲一書，以詔後世。時已定稱本生考，廷舉窺帝意不慊，故爲此奏。給事中張原、劉祺交劾之，不報。尋改南京工部尙書，辭不拜，稱疾乞休。帝慰留。已，復辭，且引白居易、張詠詩，語多詼諧，中復用嗚呼字。帝怒，以廷舉怨望無人臣禮，勒致仕。

廷舉面如削瓜。衣敝帶穿，不事藻飾。言行必自信，人莫能奪。其在太學時，兄事羅玘。玘病痢，僕死，自煮藥飲之。負以如廁，一晝夜數十反。玘嘗語人曰：「獻臣生我。」廷舉好薛瑄、胡居仁學，尊事陳獻章。居湫隘，亡郭外田，有書萬卷。及卒，總督姚鏌庀其喪。隆慶中，追謚淸惠。

弟廷弼，舉於鄉。廷舉枷吏部前，廷弼臥其械下。刑部主事宿進爲奏記張綵，乃得釋。

方良永，字壽卿，莆田人。弘治三年進士。督逋兩廣，峻却饋遺，爲布政使劉大夏所器。還授刑部主事。進員外郎，擢廣東僉事。瓊州賊符南蛇爲亂，大夏時爲總督，檄攝海南兵備，會師討平之。御史坐良永失利。大夏已入爲本兵，爲白於朝，賚銀幣。

正德初，父喪除，待銓闕下。外官朝見畢，必謁劉瑾。鴻臚導良永詣左順門叩頭畢，令東向揖瑾，良永竟出。或勸詣瑾家，良永不可。及吏部除良永河南撫民僉事，中旨勒致仕。旣去，瑾怒未已，欲假海南殺人事中之。刑部郎中周敏力持，乃不坐。瑾誅，起湖廣副使。尋擢廣西按察使。發巡按御史朱志榮罪至謫戍。遷山東右布政使。旋調浙江，改左。

錢寧以鈔二萬鬻於浙，良永上疏曰：「四方盜甫息，瘡痍未瘳，浙東西雨雹。寧廝養賤流，假義子名，躋公侯之列。賜予無算，納賄不貲，乃敢攫民財，戕邦本。有司奉行急於詔旨，胥吏緣爲奸，椎膚剝髓，民不堪命。鎮守太監王堂、劉璟畏寧威，受役使。臣何敢愛一死，不以聞。乞陛下下寧詔獄，明正典刑，並治其黨，以謝百姓。」寧懼，留疏不下。謀遣校尉捕假勢鬻鈔者，以自飾於帝，而請以鈔直還之民，陰召還前所遣使。寧初欲散鈔徧天下，先行之浙江、山東，山東爲巡撫趙璜所格，而良永白發其奸，寧自是不敢鬻鈔矣。寧方得志，公卿、臺諫無敢出一語。良永以外僚訟言誅之，聞者震悚。良永念母老，恐中禍，三疏乞休去。

世宗即位，中外交薦。拜右副都御史，撫治鄖陽。以母老，再疏乞終養。都御史姚鏌請破格褒寵。尚書喬宇、孫交言，良永家無贏貲，宜用侍郎潘禮、御史陳茂烈故事，賜廩米。詔月給三石。久之，母卒，詔賜祭葬。皆異數也。服除，以故官巡撫應天，即家賜敕。至衢州疾作，連疏乞致仕，未報遽歸，卒。卒後有南京刑部尚書之命。暨訃聞，賜卹如制，謚簡肅。

良永侍父疾，衣不解帶者三月。母病，良永年六十餘矣，手進湯藥無少怠。居倚廬哀毀，稱純孝焉。素善王守仁，而論學與之異。嘗語人曰：「近世專言心學，自謂超悟獨到，推其說以自附於象山，而上達於孔子。目賢聖教人次第爲小子無用之學，程、朱而下無不受擯，而不知其入於妄。」

弟良節，官廣東左布政使，亦有治行。子重杰，舉於鄉，以孝聞。

王爌，字存納，黃巖人。弘治十五年進士。除太常博士。正德時，屢遷刑科都給事中。武定侯郭勛鎮兩廣，行事乖謬。詔自陳，勛強辨，爌等駁之。都察院覆奏，不錄爌言，爌並劾都御史彭澤。帝責澤，置勛不問。御史林有年直言下獄，浙江僉事韓邦奇忤中官被逮，爌皆救之。帝幸大同久不反，爌力請回鑾。又與工科石天柱救彭澤，忤王瓊。中旨謫兩人於外，爌得惠州推官。

世宗立，召復都給事中。旋擢太僕少卿，改太常。嘉靖三年遷應天府尹。歲大祲，奏免其賦。居四年，遷南京刑部右侍郎，以母老歸養。

家居十年，起故官。尋擢南京右都御史。守備中官進表，率以兩御史監禮。爌曰：「中官安得役御史？」止之。奉賀入朝，謁內閣夏言。言倨甚，大臣多隅坐，爌獨引坐正之。言不悅，爌遂謝病歸。

爌與御史潘壯不相能。壯坐大獄，詔爌提問。爌力白壯罪，至忤旨。人以此稱爌長者。卒，贈工部尚書。

王軏，開平衞人，弘治十二年進士。正德初，歷工部員外郎，屢遷山東左布政使。嘉靖初，入爲順天府尹。房山地震，軏言召災有由，語多指斥。忤旨切責。尋遷右副都御史，巡撫四川。芒部土官知府隴慰死，庶子政與嫡子壽爭立，朝議立壽。政倚烏撒，數搆兵，使人誘殺壽，奪其印。軏請討之。乃會貴州兵分道進，擒政於水西，招降四十九砦。璽書獎勞。

時將營仁壽宮，就拜軏工部右侍郎，督採大木。工罷，召還，改戶部。覈九門苜蓿地，以餘地歸之民。勘御馬監草場，釐地二萬餘頃，募民以佃。房山民以牧馬地獻中官韋恒，軏釐歸之官。奸人馮賢等復獻中官李秀，秀爲請於帝，軏抗疏劾之。帝雖宥秀，竟治賢等如律。出覈勛戚莊田，請如周制，計品秩，別親疏，以定多寡，非詔賜而隱占者俱追斷。戶部尚書梁材採其言，兼幷者悉歸官。稍進左侍郎。

初，軏之平隴政也，以隴氏無後，請改設流官，兵部尚書李鉞等然之。遂改芒部爲鎮雄府，分置四長官司，授隴氏疎屬阿濟等爲長官，而擢重慶通判程洸爲試知府。隴氏舊部沙保等攻執洸，奪其印，欲復立隴氏後。巡撫王廷相等破保，洸得還。保子普奴復連烏撒、水西苗攻剽畢節諸衞。帝命伍文定圖之。以朝議不合，召還。御史戴金因言：「芒部改流之議，諸司咸執不可。軏徇洸邪說，違衆獨行，致疆埸不靖。」遂罷軏官。

以兵部尚書李承勛薦，起故官，總督倉場，再遷南京戶部尚書。御史龔湜劾軏老悖，吏部言軏居官儉素，搢紳儀表。帝乃責湜妄言。久之，就改兵部，參贊機務。詔舉將材，薦鄭卿、沈希儀等二十一人，皆擢用。居四年，以老乞罷。疏中言享年若干，帝以爲非告君體，勒爲民。久之卒。

徐問，字用中，武進人。弘治十五年進士。授廣平推官。遷刑部主事，歷兵部，出爲登州知府。地濱海多盜，問盡捕之。調臨江。修築壞堤七十二。轉長蘆鹽運使。運司故利藪，自好者不樂居。問曰：「吾欲清是官也。」終任不取一錢。累遷廣東左布政使。

嘉靖十一年以治行卓異，拜右副都御史，巡撫貴州。獨山州賊蒙鉞弒父爲亂。問聞南丹、泗城欲助逆，檄廣西撫按伐其謀。又檄鉞弟釗復父讎，事平得承襲。鉞援絕。問督大兵分道入，誅之。捷聞，賜金綺，召爲兵部右侍郎。疏陳武備八事。又言：「兩廣、雲、貴半土司，深山密菁，瑤、僮、羅、僰所窟穴。邊將喜功召釁，好爲掃穴之舉。王師每入，巨憝潛蹤，所誅戮率無辜赤子。興大兵，費厚餉，以易無辜命，非陛下好生意。宜敕邊臣布威信，嚴阨塞，謹哨探，使各安邊境，以絕禍萌。」帝深納其言。尋引疾歸。

二十一年召爲南京禮部侍郎。久之，就遷戶部尚書。復引疾去，卒於家。

問清節自勵。居官四十年，敝廬蕭然，田不滿百畝。好學不倦，粹然深造，爲士類所宗。隆慶初，謚莊裕。

張邦奇，字常甫，鄞人。年十五，作易解及釋國語。登弘治末年進士，改庶吉士，授檢討。出爲湖廣提學副使。下教曰：「學不孔、顏，行不曾、閔，雖文如雄、褒，吾且斥之。」在任三四年，諸生競勸。時世宗方爲興世子，獻皇遣就試。乃特設兩案，已居北而使世子居南。文成，送入學。世宗由此知邦奇。

嘉靖初，提學四川，以親老乞歸。久之，桂萼掌銓，去留天下提學官，起邦奇福建。未幾，選外僚入坊局，改右庶子，遷南京祭酒。以身爲教，學規整肅。就遷吏部侍郎。丁外艱歸。

帝嘗奉太后謁天壽諸陵，語及擇相。太后曰：「先皇嘗言提學張邦奇器識，他日可爲宰相，其人安在？」帝憬然曰：「尙未用也。」服闋，卽召爲吏部右侍郎，掌部事。推轂善類，人不可干以私。銓部升除，多受教政府，邦奇獨否，大學士李時銜之。郭勛家人犯法，昇重賄請寬，邦奇不從。帝欲卽授邦奇尚書，爲兩人沮止。尋改掌翰林院事，充日講官，加太子賓客，改掌詹事府。

九載考績，晉禮部尚書。以母老欲便養，乃改南京吏部。復改兵部，參贊機務。帝猶念邦奇，時與嚴嵩語及之。嵩曰：「邦奇性至孝，母老，不樂北來。」帝信其言，遂不召。二十三年卒，年六十一。贈太子太保，謚文定。

邦奇之學以程、朱爲宗。與王守仁友善，而語每不合。躬修力踐，跬步必謹。晝之所爲，夕必書於册。性篤孝，以養親故，屢起輒退。其母後邦奇卒，壽至百歲。邦奇事寡嫂如事母。所著學庸傳、五經說及文集，粹然一出於正。

族父時徹，少邦奇二十歲，受業於邦奇。仕至南京兵部尚書。有文名。

韓邦奇，字汝節，朝邑人。父紹宗，福建副使。邦奇登正德三年進士，除吏部主事，進員外郎。

六年冬，京師地震，上疏陳時政闕失。忤旨，不報。會給事中孫禎等劾臣僚不職者，並及邦奇。吏部已議留，帝竟以前疏故，黜為平陽通判。遷浙江僉事，轄杭、嚴二府。宸濠令內豎假飯僧，聚千人於杭州天竺寺，邦奇立散遣之。其儀賓託進貢假道衢州，邦奇詰之曰：「入貢當沿江下，奚自假道？歸語王，韓僉事不可誑也。」

時中官在浙者凡四人，王堂為鎮守，晁進督織造，崔琁主市舶，張玉管營造。爪牙四出，民不聊生。邦奇疏請禁止，又數裁抑堂。邦奇閔中官採富陽茶魚為民害，作歌哀之。堂遂奏邦奇沮格上供，作歌怨謗。帝怒，逮至京，下詔獄。廷臣論救，皆不聽，斥為民。

嘉靖初，起山東參議。乞休去。尋用薦，以故官蒞山西。再乞休去。起四川提學副使，入為春坊右庶子。七年偕同官方鵬主應天鄉試，坐試錄謬誤，謫南京太僕丞。復乞歸。起山東副使，遷大理丞，進少卿，以右僉都御史巡撫宣府。入佐院事，進右副都御史，巡撫遼東。時遼陽兵變，侍郎黃宗明言邦奇素有威望，請假以便宜，速往定亂。帝方事姑息，不從，命與山西巡撫任洛換官。至山西，為政嚴肅，有司供具悉不納，間日出俸米易肉一斤。居四年，引疾歸。中外交薦，以故官起督河道。遷刑部右侍郎，改吏部。拜南京右都御史，進兵部尚書，參贊機務。致仕歸。三十四年，陝西地大震，邦奇隕焉。贈太子少保，謚恭簡。

邦奇性嗜學。自諸經、子、史及天文、地理、樂律、術數、兵法之書，無不通究。著述甚富。所撰志樂，尤爲世所稱。

弟邦靖，字汝度。年十四舉於鄉。與邦奇同登進士，授工部主事。榷木浙江，額不充，被劾，以守官廉得免。進員外郎。乾清宮災，指斥時政甚切。武宗大怒，下之詔獄。給事中李鐸等以爲言，乃奪職爲民。世宗卽位，起山西左參議，分守大同。歲饑，人相食，奏請發帑，不許。復抗疏千餘言，不報。乞歸，不待命輒行。軍民遮道泣留。抵家病卒，年三十六。未幾，邦奇亦以參議涖大同。父老因邦靖故，前迎，皆泣下。邦奇亦泣。

邦奇嘗廬居，病歲餘不能起。邦靖藥必分嘗，食飲皆手進。後邦靖病亟，邦奇日夜持弟泣，不解衣者三月。及歿，衰絰蔬食，終喪弗懈。鄉人爲立孝弟碑。

周金，字子庚，武進人。正德三年進士。授工科給事中。累遷戶科都給事中。疏言：「京糧歲入三百五萬，而食者乃四百三萬，當痛爲澄汰。中官迎佛及監織造者濫乞引鹽，暴橫道路，當罷。都督馬昂納有妊女弟，當誅昂而還其女。」朝議用兵土魯番，復哈密。金言西邊虛憊，而土魯番險遠，且青海之寇窺伺西寧，不宜計哈密。已，卒從金議。

嘉靖元年由太僕寺少卿遷都察院右僉都御史，巡撫延綏。邊人貧甚。金爲招商聚粟，廣屯積芻，以時給其食。改撫宣府，進右副都御史。大同叛卒殺張文錦，邊鎭兵皆驕。宣府總督侍郎馮淸苛刻。諸軍請糧不從，且欲鞭之，衆轟然圍淸府署。金方病，出坐院門，召諸軍官數之曰：「是若輩剝削之過。」欲痛鞭之。軍士氣稍平，擁而前請曰：「總制不恤我耳。」金從容諭以利害，衆乃散解去，得無變。

改撫保定。巡按御史李新芳疑廣平知縣謀己，欲抶之。知府爲之解，並欲執知府，發兵二千捕之。知府及佐貳皆走，一城盡空。金發其罪狀，而都御史王廷相庇新芳，與相爭。帝卒下新芳刑部，黜官。

金遷兵部右侍郎。未幾，進右都御史，總督漕運，巡撫鳳陽諸府。久之，擢南京刑部尚書，就轉戶部。二十四年致仕歸，歲餘卒。贈太子太保，謚襄敏。

吳嶽，字汝喬，汶上人。嘉靖十一年進士。授戶部主事，歷郎中。督餉宣府，吏進羨金數千，拒之。出知廬州府。稅課歲萬金，例輸府，嶽以代郵傳費。西山薪故供官爨，嶽弛以利民。以憂去。服除，改保定，治如廬州。歷山西副使、浙江參政、湖廣按察使、山西右布政使，並以清靜得民。

遷右僉都御史，巡撫保定六府。奏裁徵發冗費十六七，民力遂寬。甫浹歲，引疾去。久之，以貴州巡撫徵。尋進左副都御史，協理院事。

隆慶元年歷吏部左、右侍郎。京察竣，給事中胡應嘉有所申救。嶽詣內閣抗聲曰：「科臣敢留考察罷黜官，有故事乎？」應嘉遂得譴。遷南京禮部尚書，就改吏部。抑浮薄，杜僥倖，南都搢紳憚之。上疏陳六事，帝頗納其言。尋改兵部，參贊機務。未上，給由過家，病卒。詔贈太子太保，謚介肅。

嶽清望冠一時，禔躬嚴整。尚書馬森言平生見廉節士二人，嶽與譚大初耳。嶽知廬州時，王廷守蘇州，以公事遇京口。嶽召爲金山遊，攜酒一瓶，肉一斤，菜數束。廷笑曰：「止是乎？」嶽亦笑曰：「足供我兩人食矣。」歡竟日而還。去廬日，假一蓋禦雨，至即命還之。

譚大初，字宗元，始興人。嘉靖十七年進士。授工部主事。憂歸。起補戶部，改戶科給事中。數論事。歷兵科左給事中，出爲江西副使。清軍，多所釋。御史孫愼以失額爲疑，大初曰：「失額罪小，殃民罪大。」嚴嵩親黨奪民田，治之不少貸。遷廣西右參政，投劾歸。久之，起故官河南。未上，擢南京右通政。俄遷應天府尹。將赴南都，而穆宗卽位，乞以參政致仕，不許。隆慶元年召拜工部右侍郎，尋遷戶部左侍郎，督倉場。海瑞爲僉都御史，大初力薦瑞。已而屢疏乞休，不允。拜南京戶部尙書，引疾去。家居，田不及百畝。卒年七十五。謚莊懿。

贊曰：當正、嘉之際，士大夫刓方爲圓，貶其素履，羔羊素絲之節寖以微矣。陶琰諸人淸操峻特，卓然可風。南都列卿，後先相望，不其賢乎。琰之督漕，充嗣之守禦，良永之遏錢寧，周金之弭亂卒，所豎立甚偉。至琰子之直節，廷弼、邦靖之篤行，尤無忝其父兄云。

校勘記

〔一〕成化七年鄉試第一　成化七年，明史稿傳七五陶琰傳作「成化十六年」。